商业银行·赢在软实力系列丛书

黄勋敬 著

Bank Individual Customer Manager
Soft Power Model

银行个人客户经理
软实力修炼

中国金融出版社

责任编辑：贾　真
责任校对：刘　明
责任印制：丁淮宾

图书在版编目（CIP）数据

银行个人客户经理软实力修炼（Yinhang Geren Kehu Jingli Ruanshili Xiulian）/黄勋敬著．—北京：中国金融出版社，2014.8
ISBN 978–7–5049–7536–2

Ⅰ.①银… Ⅱ.①黄… Ⅲ.①银行业务 Ⅳ.①F830.4

中国版本图书馆 CIP 数据核字（2014）第 100569 号

出版
发行　**中国金融出版社**
社址　北京市丰台区益泽路2号
市场开发部　（010）63266347，63805472，63439533（传真）
网上书店　http：//www.chinafph.com
　　　　　（010）63286832，63365686（传真）
读者服务部　（010）66070833，62568380
邮编　100071
经销　新华书店
印刷　北京松源印刷有限公司
尺寸　169毫米×239毫米
印张　14.75
字数　234千
版次　2014年8月第1版
印次　2014年8月第1次印刷
定价　34.00元
ISBN 978–7–5049–7536–2/F.7096
如出现印装错误本社负责调换　联系电话（010）63263947

题　　词

　　本丛书通过大量的实证调查研究，构筑了核心岗位的软实力任职标准，这对促进银行职业化进程与提升民族银行业绩效具有重要意义。

中国银行业协会专职副会长　杨再平

　　本丛书从软实力模型的视角对商业银行核心岗位的软实力进行了解码，通过新的研究思路找出了卓越任职者的核心要素，并且结合实际案例，系统而又深入浅出地进行了分析，相信会对银行从业者产生深刻的影响。

中国工商银行前副行长

　　本丛书对商业银行核心岗位的软实力模型进行了系统而又深入的研究，树立了培养未来任职者的参照标杆，特别是提供了很多切实可行、易于操作的经典案例，有助于新一代银行从业者的成长。

南京大学商学院院长、博士生导师　赵曙明

本丛书抓住我国商业银行从业者职业化中的关键环节进行系统而深入的探讨。在实现多学科和多角度整合的基础上突出了重点,有较好的内在逻辑性。因此,这是一套在学术和实践应用上都具有借鉴价值的前沿性专著。

西南财经大学中国金融研究中心名誉主任　曾康霖

本丛书兼具理论性和实践性,特别适合银行从业者、未来银行的明日之星以及金融管理者、咨询顾问、培训师以及金融专业的教师、学生阅读,是银行从业者的良好培训教材。

中国社会科学院金融研究所副所长、《银行家》杂志主编

序

构建银行核心岗位软实力模型，打造行业软实力标准

今天，商业银行的经营环境已发生了翻天覆地的变化。在这个特殊的时代，挑战越来越多：经济全球化、全球金融危机、更加突出的不确定性……要面对这些挑战，就更需要高素质的商业银行人才。在现今的环境中，商业银行人才的挑选和培养比过去任何年代更凸显它的战略重要性。

在新的时代环境快速改变的情况下，商业银行最需要什么样的核心岗位任职者？换句话说，我们需要培育什么样的人才来引领商业银行前进？在我看来，商业银行核心岗位任职者必须具备两个力：一个是硬实力，即任职者必须具备相应的学历、资历、业绩等外在的硬件要求，这是成就一名优秀现代商业银行从业者的基础。当然，只有外在的这些硬要求还不够，还必须具备软实力，而这些软实力的标准何在？

对于这个问题，黄勋敬博士的团队利用产、学、研相结合的良好平台，进行了系统的实证探索。他通过对大规模经典行为事件访谈和问卷调查，利用实证研究方法及追踪研究方法对"商业银行核心岗位的软实力模型"进行了长期的探索，构筑了商业银行核心岗位的软实力标准。在此基础上，作者推出了"商业银行·赢在软实力系列丛书"，其中内含银行行长、个人客户经理、对公客户经理、风险经理、产品经理以及理财经理等银行核心岗位的软实力胜任标准。

本丛书不仅构建了不同核心岗位的软实力模型体系，更重要的是基于不

同的软实力模型,通过成功或失败的真实案例,富有针对性地剖析了任职者的软实力提升路径,从而更好地发挥核心岗位的优势,推动现代商业银行向高绩效的"旗舰型"组织发展。

  本丛书的重要贡献在于构筑了商业银行核心岗位的软实力标准,这无疑对促进银行职业化进程与提升民族银行业绩效具有重要意义。

杨再平
中国银行业协会专职副会长

自序：我们能够帮到您什么

一、我们发现了什么

长期以来，本人一直坚持产、学、研相结合，并专注于行为经济（金融）、人力资源管理和银行管理的研究和应用。通过在商业银行十多年的工作体验，历经银行基层行、省行和总行的工作实践，并通过参与中国工商银行总行、粤海集团（香港）、南方航空公司等企业的管理咨询工作，我越来越觉得：人才，尤其是核心岗位的人才，是任何银行在激烈的市场竞争中胜出的关键。"得人才者得天下！"如何选拔、培育人才是各家商业银行竞争的关键。一直以来，对于应如何选拔和培育人才，我们更多地是看候选人外在的硬件要求，如其学历、经历等，而对其内在的素质等"软实力"的要求较少。事实上，理论和实践表明，一个任职者内在的或深层次的动机、特质等深刻地影响其绩效。由于缺乏有效的工具，当前对这个领域的探索更多的是一些实战经验体会，未能形成关于商业银行核心岗位的软实力的可信标准，未能从实证的角度对此提出被业界信服的行业标准。因此，开展聚焦于银行核心岗位软实力任职标准的研究和应用至关重要。

二、我们做了什么

以提升民族银行业管理水平为己任，我和我的团队站在行业的角度对商业银行核心岗位的软实力模型（胜任力模型）进行了为期七年多的系列研究。我们开展了对商业银行管理层（行长）以及前台、中台、后台核心岗位（个人客户经理、对公客户经理、产品经理、风险经理以及理财经理）的实证研究，构建了六大核心岗位的软实力胜任模型，形成了六大核心岗位的软实力任职标准。

我们的课题组得到了中国银行业协会和中国城市金融学会的支持。同时，在国家自然科学基金重点项目"转型经济下我国企业人力资源管理若干问题研究"（批准号70732002）和"企业经营者任职资格测评体系研究"（批准号70732036）等项目的资助下，研究工作历时七年多，通过在北京、广州、上海、西安、昆明等城市的商业银行的走访和问卷调查，收集各类相关资料、信息和数据（其中包括访谈录音资料、文本和问卷），运用行为事件访谈、问卷调查、数据统计分析等科学的研究方法，构建了"商业银行核心岗位软实力模型"。

虽然本人任职于中国工商银行（国内最大的银行以及全球市值最大的银行），但是我们的研究不局限于工商银行，我们有大量来自其他银行的被试，从而使本研究具有较强的代表性。在产、学、研相结合的基础上，我们以共同锻造银行业精英、促进民族银行业发展的国家责任感为使命，对课题组近期的实践探索进行整理，并进一步将其体系化后整理成册与业界共享。到目前为止，我们推出了"商业银行·赢在软实力系列丛书"（七本）。

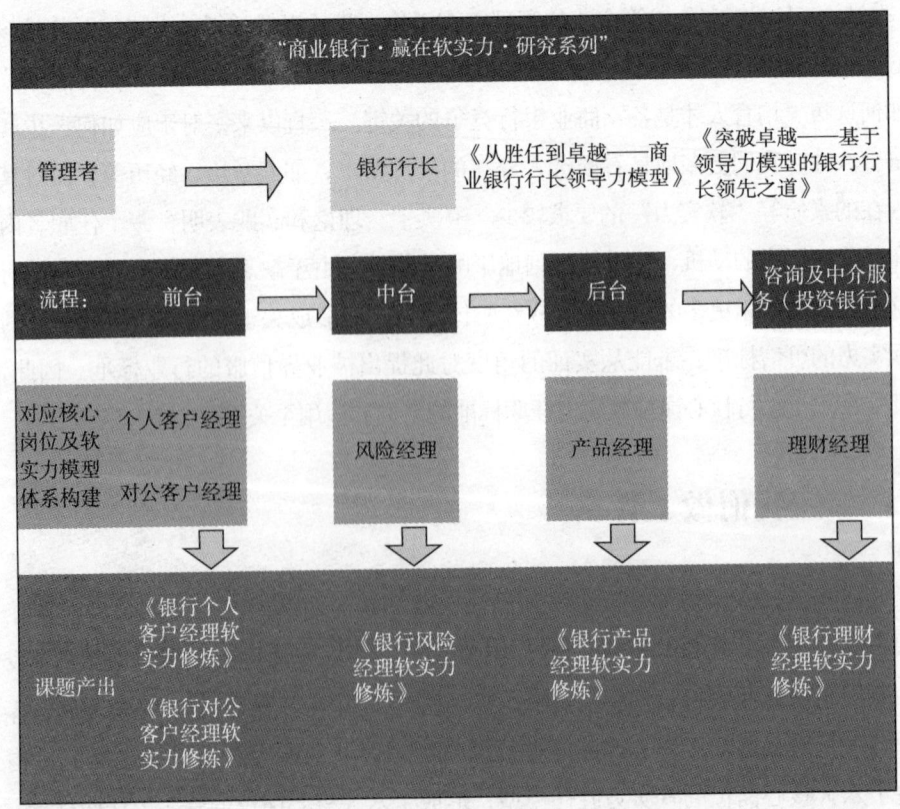

三、我们能帮您什么

本系列丛书具有以下特点。

特点之一：本丛书构建了基于商业银行核心岗位的软实力任职标准，剖析了商业银行核心岗位任职者软实力的提升路径，推动现代商业银行向高绩效的"旗舰型"组织转型。

特点之二：本丛书每一项软实力素质词条均配备了有针对性的真实案例，让广大读者能够理论联系实际，进行实战演练，真正做到学以致用。在案例的编写上，采用"软实力素质词条、案例、相关知识链接"的三段式结构，由点到面，由浅入深，将实证性与理论性有机结合，使得本丛书具有较强的实用性。

所以，我们的研究成果以及本丛书可以从以下方面帮到您。

	"商业银行·赢在软实力系列丛书"能够帮您做什么？
银行核心岗位	《从胜任到卓越——商业银行行长领导力模型》 《突破卓越——基于领导力模型的商业银行行长领先之道》 《银行个人客户经理软实力修炼》 《银行对公客户经理软实力修炼》 《银行风险经理软实力修炼》 《银行产品经理软实力修炼》 《银行理财经理软实力修炼》
关键词	银行核心岗位；软实力胜任标准；案例分享；榜样引领，典型成长；标准刻画；银行从业人员入职考试以及商业银行培训绝佳的辅导教材
目前的任职者	榜样学习，提升绩效
未来的银行"明日之星"	体验学习，入行导引。银行从业人员资格考试的软性辅导材料
银行管理者及人力部门	标准搭建，典型引领
银行培训体系	核心岗位培训的绝佳辅导教材
高校学者及学生	建模参考，量化论证
其他爱好人士	行业共享，管理无界

本丛书的形成以及最后出版得到了许多前辈、领导、同业朋友的支持与帮助，在此，特向所有关心帮助过课题组以及本丛书出版的朋友们表示最衷

心的感谢与最崇高的敬意！尤其是特别感谢中国工商银行总行侯本旗总经理、王云桂总经理，广东分行沈晓东行长、刘刚行长以及广东分行营业部李志鹏总经理等。本丛书是集体智慧的结晶，来自中山大学、南京大学和华南师范大学的金融管理学、管理心理学研究团队也参与了本书的编写工作，在此一并感谢！

本丛书的出版旨在与业界进行互动与交流，通过商业银行核心岗位软实力标准体系建设以及人员素质提升，共同推动民族银行业的进步与发展。在本丛书写作过程中，前人的研究成果发挥了重要的参考价值，本丛书已经在参考文献部分标注。如有个别因出处不详的文献未能清晰标注，敬请谅解。在此，再次向被引用的文章的作者表达最深的敬意！本丛书虽然是作者多年管理实践及研究心血所成，但是，由于作者的水平有限，书中不妥之处，敬请读者批评指正。

最后，我要感谢家人一直无私的关怀和支持！师长、亲人、同事、朋友们的支持与帮助是本丛书得以出版的力量源泉，在此，向各位曾经关心、帮助过本丛书出版工作的朋友们再次表示最衷心的感谢与诚挚的祝福！

于加拿大多伦多大学

目　录

上篇　商业银行个人客户经理软实力模型成功破土而出

第一章　什么是商业银行个人客户经理软实力模型 ………………… 3
一、个人客户经理基准性软实力（T系列）包括的素质要求 ……… 5
二、个人客户经理超越性软实力（D系列）包括的素质要求 ……… 8
三、商业银行个人客户经理需要具备的独特软实力 ……………… 10
四、什么是商业银行个人客户经理软实力特征群 ………………… 12

第二章　商业银行个人客户经理软实力模型的形成 ………………… 14
一、构建商业银行个人客户经理软实力模型的原因 ……………… 14
二、什么是软实力模型 ……………………………………………… 17
三、业界怎样构建岗位软实力模型 ………………………………… 25
四、商业银行个人客户经理软实力模型的构建 …………………… 28

第三章　商业银行个人客户经理软实力模型的验证 ………………… 40
一、研究问题和目的 ………………………………………………… 40
二、研究方法和步骤 ………………………………………………… 41
三、研究结果 ………………………………………………………… 43

中篇　商业银行个人客户经理软实力标准体系

第四章　"商业银行个人客户经理软实力模型词典" ………………… 51
一、软实力词典起源与发展 ………………………………………… 51
二、"商业银行个人客户经理软实力模型词典"结构说明 ………… 52

三、"商业银行个人客户经理软实力模型词典"使用原则 …………… 54

第五章 如何提升商业银行个人客户经理成就软实力 ……………… 55
 一、如何提升"成就导向"软实力 ……………………………… 55
 二、如何提高"学习能力"软实力 ……………………………… 59

第六章 如何提升商业银行个人客户经理服务软实力 ……………… 63
 一、如何提升"沟通能力"软实力 ……………………………… 63
 二、如何提升"服务意识"软实力 ……………………………… 68
 三、如何提升"应变能力"软实力 ……………………………… 73
 四、如何提升"公关协调"软实力 ……………………………… 77

第七章 如何提升商业银行个人客户经理个人软实力 ……………… 86
 一、如何坚守"职业操守"软实力 ……………………………… 86
 二、如何提升"责任心"软实力 ………………………………… 89
 三、如何提升"耐心细致"软实力 ……………………………… 94

第八章 如何提升商业银行个人客户经理管理软实力 ……………… 97
 一、如何提升"组织策划"软实力 ……………………………… 97
 二、如何提升"资源整合"软实力 ……………………………… 100
 三、如何提升"团队精神"软实力 ……………………………… 103
 四、如何提升"团队领导"软实力 ……………………………… 107
 五、如何提升"风险意识"软实力 ……………………………… 111
 六、如何提升"风险驾驭"软实力 ……………………………… 116

第九章 如何提升商业银行个人客户经理认知软实力 ……………… 119
 一、如何提升"市场洞察"软实力 ……………………………… 119
 二、如何提升"信息搜集"软实力 ……………………………… 123
 三、如何提升"专业知识"软实力 ……………………………… 127
 四、如何提升"知识面宽"软实力 ……………………………… 129

下篇 商业银行个人客户经理软实力标准的应用

第十章 个人篇：榜样引领，提升绩效 ……………………………… 135

[案例一] 金融街上的"C市新青年"
　　——B商业银行C分行个人客户经理王某成长经历 ……… 135

[案例二] 不畏艰难挑重担　锐意进取谱新篇
　　——Q商业银行个人客户经理徐某成长经历 ………… 138

[案例三] 8分钟的漫长守护
　　——G商业银行B分行W支行Z分理处个人客户经理姜某
　　　成长经历 ………………………………………………… 143

[案例四] 敢为天下先，尝试个贷业务
　　——W商业银行营业部住房信贷营销团队副总经理陈某
　　　成长经历 ………………………………………………… 146

[案例五] 改革中锐意进取　竞争中不断升华
　　——V商业银行J分行个人金融业务部副总经理丁某成长
　　　经历 ……………………………………………………… 149

[案例六] 挥洒青春热情　谱写绚丽新章
　　——B商业银行G分行Y支行营业部大堂经理扈某成长
　　　经历 ……………………………………………………… 151

[案例七] 勤奋的人生别样红
　　——R商业银行X分行营业部银行卡业务部经理刘某成长
　　　路径 ……………………………………………………… 154

[案例八] 真诚构筑信赖　服务创造品牌
　　——A行S卡中心客户服务部副总经理宋某成长经历 …… 158

[案例九] 勇当个人金融业务排头兵
　　——某商业银行个人金融业务部朱总经理的成长经历 …… 161

[案例十] 砥砺职场　扮靓人生
　　——C商业银行Z分行Q支行贵宾理财中心客户经理陈某
　　　成长经历 ………………………………………………… 165

[案例十一] 天行健，君子以厚德载物
　　——D商业银行G省分行营业部个人金融业务部总经理
　　　冯某成长路径 …………………………………………… 168

[案例十二] 释放青春的能量　梦想从 C 行起航
　　　　　——C 行 F 分行客户经理林某成长经历 …………… 172
[案例十三] 求真务实　科学管理　改革创新　追求卓越
　　　　　——E 行 S 分行个人金融业务部总经理应某成长
　　　　　　经历 ……………………………………………… 176

第十一章　组织篇：标准搭建，典型引领，借力软实力模型提升银行绩效 ……………………………………………………… 180

一、基于软实力模型的商业银行个人客户经理候选人选拔与配置 … 181
二、基于软实力模型的商业银行个人客户经理培训设计 …… 183
三、基于软实力模型的商业银行个人客户经理绩效考核设计 … 186
四、基于软实力模型的现代商业银行后备个人客户经理选拔和培育 ……………………………………………………… 188
五、基于软实力模型的商业银行个人客户经理职业生涯规划设计 … 188

第十二章　商业银行个人客户经理软实力测评系统的研发及应用 …… 190

一、什么是商业银行个人客户经理软实力测评系统量表 …… 190
二、商业银行个人客户经理软实力测评系统的构建及功能简介 …… 190
三、个人客户经理软实力测评系统运行报告 ………………… 192
四、个人客户经理软实力测评系统追踪分析报告 …………… 192
五、个人客户经理软实力测评系统能够做什么 ……………… 193

第十三章　自我管理，走向卓越 …………………………………… 197

一、自我管理的意义 …………………………………………… 197
二、自我管理的要素 …………………………………………… 198
三、自我管理的工具 …………………………………………… 200

参考文献 ……………………………………………………………… 203

上篇

商业银行个人客户经理软实力模型成功破土而出

第一章 什么是商业银行个人客户经理软实力模型

本章提要 个人客户经理是商业银行负责个人（零售）业务的主力军，他们的业绩表现在某种程度上直接决定了商业银行的发展及变革的成败。因此，采用什么标准来选拔和培育商业银行个人客户经理成为银行利益相关者关注的焦点。基于此，黄勋敬博士所带领的课题组历经七年多的长期追踪式探索研究（整个研究前后历经三次较大规模的问卷调查，参与研究的被试个人客户经理高达1500人），终于构建起商业银行个人客户经理软实力模型，打造形成了个人客户经理的软实力胜任标准，可为商业银行个人客户经理的选拔、培育、绩效发展及职业生涯规划提供专业化的参考，帮助锻造卓越的个人客户经理，从而促进民族银行业的发展。本章对商业银行个人客户经理软实力模型进行了全景式的介绍。

商业银行客户经理制最早产生于20世纪80年代初西方经济发达国家，它是金融市场发展到一定阶段，诸多环境交汇之下的必然产物。客户经理制是现代商业银行在开拓业务经营中建立的以客户为中心，集推销金融产品、传递市场信息、拓展客户于一体，为客户提供全方位服务的一种金融服务方式。它的产生推动了现代商业银行在金融管理制度上的创新与经营理念的提升，推动了现代商业银行对客户提供金融产品和金融服务方式的重大变革，推动了现代商业银行人力资源管理体制的变革，是现代商业银行获取竞争优势的重要法宝（百度百科）。

随着我国经济、金融体制改革的不断深化，我国商业银行面临的竞争环境也越来越复杂多变。如何满足客户不断增长的金融服务需求，如何真正贯彻"以客户为中心,以市场为导向"的价值理念已经成为各家商业银行所面临的共同课题。商业银行客户经理在银行内扮演着重要角色,其主要工作职责在于根据市场变化和银行的工作要求,积极主动地寻找客户、评价客户,向客户推荐和营销适当的产品,联合银行内各专门团队为客户提供高水准的金融服务,实现银行与客户的双赢。个人金融业务与对公金融业务是商业银行两类最主要服务项目,由此形成了相应的个人客户经理和对公客户经理。商业银行个人客户经理是专门为商业银行个人客户提供综合化、一体化金融服务的人员。从国际来看,由于个人业务具有对象广泛、风险相对易控、利润稳定的特点,逐步成为银行的发展重点。国际商业银行巨头都已成功转型为零售银行,个人业务逐渐成为其利润中心。例如花旗、汇丰等银行零售业务的盈利都达到总盈利的一半以上(林功实,2003)。

个人客户经理作为商业银行个人(零售)客户拓展和维护工作的主力军,他们能否胜任其职务,能否在其岗位上作出高水平的业绩,在某种程度上直接决定了商业银行零售业务乃至整个银行转型与发展的成败。因此,优秀的个人客户经理一直是商业银行间人才争夺战的焦点。如何选拔和培育合适的个人客户经理成为各商业银行面临的重要难题。实践表明,通过构建岗位软实力模型,形成软实力胜任标准体系无疑是一种有效的路径。在商业银行当前个人客户经理选拔与培育实践中,往往通过看候选人"硬实力"来选拔。所谓"硬实力"是指候选人的学历、资历以及过往业绩等直观可现的条件。然而,理论研究与实践表明,光具备"硬实力"的个人客户经理,其实际业绩并不一定优秀。一些做得好的个人客户经理之所以优秀,更多的是因为他们具备了个人客户经理潜在的软实力模型。个人客户经理的岗位任职软实力模型是商业银行个人客户经理岗位任职者所需具备的软性素质的集合,包括任职者的个性特征、自我形象、动机等。鉴于此,构建商业银行个人客户经理的软实力模型,明确该岗位的任职软实力标准对于商业银行的经营与发展意义重大。为此,本课题组历经七年多的长期跟踪式量化实证研究,终于构建起商业银行个人客户经理的软实力模型,打造形成了个人客户经理软实力胜任标准,可为商业银行个人客户经理的选拔、培育、绩效发展及职业生涯规划提供专业的参考。

本研究所构建的商业银行个人客户经理软实力模型包括19项软实力,其中超越性软实力有 9 项，基准性软实力有 10 项（见表 1.1）。基准性软实力（Threshold Soft Power）即个人客户经理的门槛性软实力，是指作为一名合格的个人客户经理，其工作需要的基准软实力。这类软实力是个人客户经理的基本要求，属于合格性软实力。超越性软实力（Differentiating Soft Power），对个人客户经理的工作绩效有较强的预测能力和区分能力，据此能够区分出绩效优秀的个人客户经理和绩效普通的个人客户经理。实证研究结果表明，绩效优秀的个人客户经理之所以"优秀"，除了因为他们已经具备基准性软实力外，更是因为他们具备了许多优秀的软实力素质要求。

表 1.1 商业银行个人客户经理软实力模型

基准性软实力	职业操守	沟通能力	信息搜集
	责任心	团队精神	学习能力
	服务意识	耐心细致	风险意识
	专业知识		
超越性软实力	成就导向	市场洞察力	风险驾驭
	团队领导	应变能力	公关协调
	组织策划	资源整合	知识面宽

一、个人客户经理基准性软实力（T 系列）包括的素质要求

个人客户经理基准性软实力是门槛类胜任特征，是每名个人客户经理在工作中必需的最基本的素质（常识或基本技能）。一般情况下，它不能区分绩效优秀个人客户经理与绩效普通个人客户经理的绩效差异。

（一）职业操守（T1）

具备职业操守是对一名个人客户经理的基本要求。职业操守是指人们在从事职业活动中必须遵从的最低道德底线和行业规范。它既是对从业人员在职业活动中的行为要求，又是个体对社会所承担的道德、责任和义务。商业银行个人客户经理应自觉遵守银行规定，保守商业机密，对内合规，对外守法，讲究职业修养。

(二) 沟通能力 (T2)

个人客户经理的沟通能力具体地可解释为倾听和准确地理解他人的感受、需要和观点,并作出恰当反馈的能力。作为客户经理不仅需要专业的知识和技能,而且更需要与他人沟通的能力。如果无法与客户进行有效沟通并建立良好关系,那么必然无法胜任客户经理岗位。因此,从事客户经理工作必须具备沟通能力。在实际工作中,客户经理应具有通过良好的沟通技巧和合适的沟通方式,与内外部客户进行有效的信息传递并与客户建立良好关系。

(三) 信息搜集 (T3)

信息搜集是指个人客户经理能够从各种纷繁复杂的信息中选择自己需要的信息,并且能够有效地处理信息使其为自己所用,以此来作出决策和判断。现代商业银行以信息技术为支撑,信息技术已经成为银行发展的第一生产力。客户经理只有具备了这种能力,才能及时有效地把握和处理利用好相关信息,为自己和工作需要所用。

(四) 责任心 (T4)

责任心是一个人的品质的重要组成部分,作为个人客户经理,必须对组织有高度的责任心,这样才能够脚踏实地地做好工作,推动银行业务的发展。有责任心的个人客户经理能够充分发挥主人翁的精神,认真负责、诚实可靠,常为团队的成功付出额外的努力。

(五) 团队精神 (T5)

团队精神是指个人客户经理在工作中,能够对同事予以信任与认可,注重团队士气,崇尚合作精神。团队意识是凝聚整个组织的核心力量。客户经理具有这种意识,才能与团队成员密切团结、协同合作,才能够使组织中的资源得到最优化的利用,并产生高绩效。

(六) 学习能力 (T6)

学习能力是指客户经理能够以最快捷的速度、最有效的形式获取准确的知识和信息。它是阅读能力、理解能力、分析能力、思维能力等各种能力的有机统一体；除此之外，更重要的是能将知识学以致用。在当今"变是唯一不变的主题"的年代，知识和有效经验的生命周期大幅缩短，这就要求客户经理必须"随需应变"，要不断进行有效的、积极的、主动的学习。

（七）服务意识（T7）

服务意识是指个人客户经理以客户为中心，把为客户服务当成自己的责任，能够及时发现并满足他们的需要。银行间的竞争取胜最终要靠银行的服务质量和效率来保证，而客户经理是向客户展示银行服务的重要窗口，因此客户经理的服务意识关乎银行能否满足客户的需求而赢得市场和客户，关乎商业银行的核心竞争力。个人客户经理在服务客户时是否能够认识到服务的重要性、是否能够主动、是否能够满足客户的需求成为关键。作为商业银行的个人客户经理，必须具备服务意识，这样才能够胜任这个岗位要求。

（八）耐心细致（T8）

商业银行个人金融业务品种繁多，服务对象差异大。面对各种各样的客户，面对客户的多样性需求，个人客户经理需要付出比其他类别客户经理更多的心思和精力。可见，耐心细致是个人客户经理区别于其他客户经理的一个重要特征。耐心细致是指个人客户经理在工作过程中，认真仔细，耐心周到。这个软实力特征的关键是，个人客户经理在服务客户的过程中是否能够为客户着想，对待客户是否耐心周到，让客户满意。

（九）风险意识（T9）

风险意识是指个人客户经理具备一定的风险管理意识，能够有效识别、衡量和防范市场风险、道德风险、操作风险等个人金融业务常见风险。风险是未来结果的不确定性或损失。如果个人客户经理在工作中能有效识别可能发生的风险，并作出合理的判断，将有助于防范风险、避免损失，从而保护银行和客户的利益。风险意识软实力特征的核心要著是，个人客户经理是否具备有效识别不同形式风险的意识和能力，并能否采取恰当措施规避风险。

（十）专业知识（T10）

作为个人客户经理，应掌握银行个人业务的相关知识，熟悉相关产品，能够为客户提供综合金融服务。掌握一定的专业知识是个人客户经理为客户提供服务的基础和前提，只有灵活运用自身的专业知识为客户提供专业的金融服务，才能赢得客户的信任，为银行创造收益。这个特征主要衡量和评价客户经理对个人金融业务和银行基本业务掌握的熟练程度。

二、个人客户经理超越性软实力（D系列）包括的素质要求

个人客户经理超越性软实力是指能够将优秀与普通绩效客户经理区分的软实力。它强调软实力是个体的潜在特征，是个体个性中深层和持久的部分，它能够预测在一定工作或情景中的、有效标准参照的有效或优异绩效。绩效优秀的个人客户经理之所以优秀是因为其不仅具有基准性软实力，而且还具有超越性软实力。

（一）成就导向（D1）

成就导向是指个人客户经理在工作中对成功具有强烈的渴求，设定较高目标，积极主动，能够承受困难与挫折，完成挑战性的任务，在工作中实现自我价值。具有成就导向的个人客户经理，在工作中往往愿意从事具有挑战性的任务，不断地为自己设立更高的标准，努力不懈地追求事业上的进步。因此，具有成就导向的客户经理通常能更好地完成工作或达到优秀的绩效。

（二）市场洞察力（D2）

市场洞察力是指个人客户经理密切关注市场动向，通过对市场变化中反映出来的现象、数据等信息进行分析提炼，辨别形势，作出判断决策的能力。具备市场洞察力的个人客户经理能够通过市场分析，更好地认识市场的变化，发现市场的机会，从而采取正确的营销策略，满足客户需求，提高工作绩效。这个特征主要考察个人客户经理对于市场的关注度，考察其能否及时分析市

场的变化，把握客户的需求，并作出针对性的调整，为促进工作业绩提供支持。

(三) 风险驾驭 (D3)

风险驾驭是指个人客户经理具备一定的风险管理意识，能够有效识别、衡量和防范市场风险、道德风险、操作风险等个人金融业务常见风险的能力。风险和收益总是相伴而行，如果个人客户经理对风险有深刻的认知，将有助于通过智慧的认知、理性的判断，继而采取及时而有效的防范措施规避损失，从而找到风险和收益的平衡点，那么不仅能规避风险，保护银行和客户利益，甚至能在风险中寻求新的机遇。这要求个人客户经理能够有效管理风险，对风险进行有效预测，并采取恰当措施规避风险。

(四) 团队领导 (D4)

个人客户经理不仅要充分发挥个人魅力进行单打独斗，更多时候要依靠团队，通过团队的合力来实现目标。因此，团队领导软实力也是个人客户经理做好工作应具备的重要素质。团队领导软实力要求个人客户经理能够从宏观的、领导者的角度着手，激发所有的团队成员为实现有价值的目标而努力工作，同时帮助团队成员提高业务能力，解决团队成员遇到的各种困难，营造积极向上的工作氛围，鼓励团队成员围绕团队绩效自觉开展工作，提高团队绩效水平。

(五) 应变能力 (D5)

随着市场竞争的加剧，个人客户经理将面临更多复杂问题和突发事件。对此，只有具备良好的应变能力方能妥善处理，顺利渡过难关，完成工作目标。应变能力是指客户经理在遇到计划外或者突发情况时，能够灵活、妥善地处理好事情，达成工作目标的能力。这个特征主要考察个人客户经理在面对复杂情况或突发事件时，能否灵活应对，作出恰当处理。

(六) 公关协调 (D6)

公关协调是指个人客户经理在工作中善于协调银行内外部多方关系，促成相互理解，获得支持与配合，促进业务的发展。商业银行的竞争就是对客户的竞争。如果个人客户经理具备良好的公关协调能力，能正确处理组织内外各种关系，能与客户建立良好的关系，将为银行的正常运转创造良好的条件和环境，从而促进银行目标的实现。这个特征主要考察个人客户经理处理银行内外部各种关系的能力，以及能否与内外部客户建立良好的关系。

（七）组织策划（D7）

个人客户经理不仅需要面对单独的客户，有时还需要组织各种类型的营销活动，如产品推荐会、理财沙龙等，达到宣传银行产品、融洽客户关系的目的，这就需要个人客户经理具备较强的活动组织和策划能力。组织策划能力是指个人客户经理具备策划和组织各种营销活动的能力。这个特征主要考察个人客户经理是否具备组织和策划大型营销活动，并达到预期目标和效果的能力。

（八）资源整合（D8）

资源整合是指个人客户经理灵活合理地运用银行内外部人、财、物等资源，提高资源使用效率，促进工作目标的达成。如果个人客户经理能对各种资源进行整合和优化配置，提高资源的使用效率，那么将对提高其工作效率和工作业绩有很大的促进作用。这个特征主要衡量个人客户经理是否能调动组织内外人、财、物等各种资源，为拓展市场、促进业绩提升服务。

（九）知识面宽（D9）

知识面宽是指个人客户经理不仅熟悉金融、经济、法律、管理等知识，而且具有广泛的能够促进客户关系和业务发展的知识和经验。个人客户经理不仅应具备扎实的专业技能，还要能够了解更广泛的经济、法律等各方面的相关知识。实践表明，信息量大、知识面宽的个人客户经理将能够更好地帮助客户解决实际问题，促进业务的跨越式发展。

三、商业银行个人客户经理需要具备的独特软实力

本研究运用行为事件访谈法（BEI），通过实证研究和分析构建了商业银

行个人客户经理软实力模型,将个人客户经理的软实力概念化。为了进一步明晰商业银行个人客户经理所需要的软实力,我们专门进行了相应的分析。

(一)个人客户经理主要职责对应的软实力要求

一般来说,商业银行的个人客户经理的主要职责包括业务拓展和个人客户管理以及行内团队服务与管理等方面,其所对应的软实力要求有所不同,具体见图 1.1。

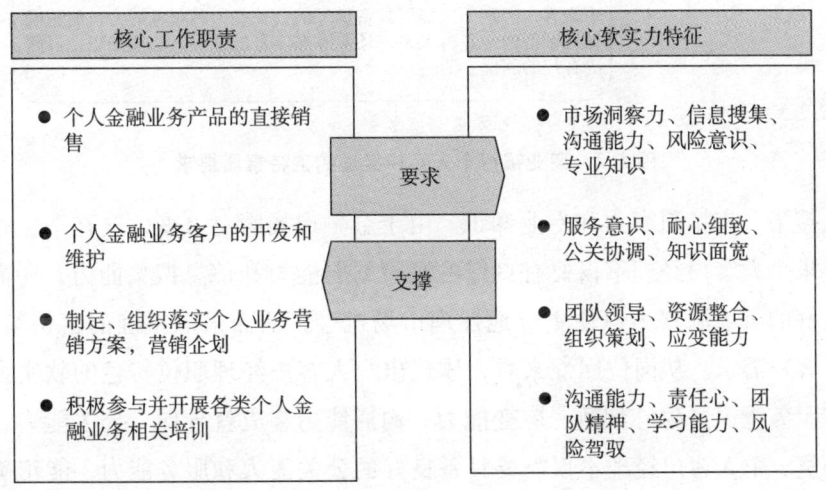

图 1.1　商业银行个人客户经理软实力特征与核心工作职责对应图

(二)商业银行个人客户经理特殊软实力要求

同一般的企业管理者相比,商业银行个人客户经理的能力要求有什么特别之处呢?为此,我们专门进行了对比分析。

"商业银行个人客户经理软实力模型"与一般的管理者的软实力模型(胜任力模型)相比较,具有以下特征上的差异:市场洞察力、风险意识、风险驾驭、信息搜集、耐心细致、资源整合等。这在一定程度上体现了我们软实力模型的初步设想,也就是要针对具体的岗位建立软实力模型,体现出岗位的特殊性。

如图 1.2 所示,从行业属性来看,商业银行个人客户经理软实力模型因其所处的银行业的独特性而具有明显的行业素质要求:风险意识、风险驾驭、

```
┌─────────┐      ┌─────────────────────────────────────┐
│商业银行个 │ ───▶ │1.体现出金融业特色的软实力特征有风险意识、风险驾驭、信│
│人客户经理 │      │息搜集、市场洞察力和专业知识。            │
│软实力模型 │      │金融市场瞬息万变，这要求个人客户经理不仅要有良好的风险驾│
│独特性   │      │驭能力和信息搜集能力，还需要有良好的市场洞察力以便更好地│
│         │      │发现市场的机会，从而采取正确的营销策略，满足客户需求。 │
│         │      └─────────────────────────────────────┘
│         │
│         │ ───▶ ┌─────────────────────────────────────┐
│         │      │2.体现出个人客户经理职位特色的软实力特征有服务意识、耐心│
│         │      │细致、应变能力、沟通能力、成就导向、公关能力、知识面宽。│
│         │      │个人客户经理不仅需要具备良好的公关能力和服务能力，能正确│
│         │      │处理银行内外各种关系，还要掌握丰富的金融、法律知识，以解│
│         │      │决客户的问题。                       │
└─────────┘      └─────────────────────────────────────┘
```

图 1.2　商业银行个人客户经理的独特素质要求

信息搜集、市场洞察力和专业知识。由于金融市场瞬息万变，这在一定程度上要求个人客户经理不仅要有良好的风险驾驭能力和信息搜集能力，还需要有良好的市场洞察力以便更好地发现市场机会，从而采取正确的营销策略，满足客户需求。从岗位属性来看，体现出个人客户经理职位特色的软实力特征有服务意识、耐心细致、应变能力、沟通能力、成就导向、公关能力、知识面宽。个人客户经理不仅需要具备良好的公关能力和服务能力，能正确处理银行内外各种关系，还要掌握丰富的金融、法律等知识，以解决客户的问题。这符合构建软实力（胜任力）模型的初衷，即要针对具体的岗位建立软实力（胜任力）模型，体现出岗位本身的特殊性。这些独特素质要求是由于银行这一金融企业的独特性而对个人客户经理有特别的要求。

四、什么是商业银行个人客户经理软实力特征群

在本书中，软实力模型即为岗位胜任力模型。根据 Spencer 关于胜任力的分类（Spencer，1993），把表 1.1 中个人客户经理软实力模型中包含的诸多软实力划分为个人客户经理五类软实力特征群，依次为成就特征、服务特征、个人特征、管理特征、认知特征。这些软实力群和它们所包含的具体的软实力共同构成完整的商业银行个人客户经理软实力模型（见表 1.2）。

第一章
什么是商业银行个人客户经理软实力模型

表1.2　　　　　商业银行个人客户经理软实力特征群

特征群	软实力
成就特征	成就导向、学习能力
服务特征	沟通能力、服务意识、应变能力、公关协调
个人特征	职业操守、责任心、耐心细致
管理特征	组织策划、资源整合、团队精神、团队领导、风险意识、风险驾驭
认知特征	市场洞察力、信息搜集、专业知识、知识面宽

　　一个完整的软实力模型体系，除了包括具体的软实力，还应该包括软实力的定义、核心问题、水平分级、行为描述和行为样例等几个部分。因此，本书以后章节对此进行专门详尽论述。

　　在介绍了商业银行个人客户经理软实力模型后，相信读者一定会对这个模型是如何产生的感兴趣，因此，本书第二章将对此进行详细介绍。当然，对建模过程不感兴趣的读者可以直接跳到第四章或第五章，在那儿有大量生动活泼的真实案例，相信能够帮助读者找到成长为卓越个人客户经理的路径。

第二章 商业银行个人客户经理软实力模型的形成

本章提要 本章首先分析了构建商业银行个人客户经理软实力模型的意义和价值，然后在介绍软实力模型的定义和概念的基础上，重点对构建商业银行个人客户经理软实力模型的过程进行了阐释。在金融同业的大力支持下，课题组通过对商业银行绩效优秀个人客户经理与绩效普通个人客户经理关键行为特征的分析，辨别出高绩效个人客户经理所具备的软实力，构建起商业银行个人客户经理软实力模型，该模型可为商业银行个人客户经理的选拔、培育、绩效考核及职业生涯规划提供专业化的参考。

一、构建商业银行个人客户经理软实力模型的原因

（一）商业银行的转型使个人客户经理选拔与培育面临新挑战

商业银行是国民经济的命脉，是政治稳定的"晴雨表"，其经营好坏直接关系国计民生。纵观商业银行的发展史，其竞争突出表现在人才之间的竞争。从某种意义来说，成功银行的背后必然有一支能征善战的队伍。现代商业银行的人才竞争归根结底是高素质的人才队伍尤其是营销服务队伍的竞争。面对全球经济金融一体化的冲击，面对竞争激烈的金融市场，中资商业银行急需一大批优秀的客户经理（包括个人客户经理及对公客户经理）来引领中资商业银行的市场争夺战，确保在市场竞争中赢得主动。因此，深化中资商业银行体制机制改革，打造一支富有战斗力的职业化营销队伍是当务之急。

银行业是一个高风险、高智商的行业，行业特性要求从业人员具有较高的职

业道德水平和专业素质,而对作为零售服务提供者的商业银行个人客户经理的要求则更高。为了满足这种高要求,客户经理必须走职业化之路。职业化是现代管理的一大趋势,无论是职业政治家、职业军人、职业经济学家,或者是职业医生……"职业"二字不但象征身份,也象征学识、阅历、专业。作为商业银行零售业务营销者,个人客户经理的随机型任职现象也将逐步被职业化的任职所取代。职业化的核心是什么呢?在笔者看来,是以此为生,精于此道。

随着中资商业银行的转型与发展,商业银行个人客户经理的生成机制也将随之发生变化。如何在职业化背景下更科学地选拔和培育合适的个人客户经理成为摆在商业银行面前的重要课题。然而,在商业银行当前个人客户经理选拔与培育实践中,往往过分看重候选人"硬实力"。所谓"硬实力"是指候选人的学历、资历以及过往业绩等直观可现的条件。但是,从实践来看,有些"硬实力"很强的个人客户经理,其实际业绩并不一定优秀。业绩好的个人客户经理之所以优秀,更多是因为他们具备了个人客户经理潜在的软实力模型。个人客户经理的岗位任职软实力模型是商业银行个人客户经理岗位任职者所需具备的软性素质的集合,包括任职者的个性特征、自我形象、动机等。鉴于此,从实证量化研究的视角构建商业银行个人客户经理的软实力

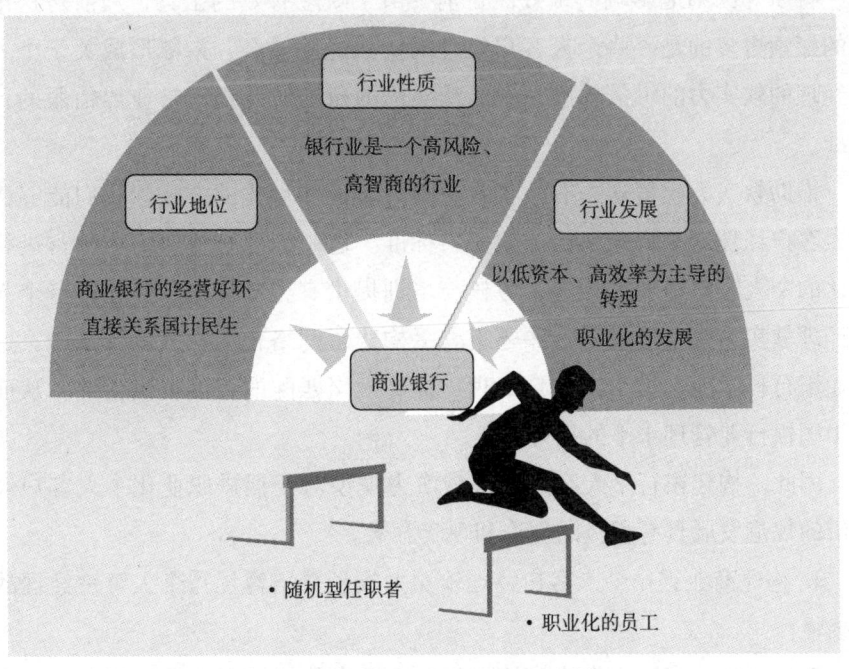

图2.1 商业银行面临的职业化挑战

模型，明确该岗位的任职软实力标准对于商业银行的经营与发展意义重大。

（二）构建商业银行个人客户经理软实力模型的重要意义

鉴于我国银行业的特殊性以及对于选拔和培育优秀个人客户经理的迫切需要，黄勋敬博士所带领的课题组对商业银行个人客户经理的软实力模型进行了七年多的系统研究。课题组借鉴软实力模型的成熟理论，通过科学的范式构建起商业银行个人客户经理软实力模型，明确了个人客户经理选拔的软实力标准，并在此基础上编制形成了个人客户经理软实力胜任水平测评工具，从而为科学地测评、选拔、考核与培训个人客户经理提供了专业化的依据，帮助促进民族银行业管理水平的提升。

1. 构建商业银行个人客户经理软实力模型是打造个人客户经理选拔与培育软实力标准的必由路径

一直以来，对于应如何选拔和培育商业银行个人客户经理，我们更多的是看候选人外在硬件要求，例如其学历、经历等，而对其内在的素质等软实力的要求较少。事实上，理论和实践表明，一个任职者内在的或深层次的动机、特质等深刻地影响其绩效。目前，由于缺乏有效的工具，当前对这个领域的探索更多的是一些个人客户经理的实战经验体会，未能形成关于个人客户经理的软实力的可信标准，未能从实证的角度对此提出被业界信服的行业标准。

借助软实力模型这一有效工具，通过实证和量化的方式，我们能够构建个人客户经理这一特殊岗位的软实力标准。这一标准必将对商业银行进行职业化的个人客户经理的甄选、考核与培训提供有力的依据。商业银行个人客户经理软实力模型形成后，课题组着手构建了网络化的在线测评系统，这为商业银行科学地选拔个人客户经理、提高人岗匹配的程度提供借鉴，从而推动中国银行业管理水平的提升。

因此，构建银行个人客户经理软实力模型对于促进职业化个人客户经理队伍的规范发展具有积极的理论和现实意义。

2. 构建商业银行个人客户经理软实力模型是培育优秀个人客户经理的必由路径

随着全球经济一体化趋势的加强、市场竞争的加剧和高素质人才的供不应求，提高银行的管理能力和从业者绩效已成为重要议题。当前，银行的竞争能力在很大程度上体现在其从业者人力资源素质的高低。因此，通过构建适合银行业的软实力模型，明确银行各类核心岗位的软性素质要求，员工将能够明晰自身的努力方向，学习提升软实力的核心思想和技能，进而自发培育组织所需要的核心竞争力，最终实现组织与员工的双赢。对于个人客户经理来说，有了软实力任职标准，就有了通往优秀业绩的路径，这将有助于个人客户经理成长为一名优秀的职业化的从业者。

3. 构建商业银行个人客户经理软实力模型是丰富商业银行管理科学化研究的必由路径

由于银行业的特殊性及个人客户经理取样的困难性，目前国内对商业银行个人客户经理软实力模型的实证研究相对较少。因此，本课题立足于将行为金融学、管理学和现代人力资源管理等理论应用于银行业的实践，从而弥补我国对于商业银行个人客户经理这一特殊领域的研究相对薄弱的现状，在一定程度上丰富国内在这个领域的研究，推进我国商业银行管理科学化研究。

二、什么是软实力模型

（一）软实力的定义

软实力（Soft Power）是一种能力，它能通过吸引力而非威逼或利诱达到目的，是一国或一个组织综合实力中除传统的、基于军事和经济实力的硬实力之外的另一组成部分。美国哈佛大学教授约瑟夫·奈是最早提出这一概念的人。这一概念的提出，明确了软实力的重要价值，将它提高到了与传统的硬实力同等甚至比其更为重要的位置。正如约瑟夫·奈所言："硬实力和软实力同样重要，但是在信息时代，软实力正变得比以往更为突出。"围绕软实力的一系列研究，明示人们以一种新型、全面和平衡的发展路径，在提升各级主体综合实力问题上启迪着人们的新思维。

对于岗位任职者来说，除了需要具备该岗位所必需的硬实力之外，更需要具备相应的软实力才能在本岗位实现从胜任到卓越的过渡。谈到岗位任职软实力，我们不得不提一个与此紧密相连、完全等价的概念，那就是"胜任力"或"胜任素质"（Competency）。胜任力是指动机、特质、自我概念、态度或价值观、某领域的知识、认知或行为技能——任何可以被可靠测量的，并且能够将表现优秀者和一般者区分开来的个体特征。胜任力的研究由来已久。麦克米兰博士对于胜任力的研究作出了开创性的贡献。基于对美国外事局甄选驻外联络官（Foreign Service Information Officers，FSIO）选拔的研究，1973 年，麦克米兰博士开创性地发表了 Testing for Competence Rather Than for "Intelligence" 一文。在文中，麦克米兰博士批评了当时美国普遍应用智力测验、性向测验和学术测验来预测工作效绩并以此作为选拔考核标准的状况，提出了"Competency"这个概念，并提出应该以"Competency"作为选拔考核的标准。对于"Competency"，中文翻译有很多种，如"胜任力"、"胜任素质特征"、"素质"等。胜任力研究是一种基础研究，它是选拔、招聘、培训、绩效考核等模块的基础。

在本书中，岗位软实力是指一些能把表现优异者和表现平平者区分开来的潜在的、较为持久的软性特征，能使人更好地工作的潜在特质，包括在工作情景中员工的价值观、动机、个性或态度、技能、能力和知识等关键特征。可见，从岗位任职的角度来看，岗位软实力与岗位胜任力是等价的。[①] 软实力是驱动员工产生优秀工作绩效的各种个体特征的集合，反映的是可以通过不同方式表现出来的知识、技能、个性与内驱力。它是判断一个人能否胜任某项工作的起点，是驱动并区分绩效好坏差异的个人特征的总和。

（二）软实力模型的定义

软实力模型（Soft Power Model）指岗位任职者所需具备的软性素质的集合，包括任职者的个性特征、自我形象、动机等。岗位软实力模型又称为胜任力模型（Competence Model），都是指为完成某项工作，达成某项绩效目标所具备的一系列不同胜任特征要素的组合，包括不同的动机表现、个性与品质要求、自我形象与社会角色特征以及知识与技能水平。这些行为和技能必须是可衡量、可观察、可指导的，并对员工的个人绩效以及企业的成功产生

[①] 鉴于都强调对岗位任职者的软性素质要求，因此，在本书中，岗位"软实力"与"胜任力"，岗位"软实力模型"与"胜任力模型"是等价概念，在文中可互相代替。

关键影响（Spencer，1993）。软实力模型主要回答两个问题：完成工作所需要的技能、知识和个性特征是什么，以及哪些行为对于工作绩效和获取工作成功来说是具有最直接的影响的（Sanchez，2000）。

因此，本书定义的商业银行个人客户经理软实力模型指担任个人客户经理职务所需具备的软性素质的集合，即 $SM = \{SI_i, i = 1, 2, 3, \cdots, n\}$，$SM$ 表示软实力模型，SI 表示软实力项目，SI_i 即第 i 个软实力项目，n 表示软实力项目的数目。

（三）软实力模型的理论基础

与胜任力模型一样，软实力模型的理论基础是冰山模型（Iceberg Competency Model）和洋葱模型。如图 2.2 所示，各种软实力特征可以被描述为在水中漂浮的一座冰山。水上部分代表表层的特征，如知识、技能等；水下部分代表深层的软实力，如社会角色、自我概念、特质和动机，是决定人们的行为及表现的关键因素。又如图 2.3 所示：洋葱模型图最外面的是知识，代表最为表层的东西，也是最容易发展的部分；而最里面是核心人格，如动机、特质，这些特质相对稳定，是不容易变化和发展的。

技能：个人运用自身所掌握知识的方式和方法

知识：个人在一个领域内所掌握的信息总和

社会角色：个人呈现给社会的形象

自我形象：个人对自己的形象定位

个性特点：个人以一定的方式产生行为的性情和气质

动机：对行为不断产生驱动作用的需要和想法

图 2.2　冰山模型图

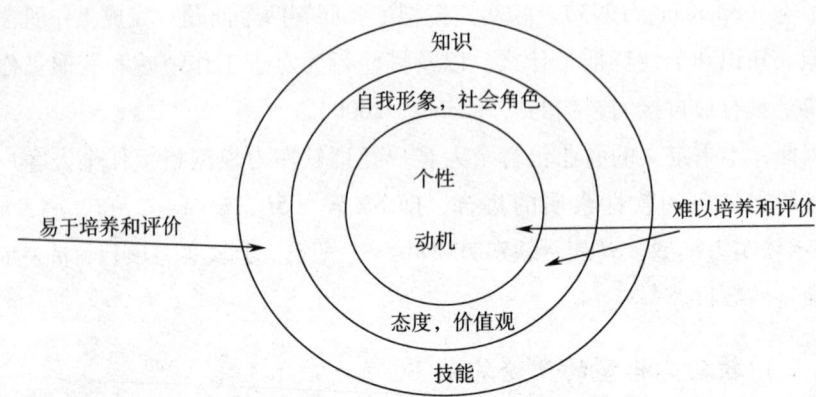

资料来源：Spencer, L. M. & Spencer, S. M. (1993). Competence at Work: Models for Superior Performance. New York: Wiley.

图 2.3　软实力洋葱模型

1. 个性

个性是指个人典型的稳定的心理特征的总和，表现出来的是一个人对外部环境和各种信息的反应方式、倾向和特性。它是个性倾向性（需要、动机、兴趣、信念、理想和世界观等）和个性心理特征（气质、性格和能力等）的统一体。

2. 动机

动机是引起、维持和指引人们从事某种活动的内在动力，推动并指导个人行为方式的选择朝着有利于目标实现的方向前进，并且防止偏离。动机的强烈与否往往决定行为过程的效率和结果。比如，具有强烈成功动机的人常常会为自己设定一些具有挑战性的目标，并尽最大努力去实现它，同时积极听取反馈争取做得更好。

3. 自我形象

自我形象是指个人对于自身能力和自我价值的认识，是个人期望建立的某种社会形象。自我形象的形成是一个具有社会性和渐进性的过程，并且需要借着感知领域的不断同化和异化持续塑造。自我形象一经形成，有拒绝改变的倾向，如有改变，情绪也会随着发生改变。自我形象作为动机的反映，可以预测短期内有监督条件下的个人行为方式。

4. 社会角色

社会角色是指个体在社会中的地位、身份以及和这种地位身份相一致的行为规范。个人所承担的角色既代表了其对自身具备特征的认识，也包含了其对社会期望的认识。社会角色是建立在个人动机、个性和自我形象的基础上，表现为个人一贯的行为方式和风格，即使个人所在的社会群体和组织发生变化也不会有根本改变。

5. 价值观

价值观是指一个人对周围的客观事物（包括人、事、物）的意义、重要性的总评价和总看法，是决定人的行为的心理基础。价值观具有相对的稳定性和持久性，在特定的时间、地点、条件下，人们的价值观总是相对稳定和持久的。在同一客观条件下，对于同一个事物，由于人们的价值观不同，就会产生不同的行为，并且将对组织目标的实现起着完全不同的作用。

6. 态度

态度是个体对客观事物所持有的一种持久而一致的心理和行为倾向，是自我形象、价值观和社会角色综合作用外化的结果，主要包括：（1）认知成分，即个人对人、工作和物的了解；（2）情感成分，即个人对人、工作、物的好恶，带有感情的倾向；（3）行为成分，即个人对人、工作和物的实际反应或行动态度。

7. 知识

知识是指个人在某一领域所拥有的陈述性知识和程序性知识。其中，陈述性知识是由人们所知道的事实组成，这些知识一般可以用语言进行交流，它可以采取抽象和意象的形式来表达。程序性知识则是指人们所知道的如何去做的技能，此类知识很难用语言表达。

8. 技能

技能是指一个人结构化地运用知识完成具体工作的能力。技能是否能够产生绩效受动机、个性和价值观等软实力要素的影响。

一般情况下，在管理实践中，人们比较重视知识技能的考察，却往往忽视了自我概念、特质、动机等方面的考察。实际上，知识、技能固然重要，但这仅仅是招聘选拔、培训和绩效考核的基本要求。如果需要清晰地区分绩效表现一般者和优秀者，还需要针对自我概念、核心的动机和特质几个方面进行辨别，因为这些内核的部分长期、深刻、有效地影响着表层的内容，这也是用软实力方法比传统的智力测验更加有效的原因之一。

（四）几种常见的通用软实力（胜任力）模型

1982年，Richard Boyatzis对12个工业行业的公共事业和私营企业的41

个管理职位的2000多名管理人员的软实力进行了全面分析。使用了行为事件访谈、图画—故事技术和学习风格问卷,得出了管理人员的软实力(胜任力)通用模型。他分析了不同行业、不同部门、不同管理水平的软实力模型的差异,提出管理者的软实力模型包括六大特征群:目标和行动管理、领导、人力资源管理、指导下属、关注他人、知识。在这六大特征群的基础上,Richard Boyatzis具体阐释了19个子软实力特征:效率定向、主动性、关注影响力、判断性的使用概念、自信、概念化、口才、逻辑思维、使用社会权力、积极的观点、管理团队、准确的自我评价、发展他人、使用单向的权力、自发性、自控、自觉的客观性、精力和适应性、关注亲密的关系等。

前Meber & Company咨询公司总裁Lyle. M. Spencer曾于1989年对200多种工种进行了研究,试图发现管理人员普遍具有的工作软实力因素结构,综合了360种行为事件,归纳出21项软实力因素。最后,他建立了包括技术人员、销售人员、社会服务人员、经理人员和企业家五大类行业各自的通用软实力模型,每一个软实力模型包括十项左右的软实力特征因素。其中,企业家的软实力特征模型包括以下软实力特征因素:(1)成就:主动性、捕捉机遇、信息收集、关注效率等;(2)思维与问题解决:系统计划、解决问题能力等;(3)个人形象:自信、专业知识等;(4)影响力:说服、运用影响策略等;(5)指导与控制:指导下属、过程控制等;(6)体贴他人:关注员工福利、发展员工等。为了更好地说明通用软实力模型,我们特别制作了表2.1至表2.5。需要指出的是:这些通用模型虽然具有一定的参考价值,但由于模型构建是基于国外被试者结果,因此,在我国的适用性仍需要进一步的验证。

表2.1　　　　　　　企业家通用软实力(胜任力)模型

权重	软实力
6	成就欲、主动性、捕捉机遇、坚持性、信息收集、质量与信誉意识
5	系统性计划、分析性思维
4	自信、专业经验、自我教育
3	影响力
2	指挥
1	发展下属、公关

表 2.2　　　　　　　经理人员通用软实力（胜任力）模型

权重	软实力
6	影响力、成就欲
4	团队协作、分析性思维、主动性
3	发展他人
2	自信、指挥、信息收集、概念性思维、团队领导
1	权限意识、公关、技术专长

表 2.3　　　　　　　销售人员通用软实力（胜任力）模型

权重	软实力
10	影响力
5	成就欲、主动性
3	人际洞察力、客户服务意识、自信
2	公关、分析性思维、概念性思维、信息收集、权限意识
1	相关技术或产品专业知识

表 2.4　　　　　　专业技术人员通用软实力（胜任力）模型

权重	软实力
6	成就欲
5	影响力
4	分析性思维、主动性
3	自信、人际洞察力
2	信息收集、技术专长、团队协作
1	客户服务意识

表 2.5　　　　　　社会服务人员通用软实力（胜任力）模型

权重	软实力
5	影响力、发展下属
4	人际洞察力
3	自信、自我控制、个性魅力、组织承诺、技术专长、客户服务意识、团队协作、分析性思维
2	概念性思维、主动性、灵活性、指挥

McClelland 领导的 Hay Group 公司基于 30 多年的软实力（胜任力）研究，利用遍布全球的分公司力量，建立了丰富的模型库，并不断完善。

在我国，关于软实力（胜任力）的研究虽然起步较迟，但已有不少研究者和政府机构及企事业单位开始此方面的研究和应用。

时勘、王继承（2002）运用行为事件法对我国通信行业管理干部的软实力（胜任力）进行实证研究。研究结果表明，我国通信业管理干部的软实力模型包括十项软实力：影响力、社会责任感、调研能力、成就欲、驾驭能力、人际洞察能力、主动性、市场意识、自信、人力资源管理能力。这一研究得到了与西方管理人员大致相符的软实力模型，我国首次验证了软实力评价更能区分出优秀管理干部和一般管理干部。

时勘、仲理峰（2003）对我国家族企业软实力（胜任力）进行了实证研究，构建了通信行业和家族企业管理者软实力模型，包括权威导向、主动性、捕捉机遇、信息收集、组织意识、指挥、仁慈关怀、自我控制、自信、自主学习和影响他人 11 项软实力特征。其中权威导向、仁慈关怀是我国家族企业高层管理者独有的软实力。

王重鸣、苗青（2003）借助结构方程构建软件 AMOS，通过编制管理综合素质关键行为评价量表，指出管理者软实力模型由管理素质和管理技能两个维度构成，但不同层次管理者具有不同的结构要素。正职的价值倾向、诚信正直、责任意识、权力取向等构成了管理素质维度；而其协调监控能力、战略决策能力、激励指挥能力和开拓创新能力则构成了管理技能维度。对于副职来说，管理素质维度由价值倾向、责任意识、权力取向三个要素构成，管理技能维度由经营监控能力、战略决策能力、激励指挥能力三个要素构成。正副职层次职位在管理软实力特征上形成差异结构，正职的战略决策能力更为关键，而副职的责任意识更为重要，同时，正职职位对诚信正直和开拓创新能力两个要素有更高的要求。

鉴于不同行业、不同岗位对软实力模型有不同要求，因此，与行业紧密结合的软实力建模运动在国内也逐步开展起来了。在银行业，黄勋敬、李光远、张敏强（2007）构建了商业银行行长软实力（胜任力）模型（见表2.6）。该模型同一般管理人员的软实力模型既有相似之处，也有独特性，充分反映了商业银行行长所从属的金融行业的特色。

表 2.6　　　　　　　　商业银行行长软实力（胜任力）模型

行长组别	软实力		
鉴别性软实力	执行力	分析性思维	客户导向与市场意识
	资源配置意识	创新与开拓意识	组织协调和领导能力
	团队意识	公关能力	信息搜集
基准性软实力	风险意识	成本意识	正直诚实
	责任心	专业知识	培养下属
	明确的发展目标	学习能力	服务意识
	成就导向	沟通技能	遵守规则
	主动性		

为了考量模型的有效性，黄勋敬博士团队不仅采用焦点访谈法、问卷验证法进行验证，还在国内率先采用了绩效追踪研究法进行了验证，研究结果表明，本模型具有较好的信度和效度，能够有效区分绩效表现不同的行长（黄勋敬，2008）。

三、业界怎样构建岗位软实力模型

软实力建模方法等同于胜任力建模，这起源于 30 年前 McClelland 的研究工作。在此基础上，建模方法在各组织中得到进一步发展，从而衍生了许多方法。综合前人对软实力模型建模的研究，目前研究软实力建模的主要思路有三种。

第一种，确定与组织核心观念和价值观一致的软实力（战略导向法）。这种研究思路揭示了"冰山"模型中的深层软实力，它是基于某一职业或专业所做的该职业所必需的职责和任务分析，主要是要建立绩效标准，然后采用职业分析方法，产生一个广泛的软实力清单。

第二种，根据以往的成功经验和事例预测将来能否胜任工作（行为事件访谈法）。这种思路最典型的方法是行为事件访谈（Behavioral Event Interview，BEI）。这种方法源于 McClelland、McBer 公司、哈佛商学院等的研究（Klemp，1977；Spemcer，1983），目前被我国许多研究者和企业管理人员所采用。其具体步骤为，确定效标与效标群组、实施行为事件访谈、对访谈文本进行内容分析、进行访谈文本的编码、确定软实力模型。该方法在发现特定的软实力要素、内容等方面都具有重要作用。

第三种，根据行业关键成功因素（KSF）开发软实力模型（标杆研究法）。收集并分析研究其他同行业或同发展阶段的类似公司的软实力模型，通过小组讨论或者研讨会的方式，从中挑选适用于本公司的素质，形成软实力模型。

关于这三种方法的详细描述及各自的优缺点请详见表2.7。

表 2.7　　　　　　　　企业构建软实力模型的三种方法

方法	优点	缺点
1. 战略导向法 根据公司的战略进行逐步分解，通过小组讨论或者研讨会的方式得出针对某类员工的关键素质，并形成每个素质的定义和层级。	所建立的软实力模型能体现出未来战略的导向性和牵引性。 比较符合公司的现状，可以集中反映战略对人员的要求。	缺乏实际的行为数据来支撑软实力模型的有效性。 容易受到建模人员个人想法的影响，有一定的主观性。
2. 标杆研究法 收集并分析研究其他同行或同发展阶段的类似公司的软实力模型，通过小组讨论或者研讨会的方式，从中挑选适用于本公司的素质，形成软实力模型。	所建立的软实力模型具有广泛的适用性，可参考性高。 所有的素质经过分析、比较和研究后，相对来说较成熟，可操作性强。	所建立的软实力模型与其他公司共性过多，缺乏自己的特性。 没有本公司的实际行为数据来支撑软实力模型的有效性和适用性。
3. 行为事件访谈法 通过对大批人员进行行为事件访谈，收集不同类人员的行为数据，进行统计分析后得出关键素质，并形成软实力模型。	有充实的行为数据来支撑软实力模型的有效性，非常客观。 可以针对收集到的行为数据进行多方面的分析。	参与访谈人员有限，会造成样本量不足，影响分析的结果。

根据软实力（胜任力）的建模实践，业界普遍认为，以行为事件访谈法为基础开发软实力模型是相对较有效的模式。以行为事件访谈法为基础开发软实力模型使数据搜集的过程更加全面和准确，从而保证软实力结构的有效、合理并且是针对工作环境和职位特点的。这种软实力模型的构建方法在国内外都得到了认同，大量的研究都以此为基础来开发软实力模型。

McClelland 和 Boyatzis 开发了一个以行为事件访谈法为基础的软实力模型程序。这一方法的要点是，研究对象集中在出色的业绩者，主要应用行为事件访谈法和访谈资料的主题分析法，将分析结果提炼为用行为性的专门术语描述的一系列软实力。此后，Spencer 在 McClelland 的基础上完善了软实力模型构建的方法，如图 2.4 所示。

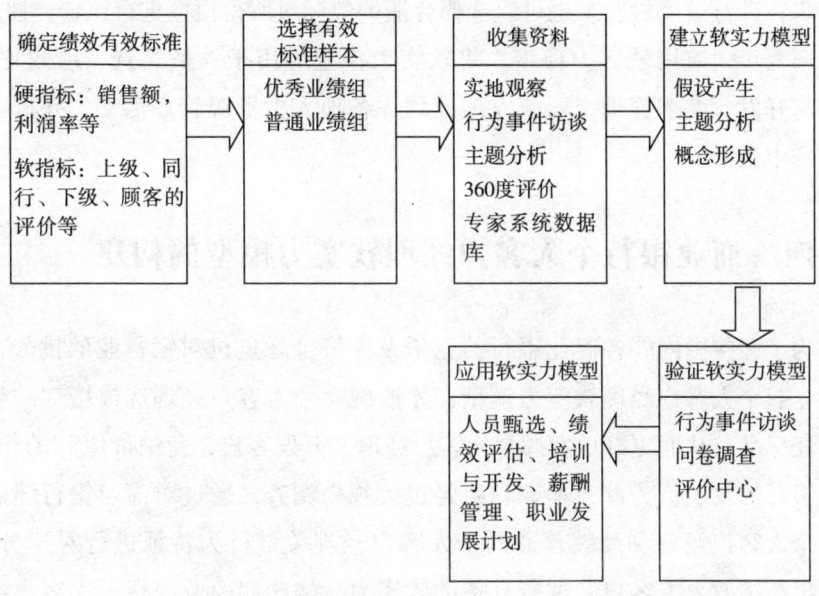

图 2.4　基于行为事件访谈法的软实力建模流程图

通过行为事件访谈法来建立软实力模型的程序简要来说，一般包括以下步骤：

第一步，定义绩效标准。可以采用指标分析和专家小组讨论的办法，提炼出鉴别工作优秀的员工与工作一般的员工的绩效标准。这些指标应有硬指标，如利润率、销售额等，还必须有软指标，如行为特征、态度、服务对象的评价等。

第二步，选取分析样本。根据第一步确定的绩效标准选择适量的表现优秀的样本和表现一般的样本，并以此作为对比样本。

第三步，获取样本有关软实力的数据资料。有许多种方式，但一般以行为事件访谈法为主。行为事件访谈法是一种开放式的行为回顾式调查技术，一般采用问卷和面谈相结合的方式。通过这样的访谈，获得关于过去事件的全面报告，然后通过独立的主题分析，对导致绩效优秀和绩效一般的思想和行为进行整理归类，整合各自的结果，形成区分绩优者和一般者的关键行为。

第四步，建立软实力模型。对上述数据资料进行统计分析，找出两组样

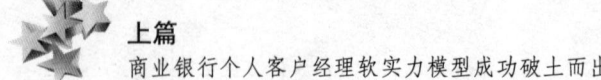

本的共性和差异特征，并根据存在区别的软实力构建软实力模型。

第五步，验证软实力模型。可以选择另外两组样本重复上面的第三步和第四步，进行效度检验，也可以选择合适的效标对所得模型进行比较、评价。

第六步，应用软实力模型。将软实力模型应用于人员甄选、绩效评估、培训与开发、薪酬管理、职业发展计划等各项人力资源管理活动，并进一步在实践中验证。

四、商业银行个人客户经理软实力模型的构建

为了迎接国内外各商业银行的竞争及经济金融危机对银行业的挑战，只有建立起个人客户经理软实力模型，才能确立个人客户经理选拔培训的软实力胜任标准，从而更好地发挥个人客户经理"开发客户，营销价值"的作用，促进银行的发展。为此，本课题组经过大规模调查，通过对商业银行绩效优秀的个人客户经理和绩效普通的个人客户经理关键行为特征进行对比分析，辨别出高绩效个人客户经理所具备的软实力，构建起商业银行个人客户经理软实力模型。

（一）研究目的

通过对商业银行优秀个人客户经理及一般个人客户经理关键行为特征的分析，辨别高绩效个人客户经理具备的软实力，构建商业银行个人客户经理软实力模型。

（二）研究方法和步骤

1. 挑选被试者

根据行为事件访谈的要求，先由专家小组确定有效标准样本的选择，然后提名参加行为事件访谈的优秀组人选和普通组人选。专家小组由金融学家、管理心理学和人力资源管理人员以及在岗分支行客户经理等组成。绩效分组方法主要是客观的绩效测量和直接上级提名的方法。

根据以上三条标准，我们挑选了 34 名个人客户经理。其中预研究的有 4 名客户经理，全部为高绩效客户经理。预研究的主要目的是进行行为事件访

谈方法的练习，具体包括访谈实施的技术、录音文本的编码等。练习目标是研究小组成员能够从客户经理的访谈文本数据中准确地识别出各种软实力的行为指标。正式研究的有 30 名个人客户经理，包括高绩效客户经理 16 名、普通绩效客户经理 14 名。访谈者事先不知道被访谈人属于优秀组还是普通组，被访谈人也不知道有这种划分，因此属于双盲设计。

2. 准备工具与材料

（1）录音用 MP3 四个。

（2）客户经理软实力调查问卷。本研究通过发放该问卷向客户经理及其上级征求意见，提供他们对高绩效客户经理所应具备的软实力的看法。本部分共发放开放式问卷 135 份，要求被调查者就"作为一名合格个人客户经理需要具备哪些素质（包括专业知识、技能能力、个性、态度或其他）"发表意见。

（3）客户经理软实力核检表。在该核检表的生成过程中，参考了 Hay 集团编制的基本胜任力词典，黄泽娟、黄勋敬在《基于胜任力模型的商业银行客户经理选拔体系探析》中提出的商业客户经理软实力，魏均、张德在《商业银行个人客户经理胜任力模型研究》中提出的个人客户经理软实力，以及"大五"人格因素模型中的人格分类、MBTI 人格维度，并请教了有关专家，在充分讨论基础上形成。该核检表包含软实力 40 项。问卷采用五点评分形式，请被试者从中选出他们认为能够导致客户经理优秀绩效的 15 项软实力。

（4）"商业银行客户经理软实力词典"。为了保证编码词典的适用性，本研究中采用自编的商业银行客户经理软实力词典。该词典以客户经理软实力核检表调查得到的软实力为蓝本，同时参照了 Hay Group 公司的基本胜任力词典、黄勋敬在商业银行行长胜任力（软实力）模型研究中编制的商业银行个人客户经理软实力词典，并请教了有关专家，在充分讨论基础上形成，并在对访谈文本进行编码的过程中，将访谈中涉及的新的软实力加入软实力词典，对编码词典进行补充。最终形成的商业银行客户经理软实力词典包含软实力 20 项，每项软实力由软实力名称、定义、相应的行为指标描述等构成。

（5）商业银行客户经理行为事件访谈提纲。该访谈提纲按照经典的行为事件访谈即 BEI（Behavior Event Interview）的形式来设计。该研究方法由中国科学院时勘博士引进，并在国内经过反复验证，是信度和效度比较高的方法之一。提纲的主体部分由被访谈者对其职业生涯中三个成功事件和三个不成功事件的描述组成,要求被访谈客户经理自我总结个人成功事件及不成功事件的原因及从中得到的启发与感受。

3. 采用的方法

行为事件访谈法和核检表方法。核检表法采用自编的商业银行客户经理软实力核检表。

4. 具体步骤

第一步:行为事件访谈。

根据商业银行客户经理行为事件访谈提纲,由经验丰富的管理心理学和人力资源管理者对被试者进行行为事件访谈,并对访谈内容进行录音。访谈采用单盲设计,即被访谈者只知道自己被选来进行访谈,并不知道在样本选取时的优秀/普通的区别。每个人的谈话最长有 4 小时,最短有 1.5 小时,平均 2 小时。

对于接受访谈的被试者,要求他们分别描述在客户经理职业生涯中三件成功和三件失败的事情。访谈的过程在总体上按照 STAR 技术来进行,S(Situation that Existed),T(Task or Problem to be Undertaken),A(Action Taken by Yourself)和 R(Result What Happened)。请被访谈者讲述一个自己经历的真实的故事。

第二步:录音和问卷转换为文本材料。

访谈录音的内容被转录入计算机,校对内容后,整理成文本。由访谈人转化他所访谈的被试客户经理的录音。然后对每个录音转录文本编号,并打印文本,最终产生提出概念化的软实力的原始数据,即 30 份访谈录音文本,共计 8 万多字。

第三步:基于文本进行软实力编码。

编码是在访谈文本中相应的行为事件后面写上软实力的名称以及等级。进行编码的两位研究者需要阅读所有的录音文本,对文本中的关键事件进行独立的主题分析,分析主要概念和思想,提炼出基本主题。之后根据前面的研究中形成的编码词典,辨别、区分各个事件中出现的软实力的行为指标,进行正式归类和编码。

第四步:数据统计与检验。

统计访谈文本中关键事件中被试者的行为和言语的编码结果。统计的基本指标为文本的字数及各个软实力在不同等级上出现的次数、在各等级的分数、平均等级分数、最高等级分数。等级是指某一软实力在该软实力最小可觉差（Just Noticeable Difference, JND）量表中的大小值，它表示某个行为表现的强度或复杂程度。比如，根据商业银行个人客户经理软实力编码词典，某一被试者在"团队合作"分量表上的具体行为表现为：在等级1上出现2次，在等级2上出现1次，在等级3上出现3次，在等级5上出现4次。这一软实力发生的总频次就是 2 + 1 + 3 + 4 = 10（次）；平均等级分数为 33/10 = 3.3，即总分数/总频次；最高等级分数为5。然后对频次、平均等级分数、最高等级分数三个指标进行验证，对优秀组和普通组的每一软实力之间的差异进行比较分析。

同时，统计商业银行个人客户经理软实力核检表中各个软实力的频次及所占百分比。使用视窗版SPSS11.5对数据进行处理，将两个独立编码者得到的数据进行汇总、登录和统计，对优秀组和一般组在每一软实力出现的频次和等级的差异进行比较分析。将差异检验显著的软实力确定下来，并参考商业银行客户经理软实力核检表问卷调查结果，从而建立起商业银行个人客户经理软实力模型。

第五步：建立软实力模型。

根据访谈数据中高绩效组和低绩效组最高等级分数 t 检验结果，找出差异显著的软实力，并参照商业银行客户经理软实力核检表中的频次统计结果，确定个人客户经理的软实力模型。然后以统计分析结果为基础，汇集整理访谈文本中优秀组和普通组商业银行个人客户经理的关键行为，对每一维度作出描述性说明，完善并确定编码词典，形成商业银行个人客户经理软实力体系。

（三）结果与分析

为了确保各高绩效组和低绩效组的软实力差异不是由访谈长度所造成的，我们先对高绩效组和低绩效组的访谈长度进行差异显著性检验。

1. 长度（字数）分析

对访谈字数的原始数据进行方差齐性检验，结果表明原始数据符合方差齐性假设。如表 2.8 所示,个人客户经理绩效优秀组访谈平均长度为 2875.5 字,绩效一般组访谈平均长度为 2548.8 字。在访谈长度上,绩效优秀组和绩效一般组在 0.05 水平差异不显著。

表 2.8 不同绩效组访谈长度差异分析表

组别	绩效优秀组（$N=16$）		绩效一般组（$N=14$）		t	自由度（df）	显著性水平（P）
	平均值（M）	标准差（SD）	平均值（M）	标准差（SD）			
字数/字	2875.5	396.8	2548.8	320.4	1.561	28	0.091

2. 软实力评价法的信度分析

两个编码者按照"商业银行客户经理软实力编码词典"对相同文本进行编码的一致性程度,是影响软实力评价法的重要因素,是编码可靠性、客观性的重要指标。本研究采用归类一致性及两位编码者编码的频次、最高分、平均分的相关来考察文本编码者之间编码结果的一致性,以确立软实力评价法的信度指标。

（1）归类一致性。归类一致性（Category Agreement,CA）是指评分者之间对相同访谈文本资料的编码归类中相同个数占总个数的百分比。它的计算公式是参照温特（Winter,1994）的动机编码手册来的。具体计算公式为：

$$CA = 2S/(T_1 + T_2)$$

式中,S 为评分者编码归类相同的个数;T_1 为评分者 1 对某一材料的编码个数;T_2 为评分者 2 对同一材料的编码个数。

表 2.9 显示了本研究中 2 名编码者对 63 份文本材料进行编码的归类一致性系数。归类一致性的值从 0.457 到 0.955,总的归类一致性为 0.744。Boyatzis 和 Burrus（1977）,Klemp（1977）等研究证实,受过训练的不同编码者其一致性介于 0.74～0.80。在本研究中的总归类一致性分别为 0.743 和 0.786,是可以接受的。

表 2.9 两名编码者软实力编码归类一致性（个人客户经理）

材料编号	T_1	T_2	S	CA
1	15	22	13	0.703
2	21	15	11	0.611
3	21	21	17	0.810
4	18	20	15	0.789

续表

材料编号	T_1	T_2	S	CA
5	22	16	14	0.737
6	20	21	19	0.927
7	19	24	17	0.791
8	17	22	13	0.667
9	24	20	18	0.818
10	20	15	14	0.800
11	18	22	16	0.800
12	24	22	21	0.913
13	19	22	16	0.780
14	24	22	18	0.783
15	15	17	13	0.813
16	19	16	14	0.800
17	24	15	13	0.667
18	21	22	17	0.791
19	20	22	17	0.810
20	23	20	16	0.744
21	20	16	15	0.833
22	19	23	16	0.762
23	17	21	16	0.842
24	16	19	14	0.800
25	19	18	14	0.757
26	15	23	14	0.737
27	19	22	16	0.780
28	24	22	20	0.870
29	18	19	17	0.919
30	17	21	13	0.684
全部材料	588	600	467	0.786

（2）相关系数。表2.10结果显示了两个评分者的频次分数和最高等级分数在15个软实力上相关显著，平均等级分数在14个软实力上相关显著。各回归系数的分布范围均在0.2至0.8之间。这说明两个编码者的编码一致性较高，符合心理测量学要求，也为之后行为事件访谈法的使用和模型提炼奠

定了坚实基础。

表2.10 两名编码者在软实力频次、平均分数、最高等级分数编码的相关

软实力	频次	平均等级	最高等级
知识面宽	0.649**	0.479*	0.550**
公关协调	0.528**	0.787**	0.607**
风险驾驭	0.331	0.448*	0.514**
市场洞察	0.282	0.421*	0.625**
协调能力	0.745**	0.614**	0.470*
组织策划	0.794**	0.448*	0.559**
职业操守	0.314	0.283	0.530**
耐心细致	0.324	0.596**	0.471*
应变能力	0.492*	0.710**	0.568**
资源整合	0.440*	0.484*	0.685**
沟通能力	0.574**	0.357	0.214
风险意识	0.526**	0.478*	0.338
团队精神	0.534**	0.343	0.551**
成就导向	0.295	0.777**	0.744**
信息搜集	0.697**	0.555**	0.521**
学习能力	0.505**	0.206	0.203
团队领导	0.765**	0.606**	0.769**
专业知识	0.794**	0.281	0.244
服务意识	0.794**	0.613**	0.291
责任心	0.697**	0.300	0.425*

注：*表示在0.05水平上相关显著，**表示在0.01水平上相关显著。

3. 差异检验

为检验本研究确定的软实力能否在个人客户经理有效标准样本中的优秀组与一般组之间显示出差异，我们对优秀组与一般组在平均等级分数和最高等级分数上的差异进行了检验。结果表明，无论是从频数、平均等级还是最高等级上看，优秀组与一般组的许多软实力都具有显著的差异。

（1）优秀绩效组和一般绩效组平均等级分差异检验。表2.11中的数据表明，优秀绩效组和普通绩效组在公关协调、风险驾驭、市场洞察、资源整合、成就导向、组织策划、团队领导7个软实力之间差异显著（$P \leq 0.05$）。其他

的软实力在两组之间的差异不显著。

表 2.11　　　个人客户经理不同绩效组软实力频次差异比较

软实力	绩效优秀组		绩效一般组		t	df	P
	M	SD	M	SD			
知识面宽	1.750	0.683	1.357	0.745	1.507	28.000	0.143
公关协调	1.813	0.655	0.143	0.363	8.770***	23.973	0.000
风险驾驭	2.313	1.078	0.571	0.756	5.048***	28.000	0.000
市场洞察	2.250	0.683	1.286	0.611	4.049***	28.000	0.000
协调能力	0.875	0.806	1.071	0.616	−0.741	28.000	0.465
组织策划	1.000	0.730	0.286	0.469	3.134**	28.000	0.004
职业操守	0.625	0.500	0.286	0.469	1.909	28.000	0.067
耐心细致	1.062	0.929	1.000	1.038	0.174	28.000	0.863
应变能力	0.750	0.447	0.429	0.756	1.439	28.000	0.161
资源整合	1.188	0.834	0.214	0.579	3.748***	26.718	0.001
沟通能力	0.563	0.512	0.429	0.514	0.714	28.000	0.481
风险意识	0.438	0.512	0.143	0.363	1.833	26.927	0.078
团队精神	0.500	0.730	0.214	0.426	1.328	24.630	0.196
成就导向	0.750	0.683	0.071	0.267	3.666**	20.001	0.002
信息搜集	0.750	0.447	0.786	0.802	−0.148	19.771	0.884
学习能力	0.313	0.602	0.214	0.426	0.509	28.000	0.615
团队领导	0.750	0.683	0.143	0.363	3.091**	23.433	0.005
专业知识	0.125	0.342	0.143	0.363	−0.139	28.000	0.891
服务意识	0.438	0.727	0.071	0.267	1.874	19.451	0.076
责任心	0.563	0.512	0.214	0.426	2.032	27.940	0.052

注：**表示在 0.01 水平上相关显著，***表示在 0.001 水平上相关显著。

（2）优秀绩效组和一般绩效组平均等级分差异检验。以平均等级分数为指标，分别计算两个编码者对同一录音文本中某一软实力分数的平均数，然后把这个分数进行标准化转换（转换成 Z 分数，再用 $S=3+2Z/3$ 转换成 $1\sim5$ 的 5 点量表分数），然后比较优秀组和普通组被试者在每个软实力上的平均等级分数，检验其差异的显著性。结果见表 2.12。

表2.12　　个人客户经理不同绩效组软实力平均分差异比较

软实力	绩效优秀组		绩效一般组		t	df	P
	M	SD	M	SD			
知识面宽	5.375	0.500	2.786	1.837	5.112***	14.687	0.000
公关协调	5.538	0.370	0.571	1.453	12.443***	14.480	0.000
风险驾驭	5.481	0.534	1.714	2.128	6.449***	14.435	0.000
市场洞察	5.256	0.608	4.143	1.322	3.029**	28.000	0.005
协调能力	3.250	2.620	3.821	1.728	-0.713	26.157	0.482
组织策划	3.938	2.373	1.000	1.664	3.87***	28.000	0.001
职业操守	3.250	2.671	1.714	2.054	1.745	28.000	0.092
耐心细致	2.000	2.683	1.786	1.968	0.251	27.236	0.803
应变能力	3.938	2.407	1.286	2.119	3.181**	28.000	0.004
资源整合	4.250	2.556	0.464	1.184	5.309***	21.752	0.000
沟通能力	3.125	2.895	2.000	2.418	1.145	28.000	0.262
风险意识	2.438	2.874	1.214	2.007	1.364	26.778	0.184
团队精神	2.875	2.986	1.357	1.906	1.680	25.772	0.105
成就导向	3.563	2.874	0.607	1.546	3.565**	23.587	0.002
信息搜集	3.750	2.295	2.500	2.279	1.493	28.000	0.147
学习能力	1.500	2.683	0.714	1.437	1.016	23.531	0.320
团队领导	3.438	2.780	0.571	1.453	3.461**	28.000	0.002
专业知识	0.750	2.049	0.429	1.089	0.525	28.000	0.604
服务意识	1.688	2.594	0.214	0.802	2.038	28.000	0.051
责任心	3.250	2.978	2.000	2.219	1.313	27.363	0.200

注：**表示在0.01水平上差异显著，***表示在0.001水平上差异显著。

表2.12中的数据表明，优秀绩效组和普通绩效组在知识面宽、公关协调、风险驾驭、市场洞察、应变能力、资源整合、成就导向、组织策划、团队领导9个软实力之间的差异显著（$P \leq 0.005$）。其他的软实力在两组之间的差异不显著。而且，优秀绩效组的平均数明显高于普通绩效组，也就是说，他们有更高的正向得分。

（3）优秀绩效组和一般绩效组等级最高分差异检验。根据前面的分析，等级最高分数也是一个较好的指标。表2.13是用同样的方法对两组被试者标准化后的等级最高分进行的 t 检验结果。

第二章
商业银行个人客户经理软实力模型的形成

表 2.13　　　个人客户经理不同绩效组软实力最高分差异比较

软实力	绩效优秀组		绩效一般组		t	df	P
	M	SD	M	SD			
知识面宽	5.500	0.516	2.929	1.940	4.812***	14.613	0.000
公关协调	5.813	0.403	0.571	1.453	13.067***	14.753	0.000
风险驾驭	5.813	0.403	1.714	2.128	7.096***	13.818	0.000
市场洞察	5.500	0.730	4.286	1.383	3.063**	28.000	0.005
协调能力	3.250	2.620	3.857	1.748	-0.755	26.289	0.457
组织策划	4.125	2.500	1.000	1.664	3.967***	28.000	0.000
职业操守	3.250	2.671	1.929	2.336	1.432	28.000	0.163
耐心细致	2.125	2.630	1.143	1.916	1.179	27.177	0.249
应变能力	3.938	2.407	1.357	2.240	3.025**	28.000	0.005
资源整合	4.375	2.630	0.500	1.286	5.223***	22.389	0.000
沟通能力	3.125	2.895	2.000	2.418	1.159	27.951	0.256
风险意识	2.438	2.874	1.143	1.916	1.467	26.281	0.154
团队精神	2.875	2.986	1.571	1.989	1.422	26.274	0.167
成就导向	3.563	2.874	0.643	1.646	3.465**	24.395	0.002
信息搜集	3.750	2.295	2.500	2.279	1.493	28.000	0.147
学习能力	1.500	2.683	0.714	1.437	1.016	23.531	0.320
团队领导	3.500	2.828	0.571	1.453	3.630**	22.995	0.001
专业知识	0.750	2.049	0.429	1.089	0.545	23.433	0.591
服务意识	1.813	2.664	1.071	1.817	0.899	26.537	0.377
责任心	3.250	2.978	1.857	2.349	1.430	27.735	0.164

注：**表示在0.01水平上差异显著，***表示在0.001水平上差异显著。

表2.13的结果显示，优秀组和普通组的最高等级分数在知识面宽、公关协调、风险驾驭、市场洞察、应变能力、资源整合、成就导向、组织策划、团队领导9个软实力上存在显著差异（$P \leq 0.005$）。

针对不同绩效组，分别对编码中各软实力出现的频次、平均分、最高分进行差异比较分析，分别抽取差异显著的软实力，结果汇总如表2.14所示。

表 2.14　　　　　　　　三种方法抽取的软实力比较

类别	软实力								
频次		公关协调	风险驾驭	市场洞察		资源整合	成就导向	组织策划	团队领导
平均分	知识面宽	公关协调	风险驾驭	市场洞察	应变能力	资源整合	成就导向	组织策划	团队领导
最高分	知识面宽	公关协调	风险驾驭	市场洞察	应变能力	资源整合	成就导向	组织策划	团队领导

在 Hay 公司的经典研究中，提出采用频次、等级分数、最高分数三种指标进行统计分析，其中平均数分数最优。国内时勘等人（2000）的研究也证实了这一结果。本研究中也得到了相同的结论。由以上分析结果可以看到，通过对软实力编码的平均分和最高分进行差异比较分析，抽取的软实力基本一致，而对软实力编码的频次进行差异比较分析，抽取出的软实力较少，说明对频次进行差异比较效果不佳。

4. 商业银行个人客户经理核检表频次统计结果

为进一步了解软实力模型的实际认可度，本研究自编了商业银行客户经理软实力核检表，请在职的 450 名个人客户经理从核检表中列举的 40 项软实力中选出自己工作中最重要的 15 项软实力。本研究共计发放并回收核检表 60 份。表 2.15 是频次统计结果。

表 2.15　　　　商业银行个人客户经理软实力核检表频次统计表

排序	总体			排序	总体		
	软实力	频次	百分比（%）		软实力	频次	百分比（%）
1	责任心	56	93.33	11	工作效率	34	56.67
2	沟通能力	52	86.67	12	风险意识	34	56.67
3	知识面宽	48	80.00	13	协调能力	34	56.67
4	职业操守	46	76.67	14	风险驾驭	30	50.00
5	服务意识	46	76.67	15	耐心细致	30	50.00
6	组织策划	46	76.67	16	资源整合	26	43.33
7	团队领导	44	73.33	17	学习能力	24	40.00
8	市场洞察	36	60.00	18	热情开朗	24	40.00
9	成就导向	36	60.00	19	团队精神	22	36.67
10	应变能力	36	60.00	20	专业知识	22	36.67

结果发现，根据软实力核检表统计结果，排在前 20 位的软实力中，包含了我们在优秀组和一般组软实力差异比较中差异明显的 8 个软实力，基本上

包含了全部的软实力,这在一定程度上又验证了我们行为事件访谈、编码及数据处理等过程的科学性。

(四) 商业银行个人客户经理软实力模型

通过以上分析我们可以发现,对平均等级分数进行差异比较分析抽取出的软实力,几乎全部包含在"软实力核检表"频次分析结果中出现频次最多的软实力中,在一定程度上验证了编码有效地抽取和区分了任职者的软实力。依据自编的软实力编码词典,对照"软实力核检表"频次分析结果中出现频次最多的软实力,我们确定出优秀绩效客户经理软实力——超越性软实力,以及客户经理共有的软实力特征——基准性软实力,共同组成个人客户经理软实力模型。该模型中包括的具体软实力见表2.16。

表2.16　　　　商业银行个人客户经理软实力模型

	个人客户经理		
超越性软实力(九项)	成就导向	市场洞察	风险驾驭
	团队领导	应变能力	公关协调
	组织策划	资源整合	知识面宽
基准性软实力(十项)	职业操守	沟通能力	信息搜集
	责任心	团队精神	学习能力
	服务意识	耐心细致	风险意识
	专业知识		

个人客户经理软实力模型包括两部分:基准性软实力和超越性软实力。基准性软实力是客户经理工作的基本要求,属于合格性软实力。对于优秀客户经理,他不仅要具备足够的基本性软实力,还要有更高级别的软实力,即超越性软实力,这类软实力对客户经理工作绩效具有较强的预测能力和区分能力,能够有效地从一般客户经理中区分出高绩效的客户经理,对客户经理具有甄别、筛选能力,所以超越性软实力可视为区分性软实力。

第三章 商业银行个人客户经理软实力模型的验证

本章提要 在商业银行个人客户经理软实力模型初步形成的基础上,我们通过问卷调查法对模型进行了验证和完善,编制了用于测查商业银行个人客户经理软实力的量表——商业银行个人客户经理软实力问卷,并利用它们探索了个人客户经理胜任特征与工作绩效之间的关系。本章将对量表的生成、修订及施测过程进行详细介绍。

一、研究问题和目的

在模型建立之后,我们请具有丰富实践经验的人力资源管理专家、心理学专家以及银行中高层管理者对该模型进行了评价,得到了较普遍的认同。然而抽象的概念无法直接用来测量个体的真实表现,该模型的实证效度如何?利用该模型进行商业银行个人客户经理的选拔与测评是否能够选出未来能产生高绩效的个人客户经理?为了能够进一步探索个人客户经理软实力与其绩效的关系,需要在软实力模型的基础上开发出软实力测量工具,使抽象的、概念化的各项软实力指标可操作化。在本研究中,笔者将个人客户经理软实力模型细化开发成软实力问卷,通过问卷进行数据收集,然后结合统计分析方法,对问卷进行各种检验并形成个人客户经理软实力量表。其研究目的包括:编制商业银行个人客户经理软实力问卷;验证商业银行个人客户经理软实力问卷的信度和效度;验证商业银行个人客户经理软实力问卷的维度与前项研究中所获得的个人客户经理软实力模型的吻合性,即验证软实力模型的有效性。

二、研究方法和步骤

(一) 挑选被试者

为了检验软实力模型的有效性,我们编制了商业银行个人客户经理软实力问卷,问卷采用李克特5点计分,请来自广东、北京、天津、四川、浙江等省(直辖市)的商业银行多个分支行的在职客户经理共计400人施测,回收得到有效问卷365份。由于每位被试者要分别对两位优秀客户经理和一位绩效一般的客户经理进行评价,因此每份问卷实际上包含了4份数据。即得到个人客户经理数据共计1460份,优秀客户经理数据和绩效一般的客户经理数据各730份。被试者的情况如表3.1所示:

表3.1 个人客户经理问卷被试者的基本情况

项目		作答者本人		绩效优秀组		绩效一般组	
		人数(人)	百分比(%)	人数(人)	百分比(%)	人数(人)	百分比(%)
性别	男	170	46.6	354	48.5	442	60.5
	女	195	53.4	376	51.5	288	39.5
受教育程度	高中及以下	8	2.2	22	3.0	64	8.8
	大专	100	57.8	400	54.8	410	56.2
	本科	196	40.0	308	42.2	256	35.1
	硕士及以上	61	0.0	0.0	0.0	0.0	0.0
工作年限	$y<3$ 年	69	18.9	24	3.3	144	19.7
	$3 \leq y < 5$ 年	99	25.8	172	23.6	222	30.4
	$5 \leq y < 10$ 年	98	26.8	306	41.9	270	37.0
	$y \geq 10$ 年	99	28.5	228	31.2	94	12.9

(二) 选择工具

运用自编的商业银行个人客户经理软实力问卷。

(三) 具体步骤

第一步,编制初始题项。

本研究量表项目的来源主要有三种：一种是国内外以往研究中已经使用、经过检验的成熟项目；一种是国外研究量表中的项目，我们根据访谈材料中的信息，经过修改而成；一种是我们从访谈研究中获得，直接根据该要素所在的关键事件行为进行编制。

经过对以往研究和理论进行回顾、关键行为事件访谈和内容分析，参照商业银行个人客户经理的软实力模型内容结构，本研究初始形成的商业银行个人客户经理软实力问卷共有测量题项72项。

第二步，题目筛选。

本调查问卷在确定初始题项集之后，按照 Churchill（1979）的做法，对题项的表面有效性和内容有效性作了定性的考核。考核主要包括三方面：(1) 关联性。即维度和条目与商业银行个人客户经理软实力之间关系的紧密程度，从而检测理论构思的内容效度。(2) 简洁性。即检查反映同一内容的条目之间是否重复，删除重复的条目。(3) 准确性。即审查项目的语法特征，确保没有歧义，使语句流畅，通俗易懂。具体步骤和做法如下：

第一，邀请3名判断者参加，向其解释清楚每一类的含义（软实力的定义参照商业银行个人客户经理软实力编码词典中的定义），并给出其中一个题项作为例子。然后让这些判断者将72个题项归集到上述分析的这9个维度中，如果认为某一个题项不属于任何一类，就将其单独列入"不合适"之列。这里需要注意的是，这些判断者之前并不清楚笔者对这些题项的归类。这样下来，如果3人当中至少有2个人认为某个题项不属于任何一类，就将其从题项集中删除。结果表明，软实力量表都不用删题。

第二，量表的实施及修订。按照一定的抽样标准，选取若干各分行或支行个人客户经理进行问卷调查，并及时回收测验结果。依据项目分析和探索性因子分析结果，剔除不符合要求的项目，对"商业银行个人客户经理软实力与绩效关系研究量表"进行修订。

第三，量表验证。通过统计分析对商业银行个人客户经理软实力问卷的信度和效度进行验证，包括信度分析、相关分析、验证性因子分析及实证效度检验等。

第四，量表及常规模式正式生成。

（四）数据处理

使用视窗版 SPSS11.5 统计分析软件以及 LISREL8.5 软件包进行分析，如项目分析、探索性因子分析、验证性因子分析、相关分析和信度分析等。

三、研究结果

（一）项目分析

采用鉴别力指数作为项目分析指标。鉴别力指数是表示不同水平被试者反应的区分程度。通过鉴别力指数可以剔除不能很好地区分不同水平被试者反应的那些项目。具体操作步骤如下：

第一，求出问卷各样本总分。

第二，将被测者按照测验的总分从高到低排序。

第三，找出高低分组上下 27% 处的临界分数。

第四，依照临界分数将观察值在量表的得分分为高低分两组。

第五，以独立样本 t 检验两组被试者在每个题项的差异。

第六，把 t 值是否显著作为题项的鉴别力指数。如果 t 值显著（即 P 的值小于或等于 0.05）说明题目具有一定的鉴别性，不显著说明该项目不具有鉴别度，可据此进行项目筛选。

通过对个人客户经理软实力问卷题目进行鉴别力检验，得分前 27% 的被试者与得分后 27% 的被试者相比较，软实力问卷的 72 个题项都有显著差异。说明这些题目具有很好的鉴别度。

（二）信度分析

内部一致性信度是目前比较流行而且效果较好的信度评定方法，从测量构思层次化入手，使测量项目形成一定的内部结构，并以内部结构的一致性程度，对测量信度作出评定。在本研究中，我们对问卷的总体信度以及 9 个维度的 Cronbach α 信度系数进行了计算。问卷的信度分析结果如表 3.2 所示。

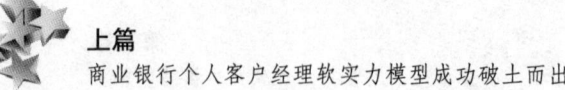

表 3.2　　个人客户经理软实力与工作绩效问卷信度分析结果

包含的项目	α 系数	分半信度
分量表 1（风险驾驭）	0.952	0.941
分量表 2（组织策划）	0.954	0.948
分量表 3（应变能力）	0.958	0.945
分量表 4（资源整合）	0.953	0.942
分量表 5（团队领导）	0.957	0.935
分量表 6（成就导向）	0.954	0.922
分量表 7（公关协调）	0.953	0.939
分量表 8（知识面宽）	0.956	0.968
分量表 9（市场洞察）	0.933	0.922
总量表	0.994	0.988

通过信度分析，所有维度的信度以及总体信度都大于 0.9，说明问卷具有良好的信度。

（三）探索性因子分析

录入数据后进行项目分析。在项目分析研究基础上，随机选取总样本中的一半进行探索性因素分析，进一步探索软实力维度。由于量表中包含的题项个数太多，按照 Bentley 和 Chou（1987）的建议，可以将模型中的题项分为几组分别进行因素分析。这里，我们将测量个人客户经理软实力题项分为 9 组，为了确保测量的单维度性，需要对每个维度分别进行因素分析，如果对于每个维度都只生成预先假设的因素，就能够确保研究变量的单维度性（Walter，2000）。

在作探索性因素分析之前，对各子问卷进行 KMO 适当性检验，各组数据的 KMO 检验值均大于 0.5，分别对各组进行探索性因素分析，在删除个别违背单维度假设的题目后，结果如表 3.3 所示。

各维度均只提取一个公共因子，该因子所包含题目数为 6~9 题不等，各题目的因素负荷均在 0.60 以上，且大部分在 0.80 以上，各维度的累计方差贡献率在 69%~79%，说明本量表解释了大部分的方差变异，且具有较好的结构效度。

根据问卷项目的具体内容，对各个因素进行命名。因素 1 为"风险驾驭"，因素 2 为"组织策划"，因素 3 为"应变能力"，因素 4 为"资源整合"，因素 5 为"团队领导"，因素 6 为"成就导向"，因素 7 为"公关协

第三章 商业银行个人客户经理软实力模型的验证

调",因素8为"知识面宽",因素9为"市场洞察"。

表3.3　　　个人客户经理行为自评问卷各维度因素分析结果

	因素1		因素2		因素3		因素4		因素5	
	题号	负荷	题号	负荷	题号	负荷	题号	负荷	题号	负荷
	V58	0.912	V32	0.898	V40	0.927	V52	0.887	V43	0.921
	V57	0.898	V65	0.893	V68	0.921	V33	0.887	V49	0.909
	V47	0.884	V2	0.878	V63	0.905	V38	0.881	V27	0.891
	V34	0.869	V54	0.877	V70	0.901	V30	0.858	V48	0.884
	V46	0.867	V31	0.868	V41	0.889	V20	0.853	V51	0.875
	V44	0.864	V4	0.860	V16	0.86	V19	0.851	V55	0.872
	V15	0.831	V72	0.850	V7	0.831	V11	0.836	V26	0.84
	V1	0.809	V14	0.839	V3	0.815	V37	0.822	V6	0.821
							V5	0.814		
KMO值	0.945		0.931		0.929		0.936		0.93	
累计方差贡献率	75.251%		75.780%		77.779%		77.779%		76.934%	
	因素6		因素7		因素8		因素9			
	题号	负荷	题号	负荷	题号	负荷	题号	负荷		
	V10	0.925	V64	0.922	V45	0.929	V60	0.907		
	V62	0.904	V53	0.890	V35	0.9	V28	0.896		
	V67	0.890	V59	0.882	V42	0.895	V50	0.888		
	V66	0.888	V12	0.877	V36	0.892	V29	0.879		
	V9	0.878	V17	0.871	V22	0.875	V56	0.873		
	V69	0.874	V39	0.868	V71	0.874	V21	0.808		
	V8	0.821			V18	0.862	V61	0.736		
	V23	0.777					V24	0.640		
KMO值	0.932		0.921		0.937		0.915			
累计方差贡献率	75.856%		78.314%		79.161%		69.409%			

(四) 验证性因子分析

用总样本的第二批数据,对个人客户经理软实力模型进行验证性因素分析。以商业银行个人客户经理软实力测评问卷中各维度为潜变量,以测验中各个测验项目分数为观测变量（假定各分测验项目代表的变量之间相互独立），使用 LISREL 8.72 程序，依据各个测验项目分数的协方差矩阵，采用极大似然估计法（ML）完成参数估计。

验证性因子分析有很多检验标准，本研究选取卡方检验（χ^2）、标准化拟合指数（NFI）、非标准化拟合指数（NNFI）、比较拟合优度指数（CFI）、近似误差均方根估计（RMSEA）、标准化残差均方根（SRMR）六个指标作为检验比较的标准。

χ^2/df 是直接检验样本协方差矩阵和估计的协方差矩阵间的相似程度的统计量，在实际研究中，当 χ^2/df 小于 5 时，可以认为模型的拟合度较好。CFI 和 NNFI 是相对拟合指标，主要用来对不同的模型进行比较，越接近 1 越好。许多研究表明，CFI 是一个良好的综合性指标，无论样本大小都表现出令人满意的性能。另外，RMSEA 和 SRMR 是近似误差指数，也属于绝对拟合指数的范畴，在近期的研究中经常被学者所使用。两个指标越接近 0 表明拟合越好，一般认为，RMSEA 小于 0.05 模型完全拟合（closely fit），RMSEA 小于 0.08 模型能够很好拟合（fair fit），RMSEA 小于 0.1 模型中等拟合（medians fit），RMSEA 大于 0.10 模型的拟合度很差（poor fit）。Hu 和 Bentley（1999）对 SRMR 推荐的临界值是 0.08，即 SRMR 小于 0.08 表明模型较好地拟合了原始数据，大于 0.08 时，认为模型拟合不好。

表 3.4　个人客户经理软实力测评问卷验证性因子分析拟合指数表

拟合指数	χ^2	df	χ^2/df	RMSEA	SRMR	NNFI	NFI	CFI
验证模型	9998.61	2336	4.28	0.083	0.044	0.97	0.97	0.97

根据以上标准，表 3.4 显示出个人客户经理软实力模型在各项指标达到可接受范围。CFI 达到 0.97，NNFI 达到 0.97，NFI 达到 0.97，这三个重要的指标达到非常理想的拟合程度。SRMR 值为 0.044 < 0.08，表明模型较好地拟合了原始数据，虽然 RMSEA 与 χ^2/df 指标略高，但是仍在可接受的范围内。

9 个维度的标准化因素负荷从 0.75 ~ 1.00，各个指标的载荷都在 0.6 以上，且所有因素负荷值都具有统计上的显著性。

因此，通过验证性因子分析可以很好地证实上述提出的商业银行个人客户经理软实力模型。

探索性因素分析所得的 9 个因素及其包含的内容，与前面构建的商业银行个人客户经理软实力模型中包含的胜任特征全部吻合。不同的是,客户经理软实力模型的构建采用的是行为事件访谈法的方法和技术,资料通过个案访谈获取。这里的探索性因素分析资料,是通过编制问卷在大范围客户经理群体中测试获取的。这种交叉验证,说明模型是有效的。同时,问卷信度分析结果表明,商业银行个人客户经理软实力测评问卷总体信度为 0.994 和 0.988,各子问卷信度都在 0.9 以上。因此,本问卷达到了一个较高的标准,测验的质量完全可以接受。

(五) 实证效度分析

经过上述的一系列步骤,我们得出了具有较好信度和效度的个人客户经理软实力问卷和工作绩效问卷。下面我们将对个人客户经理软实力问卷的实证效度进行验证。实证效度是指一个测验对于个体行为进行预测时的有效性,即对我们感兴趣的行为能够预测的程度如何。

为了对个人客户经理软实力问卷题项的区分能力进行检验,我们可以比较个人客户经理中的绩效优秀者与绩效一般者在各软实力题项得分上的差异显著性。两个独立样本 t 检验的结果如表 3.5 所示。

表 3.5 不同绩效组个人客户经理软实力 t 检验

项目	绩效优秀组		绩效一般组		t	df	P
	M	SD	M	SD			
风险驾驭	35.540	5.217	30.252	5.832	12.91***	728	0.000
组织策划	35.490	5.336	30.540	5.756	12.05***	728	0.000
应变能力	35.899	5.488	30.995	6.048	11.472***	728	0.000
资源整合	39.058	6.139	33.855	6.525	11.095***	728	0.000
团队领导	34.699	5.550	29.844	5.845	11.507***	728	0.000
成就导向	35.737	5.162	30.400	6.059	12.81***	710.085	0.000
公关协调	26.279	4.094	22.542	4.719	11.429***	713.777	0.000
知识面宽	30.567	4.656	26.181	5.264	11.925***	728	0.000
市场洞察	33.838	5.337	29.195	5.586	11.484***	728	0.000
软实力总分	307.107	44.921	263.803	49.256	12.41***	728	0.000

注:***表示在 0.001 水平上差异显著。

t 检验结果表明,被评价的个人客户经理中,高绩效者与低绩效者在全部

9个胜任特征上都存在显著差异（$P<0.001$），并且高绩效者的每个胜任特征得分的均值都大于低绩效者的均值。由此说明，高绩效的个人客户经理与低绩效的个人客户经理的软实力存在显著差异，说明本研究构建的商业银行个人客户经理软实力模型是基于绩效指标的。

（六）商业银行个人客户经理软实力问卷量表及常模的正式生成

课题组编制商业银行个人客户经理软实力问卷，对测试数据进行探索性因子分析，在验证构建商业银行个人客户经理软实力模型的同时，又参照项目分析和探索性因子分析的结果，通过严格的项目筛选程序，初步编制了含有9个维度72个题项的商业银行个人客户经理软实力问卷。在此基础上，我们构建了常模。正式施测结果表明，该测验的信度和效度都达到了测量学接受的标准。验证性因子分析的结果也表明，该测验工具的性能和结构近似理想标准和要求。因此，商业银行个人客户经理软实力问卷是以商业银行软实力模型为基础的具备良好信效度的量表，可以在工作中进一步推广使用，以便测查在岗客户经理的软实力水平，提高客户经理培训的针对性，并推动商业银行业务的发展。

中篇

商业银行个人客户经理软实力标准体系

中篇

商业银行个人客户经理
核心能力体系构建

第四章 "商业银行个人客户经理软实力模型词典"

本章提要 本章对"商业银行个人客户经理软实力模型词典"进行了介绍，先回顾了软实力词典的起源与发展，然后就其结构进行了说明，最后指出了胜任特征词典的使用原则。

一、软实力词典起源与发展

1981年，理查德·鲍伊兹（Richard Boyatzis）对一些关于经理人软实力（胜任特征）的原始资料进行重新分析、钻研，并归纳出一组可用于辨别优秀经理人才的软实力因素，这些因素能够同时适用于不同类型的公司。从1989年起，麦克米兰开始对全球200多项工作所涉及的软实力进行观察研究。经过逐步的发展与完善，共提炼形成了21项通用软实力要素，构成了软实力词典的基本内容。这21项胜任特征要素概括了人们在日常生活和行为中所表现出来的知识与技能、社会角色、自我概念、特质和动机等特点，形成了企业任职者的软实力模型。

麦克米兰和他的研究小组根据对200多人在工作中的行为及其运用行为事件访谈所得到的信息，建立了286项软实力模型数据库，其中包括一般企业、政府、军队、教育和宗教等组织中的技术、专业、市场、企业家、领导人、服务等各类人员的软实力要素。该数据库记录了大约760种行为特征，其中与360种行为特征相关的21项软实力要素能够解释每个领域工作中80%~98%比例的行为及其结果，其余400种行为特征只描述较少提到的软实力要素，因此这360种行为特征就构成了软实力词典的基本内容。

继麦克米兰对软实力进行研究与分析之后,后来的学术界和企业界都在各自的研究与实践基础上,将软实力词典加以丰富和细化,进一步发展了对21项软实力的研究,使之不仅具有更广泛的适用性,而且变得更加清晰有效。

词典中所涉及的软实力项目,由于考虑到一般工作上的行为,因此在尺度的设计上,以适用于大多数工作的做法来呈现,所以缺乏精确性。当中一些要素可能与某些具体的工作岗位相关性不强,因此词典中的软实力要素仅仅为企业自身的软实力要素研究提供参考,各个企业在构建软实力模型的时候应该针对企业自身的行业特征、发展阶段、市场情况等条件,对软实力词典进行不断的修订、增删和调整,从而形成符合企业自身特点和需要的软实力词典。

事实上,软实力词典的开发和研究在国外已经有近三十年的历史了,相对比较成熟,当中的部分内容也在管理实践中得到了很好的验证。然而,在中国,软实力管理还处于初步的发展阶段,众多企业都在纷纷尝试开发和构建适合企业自身特点的软实力模型。但截至目前,国内商业银行行业内尚无一本相对规范的、具有针对性和指导性的个人客户经理软实力词典,无法满足组织动态发展的要求。

因此,课题组从实证的角度出发,在构建商业银行个人客户经理软实力模型的基础上,完善形成了"商业银行个人客户经理软实力模型词典"。该词典将帮助银行更客观地、更有针对性地选拔、培养、激励商业银行个人客户经理,进而推动银行核心能力的建设和组织变革。另外,商业银行个人客户经理软实力模型词典有利于银行进行人力资源盘点,明晰当期企业的人才储备和未来能力要求的差距,更好地为有潜力的员工提供个性化的培训方案,进而搭建更有效的职业发展路径。

二、"商业银行个人客户经理软实力模型词典"结构说明

"商业银行个人客户经理软实力模型词典"中出现的"软实力"是一组可测量的行为标准,这些标准是商业银行对个人客户经理在成就特征、服务特征、个人特征、管理特征和认知特征五个方面的具体行为要求。每个行为

第四章
"商业银行个人客户经理软实力模型词典"

标准都有五个等级水平，水平1（A-1）是最差的行为表现，其余水平则按此趋势逐级递增，水平5（A-5）是最佳的行为表现。

另外，每个行为标准都有相同的结构，均由以下八个部分组成（见图4.1）：

A. 名称：用来描述一类软实力特征的名称或标签。

B. 定义：通过列出相关行为的基本属性来规范该软实力特征的界定。

C. 核心问题：详细列明该软实力特征在各个维度上的代表行为，以帮助读者进一步明确该行为的界定标准。

D. 重要性：说明该软实力特征对商业银行发展的意义和重要性。

E. 等级水平：描述了五个主要的水平，解释了这项软实力特征不同复杂度和技能水平上的表现。水平1（A-1）是最低级、最差的等级水平，而水平5（A-5）则是最复杂、最优秀的等级水平。这些水平是按趋势递增的，即水平2（A-2）较水平1（A-1）高级，水平3（A-3）又较水平2（A-2）高级，依次类推。其次，这些水平的内容是经过深入研究的，结构是固定的，不能随便更改和混淆。另外，这些水平是累积性的（水平1除外），也就是说表现出水平5（A-5）的人也具有水平4（A-4）和水平3（A-3）的行为表现。

F. 行为表现：从核心问题中列举的各个维度出发，举例说明了个人客户经理在每个主要的水平上的具体表现，以帮助我们进一步地理解每个水平的含义。这个部分相对比较灵活，可根据该商业银行或特殊应用的需要而增加新的行为描述。

G. 正/反向案例：针对各个软实力，分别从正、反两面提出一至两个案例。这些案例是商业银行个人客户经理在行为事件访谈过程中提到的一些具体事例或观点，既是对词典内容的进一步补充，也是该行为描述和实际应用的真实对接，帮助读者加深对词典的理解。

H. 管理名言：各国伟大的管理专家或著名企业的领导者针对软实力发表的有关名言。

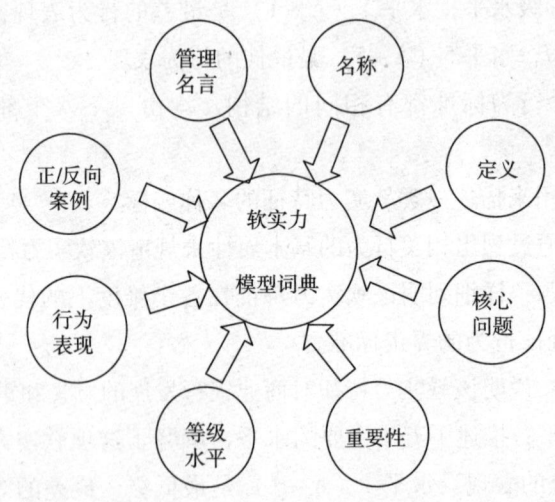

图 4.1　商业银行个人客户经理软实力模型词典结构图

三、"商业银行个人客户经理软实力模型词典"使用原则

相似行为。某些胜任标准中的行为描述比较相似。这并不意味着它们相同或有所重叠。在这种情况下，需要仔细阅读包含这种描述的行为核心问题，这将有助于澄清每种行为描述的内涵，找到其与自己感觉相似的行为的关键差异。

灵活性。每个水平表现的确切方式会因企业文化、地点和国家的不同而有所变化。使用本词典时，企业可以根据自身特点进行适度的修改和调整。

字典使用者。字典是员工使用的工具，它能有效地帮助员工理解如何提高行为表现。它的主要使用者还包括应用发展者，他们可以利用这个框架建立标准，将诸如培训、发展、评估和选拔之类的过程联结起来。

行为标准的数目。这个词典囊括商业银行个人客户经理的 19 项软实力，假如无选择性地对所有软实力进行开发则会大大提高使用成本，因此，使用者可以在成本范围内，根据组织战略给予每个软实力不同的权重，有重点地予以开发。

第五章　如何提升商业银行个人客户经理成就软实力

本章提要　本章对商业银行个人客户经理软实力模型的成就软实力特征群进行了介绍。"挑战自我，追求卓越"是商业银行个人客户经理的必备素质。个人客户经理成就软实力特征群包括"成就导向"和"学习能力"等素质特征。对每一个软实力素质特征，本章提供了一些叱咤风云的个人客户经理的成功或遗憾的经典行为事件，相信对读者将具有很好的启发作用。

一、如何提升"成就导向"软实力

名称	成就导向	
定义	成就导向是指客户经理在工作中对成功具有强烈的渴求，设定较高目标，积极主动，能够承受困难与挫折，完成挑战性的任务，在工作中实现自我价值。	
核心问题	这个特征考察客户经理是否具有不断挑战自我、实现自我价值的动机，并愿意为此付出不懈努力。	
重要性	具有成就导向的客户经理，在工作中往往愿意从事具有挑战性的任务，不断地为自己设立更高的标准，努力不懈地追求事业上的进步。因此，具有成就导向的客户经理通常能更好地完成工作或达到优秀的绩效。	
等级	等级定义	可能的行为表现
A-1	害怕落后：对自己有较高的标准，不甘落后。	对工作有一定的使命感，对自己有较高的标准，希望取得较好的工作成果，不甘心落于人后。
A-2	接受挑战：设立较高的目标，愿意接受挑战。	为自己设置较高的工作目标，愿意接受挑战，对于出色完成任务取得工作成果有较强烈的渴望。
A-3	主动进取：工作追求卓越，不断自我提升。	在工作中不断自我提升，希望自己取得更好的成绩和更大的成就，对于战胜困难、取得成就有强烈的渴望。

续表

等级	等级定义	可能的行为表现
A-4	追求完美：工作追求完美，对自己要求严格。	工作上执着追求，总是希望把事情做得更好、更漂亮，工作结果常常超出标准；喜欢挑战性的任务，工作具有强烈的使命感，为了目标的实现努力克服困难，坚持不懈；为了要达到一个更高的绩效水平而努力工作。
A-5	全力以赴：为了目标的实现而不懈努力，不怕挫折，甚至牺牲眼前利益。	敢于设置一个前人没有做过的、具有挑战性的目标；经过仔细的分析后，敢于冒险，能够大胆地提出新的想法并不懈努力，不怕挫折，越挫越勇；把创造更好的成就作为自己永恒的目标，为了目标的实现甚至牺牲眼前的利益；对自己严格要求，工作精益求精，不断挑战自己，不断发掘自己的能力和潜能。

[正向案例1]

成功源于渴望

　　个人客户经理在拜访客户的时候，难免由于各种原因而碰壁。但是实践证明，很多优质客户都是客户经理一次又一次地沟通，坚持不懈地营销才获得的。

　　在一次银行交流会上，某银行一位高级客户经理被问到为何他如此成功时，他只是简单地回答："因为我非常渴望成功！"他以他自己的经历说明，一个优秀的客户经理往往具有极强的成功欲。当他刚刚担任个人客户经理时，他就去拜访一个客户。这个客户是某大型国有企业的领导。可能是由于他当时比较年轻，那个客户一开始并没有把他放在眼里。当他向该客户介绍银行的品牌、产品的功能时，该客户甚至连看他一眼都没有。随后的几次拜访也一样，无功而返。有一次，那个领导直接拒绝他，说："我需要的是一位资深的理财经理，你还太年轻，做不来的。"这话不但没有打击到他，反而激起了他的斗志。他认真学习研究各种理财知识。后来的一次拜访中，该领导的爱人被他的执着给感动了，同意将在该行试开一个理财账户。该客户经理抓住这个机会，凭借着其扎实的理财知识，为该账户赚取了很高的投资回报率。该投资回报率也远远超出了该领导的预期。最后，该领导赞许该客户经理："青出于蓝而胜于蓝！我以后绑定你了！"就这样，这位客户经理拥有了一位长期的高端客户。

第五章 如何提升商业银行个人客户经理成就软实力

[正向案例2]

晨练带来的商机

某银行个人客户经理陈小姐与杨老板的认识是从晨练开始的。

每天早晨,江边的公园里都有很多中老年人在那里锻炼。人到中年的陈小姐自从两年前诊断出高血压等疾病时开始,就来这里锻炼了。她是一家银行的个人客户经理,平时很忙,只有早上锻炼的时间她才可以轻松一下。

三个月前,她发现江边锻炼的人群里多了一位年近七十的老人,他总是一个人在江边散步,看上去走路不太方便,大概是腿有毛病。陈小姐是个开朗豁达的人,喜欢与人交往,老人来了不几天,陈小姐就跟他熟络了。老人称自己从外地来这里看儿子,不想由于这里比较潮湿,腿疼的老毛病又犯了。陈小姐告诉他,自己原来也有这毛病的,后来一个同事的乡下亲戚给她找了一个偏方,用了以后就好多了。如果老人愿意一试的话,她可以把这个偏方送给他。老人当即表示谢意。

从此以后,他们每天早上都能遇到,不知是药方起了作用还是季节的变化,老人的腿越来越利落了。有的时候可以在江边一口气走半小时。老人对陈小姐十分感激,陈小姐以举手之劳,善而为之,人和人之间互相帮助都是应该的。正像这个药方,别人送给了她,她就要再送给有用的人,让这种关爱一个人一个人地传递下去,药的效力才会更好,世界才会更温暖。

有一天,老人问起她的职业,听说是在银行工作,老人又问起银行的状况。陈小姐告诉他现在银行之间的竞争性很强,所以做起来有一定的难度,但是她还是很乐观的,她觉得只要努力去做,就会有成绩。老人听了之后,沉吟片刻,问他们那里能不能做外汇业务。陈小姐回答说可以,但是由于当地的三资和外资企业少,自己的支行影响力较小,所以外汇业务一直是他们的弱项。

老人微笑着看着她说:"不会啦,今后你的外汇业务会好起来的。"说着递给她一张名片,她一看,顿时愣住了。这就是市政府最近招商来的一家台资企业的董事长,他是来考察并与市政府协商有关项目的。这家企业是分行和支行正在竭力营销的一个项目。

陈小姐觉得真像那个药方一样,给别人的关爱越多,得到的就越多。

她以最快的速度为该企业开办了账户,三个星期后,200万美元的存款到账,这可是她这个支行里最大的一笔外汇存款了,但是要想得到自己能得到的最大值,这可不是一张药方就能解决的,不过靠着送药方一样的真诚,她相信自己能做得到。

她先向分行领导汇报了情况,申请为该企业专门设立营销方案。接着,她又为该企业配备了一名客户经理,能做的业务要在第一时间为客户做到,不能做到的业务介绍到分行营业部去做。此后,他们协助该企业做一些前期的准备工作。她还组织多人次对该企业进行详细的调查、了解和分析,与分行联动对该企业实施全方位的服务。此外,他们根据企业的实际情况,向分行提出建议,为其量身定做外汇产品,增加服务项目。同时分行经过分析,决定为该企业铺设一条专用网线,为其开设了内部银行。

她依然每天到江边去晨练,老人的腿已经全好了。老人告诉陈小姐,这里是自己出生的地方,半个世纪前离开后一直没有回来过,这次政府招商,自己决定要在有生之年为家乡出点力。他在外面漂泊了多年,饱尝了人间的辛酸,刚回到家乡,就从陈小姐的身上感受到了家乡的温暖。他说,他从这一张普通的药方上看到了陈小姐的真诚,看到了家乡的希望。

陈小姐也的确没有让老人失望,在以后的合作中,老人深切地感到了这一点。

客户关系也是需要"锻炼"的,任何一种客户关系都不能固若金汤。"锻炼"不是形式,只有用心,才能得到"健康"。

第五章
如何提升商业银行个人客户经理成就软实力

[反向案例]

相同的起跑线，分水岭式的绩效表现

  A 和 B 是大学同学，他们是毕业于同一所大学的同班同学，毕业后一同进入某国有银行工作，且从事的都是个人客户经理的工作。然而，两年不到，两人的绩效水平差别明显。究其原因，主要是两人的成就观和职业观的差异。A 觉得只要完成任务就行了，因此，只要一达标，他就不再主动接业务了。而 B 的上进心相当强，尤其是在分行实施了全产品考核计价后，B 觉得实现自我价值的机会来了。于是，他经常自觉加班加点，全身心地投入工作中，上班时间营销客户，晚上整理资料，以快捷、高效的工作赢得了客户的一致认同。在其努力的工作下，实现了单月发放 4500 万元个人贷款的优异成绩，得到了上级行的通报嘉奖，成为一名优秀的个人客户经理。

> 生活是公平的，哪怕吃了很多苦，只要你坚持下去，一定会有收获，即使最后失败了，你也获得了别人不具备的经历。
> ——马云（阿里巴巴CEO）

二、如何提高"学习能力"软实力

名称	学习能力
定义	学习能力是指客户经理在工作过程中积极地学习，不断地更新自己的知识结构、提高自己的工作技能，把学习成果运用到工作中，改进工作方法或流程，提高工作成效。
核心问题	这个特征主要考察客户经理是否具有学习的意愿，并且能够改进并使用合适的方法以提高自身的技能。
重要性	学习能力就是学习的方法与技巧，只有具备良好的方法与技巧，才能形成专业知识，才能在服务客户的过程中展现自己的专业技能。因此，学习能力是基础性的能力。

续表

等级	等级定义	可能的行为表现
A-1	有基本的学习能力。	愿意接受新知识和新技能,能够认真对待组织提供的培训;愿意就自己不明白的问题向上司或同事请教。
A-2	有一定的学习意愿和学习能力。	能有意识地学习一些新知识、新技能,对于专业知识有较好的领悟力;对所摄取的信息有自己独特的想法与观点,经常性地进行阶段性工作总结,认为不断学习是职业生涯中重要的一环。
A-3	有较好的学习意愿和学习能力。	对新知识、新技术、新领域保持关注,并乐于尝试新方法;以学习为乐,愿意就自己不了解的问题向同事请教;定期对工作作阶段性的总结;当工作内容发生变化时,积极主动弥补自己缺乏的知识与技术;把工作视为重要的学习过程。
A-4	有较强烈的学习动机,不断自主学习,自我提升。	有较强烈的学习动机,对于新技术、新领域保持高度的热情,注重在发展中不断学习、在学习中不断发展;经常性地总结经验,增加学识,提高技能,增强自身能力素质。
A-5	有强烈的学习动机和优秀的学习能力。	经常寻找时间和机会学习,广泛获取知识和信息;善于吸收和利用前人已经取得的成果和经验,吸收他人产品的长处;习惯性地搜集业界最新的信息,追踪同行业技术发展的动态,积极了解对产业可能产生影响的新工具、新方法、新技术,积极思考并将最新的知识和技术与客户的需要联系起来;乐于将自己的专业知识传授他人。

[正向案例1]

坚持学习,提高自我

个人客户经理的最大特点就在于"专业"二字,每个客户的自身情况和服务需求千差万别,要能够提供个性化、系统化、满足客户要求、经得住时间考验的理财投资建议并不是一件容易的事。作为个人客户经理,宋某深知学习是不断提升自我的原动力,只有通过不断的学习、积累,给客户创造价值的同时才能体现自己的价值。

正是基于这种信念，宋某每天都花费一定时间在知识与信息的更新上，并经常和分行理财专家团队的成员一起分析研究，积极参加各类新业务的培训，刻苦钻研业务。每当一个新产品、新工具投入使用时，宋某都要求自己尽快弄懂学会。他还为行内的员工提供多场理财讲座服务，行里的客户经理都愿意把工作中遇到的问题与他交流。分行针对高端客户会定期举办理财沙龙，每次他都积极参与。学习是艰苦的，实践是快乐的，每当营销成功后，那种快乐是无法言喻的。

2011年央行的加息次数很多，每次加息都有客户来询问原有的定期是否要转存。宋某总是不厌其烦地一个个给予仔细测算，并找来一个"转存利息平衡分界点"的运算公式公布到宣传栏内，让客户自己也能看得明白。他让客户明白，并不是所有存单遇利息上调就该进行转存。宋某精深的业务知识、以客户为中心的服务理念，赢得了客户的一致赞誉。

案例说明，只有不断地学习，不断地提升自我，拥有了专业的知识和能力，才会赢得客户的信赖。

[正向案例2]

争当学习型人才

学习能力是21世纪人才的一种必备能力，因此，对于客户经理来说，学习能力是至关重要的。只有具备很强的学习能力，客户经理才能够对银行的各种业务有了更深的理解，同时也能快速获取其他相关知识，让自己显得更加专业！

个人客户经理小杨是一位学习能力极强的人。他不仅从书本获取知识，也积极向前辈学习，同时还不断地对自己的工作进行总结、反思。他每次拜访客户前，总是根据客户的工作行业、职业提前学习一些知识。因此，每次他总能很轻松、愉快地与客户交流，有时候客户还以为他们是同行！很多客户选择小杨，不是因为小杨提供的银行产

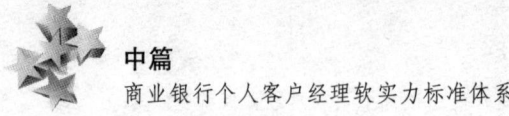

品有什么优势,而是因为小杨更能理解他们。通过与客户谈论他们感兴趣的话题,而不是过多地推销银行产品,双方的信任就能很快地建立起来,之后的谈判也变得容易很多。人们总是认为自己是最好的,所以往往也会选择与自己相似的人,这就是行为科学的"选择效应"。由此可见,学习能力能够让客户经理更好地了解客户,满足客户的需求,赢得客户的青睐。

［反向案例］

技巧欠乏,导致现场营销失败

8月的一天,在某支行营业大厅内,一名客户来到普通窗口准备办理50万元的三年定期存款业务,该窗口柜员马上示意客户经理向客户推荐该行新推的理财产品。但这名客户十分谨慎,不想跟随客户经理离开柜台进入理财室,客户经理便站在窗口前向客户介绍理财产品的功能及收益等方面的优势。该客户站在窗口前认真听取客户经理的介绍,并不时地提出了疑问。经过十分钟左右的交流后,该客户对客户经理推荐的理财产品仍然是一头雾水,同时后面排队的其他客户已经有些着急并表示不满。客户经理准备继续解释的时候,这名客户明确表示还是先存定期好,并说回去再考虑一下,最后柜员只好为客户办理了定期存款业务。

案例中,客户经理尽管发现了潜在的目标客户,并尝试进行营销,但由于理财知识有限,表达不够清晰,不能在最短的时间内让客户了解银行理财产品的优势,导致营销没有成功。

> 未来真正出色的企业,将是能够设法使各阶层人员全心投入,并有能力不断学习的组织。
>
> ——彼得·圣吉(世界十大管理大师之一)

第六章　如何提升商业银行个人客户经理服务软实力

本章提要　本章对商业银行个人客户经理软实力模型的服务软实力特征群进行了介绍。商业银行作为服务型金融企业，其从业者必须具备服务意识和服务能力。在服务制胜的今天，商业银行个人客户经理至关重要。个人客户经理的服务软实力特征群包括"沟通能力"、"服务意识"、"应变能力"和"公关协调"等素质特征。对每一个软实力素质特征，本章提供了一些叱咤风云的个人客户经理的成功或遗憾的经典行为事件，这些事件对于如何提升个人客户经理的服务意识和服务能力必然有帮助。

一、如何提升"沟通能力"软实力

名称	沟通能力	
定义	沟通能力是指客户经理聆听并准确理解客户所传达的信息，作出恰当的反馈，并通过语言、表情、动作等方式，向客户准确表达自己的意见和看法从而与客户建立良好关系的能力。	
核心问题	这个特征在于考察客户经理是否具有通过良好的沟通技巧和合适的沟通方式与内外部客户进行有效的信息传递并与客户建立良好关系的能力。	
重要性	作为客户经理不仅需要专业的知识和技能，而且更需要与他人沟通的能力。如果无法与客户进行有效沟通并建立良好关系，那么必然无法胜任客户经理岗位。因此，从事客户经理岗位必须具备沟通能力。	
等级	等级定义	可能的行为表现
A-1	能够有效传递信息；能够利用简单的语言和非语言行为与他人进行有效的沟通。	能够用简单的语言清晰简明地表达出自己的态度和意见；能够通过点头和微笑等非语言行为表现出对发言者的关注；能够以诚恳的态度赢得员工和客户的尊重和信任。

续表

等级	等级定义	可能的行为表现
A-2	理解并能够给出反馈：能够尊重他人，善于倾听他人的意见，听完之后再给予反馈。	抱着积极的心态和用心聆听的态度来获取同事或客户的信息；能够在沟通中准确推断出对方话语的隐含意思，能够清晰理解复杂的意见；积极地寻求有关他人思想和观点的信息，能够总结主要的观点使讨论变得集中化和明朗化。
A-3	换位思考，达到共鸣：能够站在别人的立场上，从别人的角度予以理解并与之产生共鸣。	具有较强的沟通能力，能够通过适当的肢体语言和生动明了的话语表达出复杂的观点；在听完他人的陈述后，客户经理往往不是急着给予意见或者指责他人；能够对他人的状况予以理解；能够立足于他人的角度表达出自己的意见和想法。
A-4	能够引导并说服别人：掌握与同事和客户沟通的技巧，使沟通卓有成效。	在与人沟通过程中善于控制自己的情绪；能够根据对象的特点调整沟通方式；与人交流时，富有表现力和感染力；善于引导话题的发展方向，并有很好的说服他人接受自己观点的技巧。
A-5	建立情谊，营造氛围：重视与同事或客户的沟通，在部门内部形成沟通交流的良好氛围。	能够根据环境、对象的不同，采取不同的表达方式和沟通策略；能够把同事、客户沟通作为一种职责和工作内容，在工作以外的时间也会注意加强和同事、客户的沟通；能够通过一些团体活动或者与客户之间的联谊活动，加强与团队成员的沟通，维系与客户的情谊。

[正向案例1]

沟通聆听——发掘现有客户贡献度的法宝

某日，A行优质客户周先生前来办理业务。在办理业务过程中，通过简单的谈话柜员得知周先生近期有一笔资金回笼，于是柜员将周先生介绍给客户经理小李，小李马上与周先生进行了一次深入的交流。周先生对A行一直以来为其提供的优质服务表示满意，并透露，他做风扇生意，季节性很强，近期有一笔资金回笼。小李进一步与其沟通，成功地把周先生存在交行的500万元存款的闲置资金转入A行。那么小李是如何将周先生营销成功的呢？

原来，接到电话后，小李马上来到现金区并协助现金柜员为周先生迅速办理了现金业务，引导周先生到理财服务区。小李在此前已经几次上门拜访过周先生，所以对周先生的一些基本情况有一定的了解。

小李首先很热情地请周先生入座，同时为周先生端上热茶。周先生表示对A行为其提供方便、快捷的服务很满意。小李感谢周先生一直以来对A行的信任和支持，并表示会不断提升服务质量，还邀请周先生在方便的时候一起饮早茶，周先生高兴地接受了邀请。在轻松和融洽的气氛中小李询问了周先生近期生意的经营情况。周先生告诉小李，风扇生意的季节性很强，在旺季的时候，销售量大，生产量大，资金短期的需求量也大，在淡季的时候则相反，近期有一笔500万元的资金回笼，现在暂时存于交行，尚未有投资意向。小李表示，500万元的资金纯粹用活期的形式存在银行收益太低，但做长期的理财计划又会影响资金的流动性，对季节性很强的风扇生意影响很大。周先生也表示了同样的忧虑。

在激起客户的共鸣后，小李进一步表示，如果周先生愿意将资金转入A行，他们将为其制定一个较为合理的理财组合，比如根据生意经营的资金需求情况，可以做一个收益高、流动性强的7天通知存款计划或3个月的短期存款。小李还介绍了基金、国债、银行保险等业务的优缺点。

通过一番沟通及业务介绍，周先生最终决定把存在交行的500万元资金转入A行。

经验及问题：

（1）了解客户的实际情况。在与客户有限地接触中尽量多聆听客户的声音，多了解客户的情况。这样，在客户经理营销的过程中，才能让客户感受到银行对他的关注与重视。

（2）了解客户的需求。只有了解客户的需求，银行才能够有较为准确的营销目的，避免盲目营销造成客户厌烦，导致营销的失败。

（3）掌握丰富的专业知识。客户经理是否掌握丰富的专业知识，决定了其在营销过程中能否为客户提供专业而周到的服务，这关系到客户对客户经理的信任程度。

（4）掌握沟通技巧，提升沟通水平。客户经理的沟通能力是营销成功的关键法宝之一，因此客户经理必须掌握相应的沟通技巧，提升沟通水平，更好地服务客户。

[正向案例2]

把"对"让给客户

某日,一位客户到营业厅打印存折,之后就向大堂经理大声抱怨。

客户:"我每个月交费扣款项目很多,你们的存折上什么都没写,也不知道扣的是什么款,是不是有意这样,把客户弄糊涂好扣款?"

大堂经理:"不清楚扣款项目的确会让人觉得不放心。您先别着急,请让我看一下,我们存折上的每项扣款后都有一个代码。"

客户:"是啊,可都是一些代码,也就只有你们才看得明白。"

大堂经理:"我们应该提示一下,存折最后一页有具体的代码说明,在存折打印机旁也有标识的。"

客户:"原来这里真的有代码说明啊!之前看得不够认真。"

大堂经理:"我们的说明也不够清楚,给您添麻烦了,感谢您的投诉,我们将作进一步的改进!"

有一些客户对于银行的一些业务还不是十分了解,所以经常会产生误解。若是得理不让人,常会让客户下不了台阶,下次自然"不好意思"再来。相反,若是改变一下沟通方式,给客户一个台阶下,则会产生不同的效果。

[反向案例1]

一则沟通不到位引发的客户投诉

年初,某行客户陈小姐有笔闲钱暂时不用,到网点咨询有什么好项目投资,刚好银行在发行6个月期限的人民币理财产品,客户经理便向她推荐了该产品。陈小姐对理财产品一窍不通,但是出于对客户经理的信任,还是决定购买该理财产品,便对客户经理说:"你说这个理财行就行,我信你。"于是客户经理通过网上银行协助客户购买了该理财产品。2个月过后,陈小姐急匆匆来到网点,说她丈夫生意

第六章
如何提升商业银行个人客户经理服务软实力

出了点问题,马上要用这笔钱。但由于其购买的该款理财产品不能提前赎回,陈小姐非常生气,指责银行没有跟她说清楚产品特性,也没有与她很好地沟通,表示不再相信该行。

由于购买理财产品前没有充分与客户沟通,了解客户的需求,揭示产品的特性,导致客户资金不能及时调用,影响了客户,导致该行失去了客户的信任。

[反向案例2]

沟通不当,客户流失

某客户购物时发现刷不了银行卡,便到该行询问原因。

大堂经理:"有什么我可以帮你的?"

客户:"我的银行卡在某商场刷不了,怎么会这样子呢?我这张卡刚办了不久!"

大堂经理:"不会吧!银行这边是不会有问题的,是不是你不懂得操作。"

客户:"怎么可能!我又不是第一次刷卡!"

大堂经理:"那么是不是没磁了?"

客户:"这我怎么知道,难道你们银行没给我上磁。"

大堂经理:"这怪不得银行,银行肯定会给你上磁的,你肯定是把手机和银行卡放在一起了,所以银行卡没磁了。"

客户:"你怎么知道我把手机和银行卡放在一起了。"

大堂经理:"你最好现在去填写一份申请书,然后再去排队上磁。"

客户:"你这服务态度……"

结果客户没再去上磁,直接离开银行,银行可能因此而丧失了一个客户。

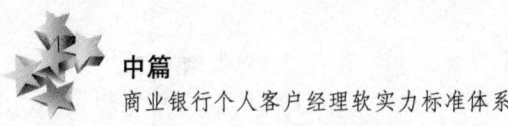

> 一个人必须知道该说什么，一个人必须知道什么时候说，一个人必须知道对谁说，一个人必须知道怎么说。
>
> ——德鲁克（现代管理之父）

二、如何提升"服务意识"软实力

名称	服务意识	
定义	服务意识是指客户经理以客户为中心，把为客户服务当成自己的责任，能够及时发现并满足他们的需要。	
核心问题	这个特征主要考察客户经理在服务客户时其服务行为是否主动，是否能认识到服务的重要性，是否能满足客户的需求。	
重要性	银行间的竞争取胜最终要靠银行的服务质量和效率来保证，而客户经理是向客户展示银行服务的重要窗口，因此客户经理的服务意识关乎银行能否满足客户的需求而赢得市场和客户，关乎商业银行的核心竞争力。	
等级	等级定义	可能的行为表现
A-1	意识到服务的重要性：认识到商业银行是提供金融服务的行业。	能够认识到银行业只有以客户为中心才能有长足的发展，能做到诚实守信，为客户负责；在实际工作中能够考虑到客户的需求。
A-2	关注客户需要：关注客户的需求，追求客户满意。	具有一定的服务技能，当客户提出某些要求的时候能够想办法满足客户的要求；关注客户的需求和利益，追求客户的高满意度。
A-3	提供个性化服务：以客户为中心，不断提升服务质量，创新金融服务和金融产品。	能够跟踪了解客户的业务，在掌握其提出的需求的基础上整合信息，找到客户真正的、潜在的需求，并根据这些需求提供创新的金融服务和金融产品；经常亲自跟踪监督客户服务质量。
A-4	客户资产管理：管理具有以客户为中心的市场意识，不断优化客户结构，营造优质客户群。	在根据客户需求提供个性化的金融产品和方案的基础上，注重发现和培养忠诚顾客，为客户提供专业的帮助和其他方面的全面支持，实现客户资产最大化。
A-5	服务至上：把服务意识贯穿到银行经营的每一个环节中去。	认识到完美的服务对于银行经营的重要意义，以客户需求为中心；具有关怀重点客户的差异化服务意识；注重对银行业务的价值链管理，使日常经营活动的每一步都能实现服务增值；为客户提供全方位的服务，提高客户对本行的忠诚度；引导顾客认同企业。

[正向案例1]

踏破铁鞋无觅处，得来全不费工夫

客户林老板对B银行并不熟悉，只知道张某是这家银行的客户经理，就像他的厂子里做业务销售的一样。一天，林老板怒气冲冲地来到B行，直接点名要找张某。

张某看到林老板时，已经闻到了火药味，因为他的脸已经涨红了，两只眼睛也满是焦急和气愤。这是张某前一时期曾经走访过的一个客户，因为当时有一笔票据业务数额较大，张某从其他渠道听说后来到他的厂子，那是一个小厂，起先就做一些小产品，没有多大的规模，后来他与一家大工厂联合，生产一些配件，生意渐渐好起来，在当地的私营企业中小有名气了，而且生产的产品前景看好，张某曾经花了很多时间和精力，但一直没有突破。

可现在他自己找上门来了，但一定不是什么好事。果然，他一开口就大声嚷嚷："你们还管不管这事，这叫什么银行，说话不算数。"

经过一番询问，才知道他的儿子到南京去报名考试，因孩子小，担心带现金不安全，就到他家附近B行的一家储蓄所开了一个户头，办了一张银行卡。当时他还特地咨询了柜台里的工作人员："这钱到了南京一定能取出吗？"当时工作人员许诺没有问题。可是现在孩子已经到了南京，但钱却取不出来了。

原来，B行因系统更新，当时刚刚运行，造成线路故障，两天来不能保持正常异地通存通兑。而他的孩子这一天就要报名，这已经是最后一天了。他反复强调柜台工作人员曾经许诺他这张卡可以在南京取钱。

张某给他倒了一杯水，让他先静一静。告诉他为了防止出现这个问题，银行已经采取了措施，在每个城市都设立了应急窗口。可让他到应急窗口去取。他当即打电话给儿子。可是儿子来到应急窗口仍然没有办法。因为这张卡是以父亲的名义办的，他儿子带的只是自己的身份证，所以银行不能给他办取款手续。他又急了，不停地给张某打电话，强调银行当时并没有向他说明这种情况，银行要负责任。又扬言要找银行的领导,要在媒体上曝光,情绪十分激动。张某一边耐心地跟他解释,一边急速地想办法。

起初,他告诉林老板,可以让他儿子在其他银行开一个存款账户,然后由他从当地存钱,可以应急。但是这位客户执意要让银行马上给解决。原来请都请不来的客户,此刻却推都推不出去。可张某知道在推不出去的背后将会使这位客户永远对B银行关上大门,目前他不过是在出难题罢了。

张某决定不再推了。他联系到自己在南京的同学,让他给客户的儿子送去1万元钱,答应事后再由张某来还。待孩子从南京返回后,再将钱交还张某。他把这个想法告诉客户以后,客户好一会儿没有说话。良久,他问张某:"你不怕我不给你钱?"

张某坦然地笑了笑:"我相信您,没有这点信用,怎么能把一个企业做得那么大。况且本行事先没有提醒您系统调整,我们也是有一定责任的。十分抱歉,能妥善解决好这件事,也算是一个补偿吧。"

客户林老板全没了刚才的气势汹汹,对张某竖起大拇指:"好样的,小伙子。你也放心,我现在就把钱给你。"

"不不不,还是等你儿子回来吧,到时候我会亲自登门拜访的。"

"好,我欢迎你,一言为定!"

连张某也没有想到,那扇久攻不下的大门,竟是在这种情况下向他敞开的。

"艺高胆大",对特殊客户使用特殊方式,这是银行营销的特殊技巧之一。但是这种特殊方式只适用于了解对方的情况下,因为林老板是张某的目标客户,张某对其了如指掌,所以处理这个问题游刃有余。

[正向案例2]

完美服务,赢得信任

黄小姐在某支行办完新房购置的按揭手续,在随后的几天里,陆陆续续接到很多房地产中介公司和装饰公司打来的"骚扰电话"。黄

小姐的生活工作受到严重影响,非常生气,便问其电话号码来源,对方说银行里有熟人,是从银行里买来的。

黄小姐想起了前几天在办理按揭手续时留下了电话号码,便认为是银行泄露了客户资料,第二天就到银行找到了其客户经理小李。见到小李,劈头就问:"你们银行怎么可以把我的信息泄露给他人呢,你知道我最近收到多少房地产中介公司和装饰公司的电话吗?"小李面对黄小姐的质问,没有立刻反驳,而是为她倒了一杯水,很有礼貌地请她坐下来慢慢说。了解了整件事情后,小李向黄小姐保证,银行绝对会承担保密义务,并承诺,进行调查后一定期限内给予答复。经过调查后,小李了解到,发展商通过物业代理销售楼房,物业代理曾接手过黄小姐的相关资料。小李立即联系发展商,要求他们与客户签订资料保密协议。

黄小姐对于小李的服务非常满意,对该支行也十分信任,不仅在该支行办理了很多业务,还介绍很多同事来该行办理业务。

[正向案例3]

真诚服务,主动营销

一天上午,一位客户在汇款的时候遇到麻烦,客户经理小黄主动上前提供帮助。后来在与客户的沟通过程中发现,原来该客户在其他银行还有其他存款账户,年周转资金就几千万元,已经达到VIP账户开户条件。小黄立即为客户介绍了VIP账户的功能和优惠服务,并说服客户当即开立VIP账户。在进一步沟通中小黄得知,该客户一直没有进行投资理财,原来是因为他从事基建工作,经常需要购买工程物料,资金周转频繁,所以觉得没法进行投资。小黄马上向他介绍银行刚推出的短期理财产品。客户在权衡预期收益与投资期限后,当即就开立了理财账户,购买了推荐的理财产品。很多营销机会都是在为客户服务的过程中发现的,只要客户经理真诚地为客户服务,往往很容易发现客户的另一些需求。

[反向案例]

一份人大代表提案引发的故事

有一天，X银行收到一份人大代表的提案，上面写着鉴于X银行的服务和自助设施不好，强烈要求将工资转往他行代发或改发现金。提案的属名是当地工商联。

X银行王行长接到这个提案后，立刻批转到有关部门，当日即带领个人银行部、科技部、营业部的有关人员前往工商联，详细了解情况。

经过了解得知，工商联的工资由政府对面的延安路储蓄所代发，政府及附近的一家医院和商场的工资都由这个储蓄所代发。那个储蓄所规模较小，政府和医院发工资的日子比较接近，常常在发工资的那几天，储蓄所里排起长队。而储蓄所门口的ATM又经常出现故障，导致一些储户因取不到钱而产生情绪。同时由于工作太忙，环境太吵，影响了储蓄所部分员工的情绪，以致在回答客户的问题时有不良表现，才会出现人大代表提案事件的发生。

了解情况后，王行长并没有给予足够的重视。他首先做了网点短期量本利分析。他以为工商联职员人数很少、存款量不大，不值得再增加资源投入。而且，他认为这是工商联的人在小题大做，不能纵容客户。于是，他没有采取任何措施，他觉得他们吵几天就会消停下来。

这样的处理结果当然使工商联投诉升级，他们甚至运用了更多的资源来抵制该行，导致该行损失了大量的业务收入。可见，重视任何形式的服务投诉是多么重要。有些银行在面对投诉存在恐惧心理，真正面对投诉，只是做到解决处理投诉，没有进一步深层次去分析投诉产生的原因、如何利用投诉处理过程和投诉内容来改进工作，没有进行有效的投诉分析，没有将投诉的内容作为第一信号，从而出现了许多问题或普遍的投诉问题经常性出现，甚至某些突出性的投诉内容次数有上升趋势。

> 当你服务他人的时候，人生不再是毫无意义的。
>
> ——马克思（哲学家、革命家）

三、如何提升"应变能力"软实力

名称		应变能力
定义		应变能力是指客户经理在遇到计划外或者突发情况时，能够灵活、妥善地处理好事情，达成工作目标的能力。
核心问题		这个特征主要考察客户经理在面对复杂情况或突发事件时，能否灵活应对，作出恰当处理。
重要性		随着市场竞争的加剧，客户经理将面临更多的复杂问题和突发事件，面对这些情况时，良好的应变能力将帮助其作出妥善处理，顺利渡过难关，完成工作目标。
等级	等级定义	可能的行为表现
A-1	变通性：具有一定的变通性。	在自己经常经手的工作或者职责中，如果工作条件或实际情况与预想有所偏差时，能够尝试通过其他方式或途径处理，但有时需要他人协助。
A-2	灵活性：能够较灵活地处理工作中的一般性突发事件。	在大多数情况下，都能够通过各种方式或途径独立处理好工作中遇到的新问题和新情况。
A-3	应急性：面对突发事件能够快速掌握情况并灵活应对。	面对突发事件，能够快速掌握情况，并能审时度势，根据情况作出决定；能够为适应情况或某人的特别需要而采取行动。
A-4	战术性：不仅能沉着应对突发事件，更能通过迂回战术达到目标。	面对突发事件，能够沉着应对，首先稳住当前局面，并迅速采取适当的措施，通过调集资源、寻求帮助等方式迂回地去解决问题，最终化被动为主动。
A-5	目标导向性：能够根据最终目标灵活调整战略战术，快速决策。	当遇到较大的突发事件时，能够迅速整理信息和思路，设想各种可行方案，根据最终的目标，临时调整战略战术，快速作出行动决策。

[正向案例1]

中庸之道显神通

　　走进石油大厦的时候，他的心里七上八下，像有个兔子在不停地撞着。其实这座大厦他已经熟悉得像自己的家一样了。作为某银行的个人客户经理，他是这栋大厦的常客，他能叫得出财务部门所有人的名字。可是这一次他却紧张得像第一次来。

　　前不久，这家公司的财务老总调离，他就觉得有点棘手。这不，新任老总一上任，就要把存款转到别处去。这可是行里的一位大客户，若是该公司易帜，将会影响整个行的存款日均。行里得知这个情况后十分重视，本来说好分管行长与他一起来会一会这位老总，可今天偏偏上级行的领导来基层检查工作，分管行长只好让他先到公司跟老总见一下。

　　他硬着头皮走进来，不知道怎样跟这个新来的老总说才好。前几天，他从"小道消息"得知这一情况后，就在他所能接触的范围内对这位老总各方面的情况进行了了解。这是一位性格古怪又有点刻薄的人，原是一家分公司的"一把手"，因为他在分公司的时候与另一家银行关系处得很好，所以来到总公司后，就想转一部分存款到他行。今天来，他也是想先作一个"零距离"接触，看看情况再说。

　　一走进这间办公室，他就感到了异样。一年多来，他不止一次地来到这里，原来的财务老总是个性格豁达开朗的中年人，喜欢足球，每每见到他来都要跟他聊上一阵。可是今天他感到了与以往不同的气氛。屋子里的摆设都变了个样儿，墙上挂了一幅大大的书法作品，上面写着"无欲则刚"四个遒劲的大字。那一瞬间，他不由地想到了柏林墙。

　　宽大的写字台后面，坐着一位中年人，年龄与前任老总相仿，但是眼神里却多了几分苛刻和疏远。他硬着头皮走上去："杨总，您好，我是陈建新，××银行的，主要负责对贵公司的金融服务。初次见面，多有冒昧，这是我的名片。"

第六章 如何提升商业银行个人客户经理服务软实力

他双手恭恭敬敬地递上了自己的名片,在这位新总经理接过名片的时候,陈建新瞄了一眼他的办公桌,只见台面上放着一本《孙子兵法》。杨总看了一眼他的名片,忽然脸上有了一丝笑意:"小伙子,我说你这名字挺有意思的啊,陈建(见)新,你说这陈腐的东西遇见了新的事物,会是一个什么样的结局呢?"

他心里一咯噔:果然他的刻薄十分了得,刚见面就给我个下马威!情急之下他忽然又看到了那本《孙子兵法》,于是计上心来。他不急不忙地回答:"杨总,虽然我这个名字有点俗,但却是有讲究的啊。这是我爷爷根据中庸之道给我起的。"

他这一故弄玄虚,反而把杨总的兴趣吸引了过来:"噢,还有这说法,说来听听。"

"您看哪,这'陈'是守旧的意思,如果只守住这一个姓,随着时代的进步,迟早会被淘汰掉。这'新'呢又是极先进的,但如果一味地往前进,不考虑历史和经验,就会欲速则不达,物极必反,只有保持新旧结合,才能不断向前。所以啊,这旧的思维要跟新的思维不断见面,经常商量,才能协调发展,调顺一生。传统的中庸思想其实是一种十分有用的东西,它常常带给人心理上的平衡,我的名字就是个例子,这就是我爷爷给我取这个名字的用意。小的时候还不太懂,长大了,经历了人生的体验之后,才知道这个中庸之道不仅对于人的身体,其实对于做人,更有它的宏远深奥之处,所以我平时喜欢读一些古代的文著。"陈建新的一番解释,有板有眼而又不失幽默,正合这位老总的心思。

"原来是这样,你平时都喜欢读什么……"杨总脸上的笑意更浓了。

后来的事情就可想而知,不仅存款没有流走,还把杨总原来分公司的一部分业务也做了起来。事后说起这件事,陈建新的笑中不乏诙谐:"不一定每个人都叫'陈建新',你可能叫'白加黑',那样效果岂不是更好?"

随机应变是客户经理一种非常重要的能力,这种应变来自于日常的积累,厚积薄发,积累丰厚才不至于"书到用时方恨少"。

[正向案例2]

妥善应对，实现双赢

一天，F行一个优质客户突然找到负责其业务的客户经理小王，要求提前还贷，然后重新签订贷款合同。然而央行最近刚下调贷款利率，如果答应客户的要求的话，必然会导致银行收入的减少。后来小王问其原因，才知道客户的经营状况不太好，因此想通过重新签订合同来降低财务成本。客户希望降低财务成本的意愿可以理解，但是如果单纯按照客户的想法执行的话，银行又要遭受损失。考虑到该客户的信誉一直很好，是银行不愿放弃的优质客户，但是又要顾全银行的利益，客户经理小王想出了两种补偿方案：一种是客户要扩大在该行的贴现业务量，另一种则是增加在该行的结算业务。最后经过协商，双方达成了满意的解决方法。

应变能力是一个优秀客户经理所应具有的基本素质。只有具备应变能力，客户经理才能在及时解决客户出现的各种问题的同时兼顾银行的利益。

[反向案例]

叫号服务机的错

目前，许多银行的营业网点已逐步引入叫号机，市民办理业务时不再站着排队，也不必担心有人插队，这一服务受到人们，尤其是老年人、病人等身体不便人士的好评。有客户说，银行启用叫号机办理业务后，不用站着排队了，也不用担心有人插队，这种"人性化"的服务应该应用到更多的服务场合。确实，银行网点加装叫号机是一种人性化的服务设施，不但可以让市民更加方便地办理业务，也能减少工作人员的压力。

但是，叫号机是万能的吗？且看下面一网点的投诉：

第六章 如何提升商业银行个人客户经理服务软实力

"银行叫号服务能否更灵活一点？最近我去银行，拿了票号，一看票号上写着前边还有117个人等候，那就坐下等吧。正好到中午，营业窗口由8个变成了2个。环顾一周，大厅也就20个人左右，可是银行叫号机一个号码一个号码地在叫，叫到很多号码都没有人前去办理业务，而每一个号码都要叫两遍。看着时间飞逝，终于叫到我的号码了，一看表，等了2个小时。现在很多人来银行拿到号码后看到等候的人太多就直接走了。本来叫号服务是银行人性化的体现，建议银行在中午人不多的时候，可以把叫号服务取消或者取消一个小时。"

可见，灵活且真正方便客户的是银行服务的主宗，不能因为有叫号机就解决所有问题。

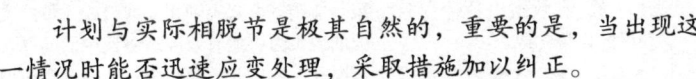

计划与实际相脱节是极其自然的，重要的是，当出现这一情况时能否迅速应变处理，采取措施加以纠正。

——矢泽清弘（日本管理学家）

四、如何提升"公关协调"软实力

名称	公关协调
定义	公关协调是指客户经理在工作中善于协调银行内外部多方关系，促成相互理解，获得支持与配合，促进业务的发展。
核心问题	这个特征主要测评客户经理处理银行内外部各种关系的能力，以及能否与内外部客户建立良好的关系。
重要性	银行的竞争就是对客户的竞争。如果客户经理具备良好的公关协调能力，能正确处理组织内外各种关系，能与客户建立良好的关系，将为银行的正常运转创造良好的条件和环境，从而促进组织目标的实现。

续表

等级	等级定义	可能的行为表现
A-1	能协调简单的关系,取得一定的理解和支持。	客户经理在简单的关系中,例如上下级、同事之间,能够通过一般的工作沟通,获得一定的理解与支持。
A-2	通过调整与妥协,促成配合与合作。	能够体谅和理解他人,愿意就具体情况作出调整与妥协,并最终促成各方的配合与合作。
A-3	能够从对方的角度出发,争取配合与支持。	能够打破自我中心的思维模式,尝试从对方的角度和立场考虑问题,体察对方感受,促进相互理解。引导对方从己方出发权衡事情的利弊,促成配合与合作。
A-4	能够平衡各方的利益,促成配合与支持。	能够找到共同的目标,明确各方责任,分析事情利弊,平衡各方利益,调动各方的积极性;在遇到障碍时,能够以积极心态和不懈的努力对待冲突和矛盾;重视信息的分享,用心倾听各方的意见,积极寻找共赢的方案。
A-5	妥善处理各种关系,平衡各方利益,有效组织各种资源获得配合与支持。	有着卓越的协调能力,能与内外部关联方做好沟通,并妥善处理好各方的关系,促其相互理解,获得他们的支持与配合;能够有效组织各类资源,通过说服、协调等方式得到相关部门或人员的支持,具有很强的说服力;能有效应对协调中的问题,并根据实际情况及时作出调整和回应;能够有意识地在组织中搭建沟通平台,通过机制建设确保沟通渠道的顺畅。

[正向案例]

君子之态

主要人物:银行客户经理陈东(以下简称陈)、某公司财务部杨会计(以下简称杨)。

(电话铃响,小陈接电话。)

陈:"您好,××银行,请问我可以帮您吗?"

杨:"你好,陈经理吗?"

陈:"您是杨会计吧,请问我可以为您做什么?"(以声音辨人,是陈东的拿手好戏,也是他做了银行客户经理之后刻意锻炼的结果。)

杨:"是啊是啊,你能不能马上过来一下,我的POS机出现了问题,有几个分公司来报账不能处理。"

第六章 如何提升商业银行个人客户经理服务软实力

陈:"好的,您别着急,我十分钟后到。"

(某公司大楼,陈东走进去,不时与相识的人彬彬有礼地打着招呼。来到财务部,轻轻敲了三下门,听到"请进"的声音后,陈东走了进去。)

陈:"杨会计您好。"(说完,又向屋子里的其他人点头示意。)

杨:"陈经理,你来了就好,这一会儿可把我急坏了。瞧,他们急着报账,还有出差借支的,可是我的库存没有那么多现金。偏偏这个POS机在这个时候出毛病,真急人。"

陈:"杨会计,您先别着急,让我来看一看是什么情况。"

杨:"总是提示'请等候',可是等了好半天也没有结果,再刷一次卡,还是让我等候,不光我等得急了,他们几个也都等得不耐烦了。"(杨边说边指了一下屋子中的人,陈东赶紧冲他们歉意地笑笑。)

陈:"对不起,给各位添麻烦了。"

(陈东试了几次,果然出现提示:请等候。他判断可能是银行的中心机房出现了问题。他拿出手机。)

陈:"杨会计,可能是我们机房的问题,请您稍等一下,我与行里联系一下。"(说完向走廊方向移动。接通电话后,问明情况,原来是机房此刻正在调整线路,因为时间很短,考虑到对用户影响不大,便没有通知客户。)

陈:"杨会计,对不起,刚才是我们银行的中心机房在作内部线路调整,没有提前通知您,影响到了您的使用,这是我的责任,我向您道歉。"

杨:"没关系,没关系,这又不是你个人的事嘛。"

(陈东把机器放好,又从口袋里掏出一块布。把机器擦干净。)

陈:"现在您可以再试一下。"

(杨会计拿过其中一个人的一张卡,刷了一下,果然行了。)

杨:"终于行了!谢谢啊!"

陈:"这是我应该做的。您放心,今后再有类似的问题,我们一定事先通知您。"

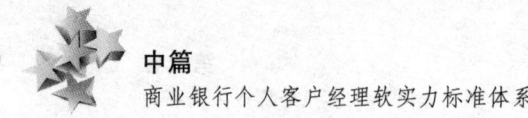

杨:"噢,陈经理,你不认识吧,这位是我们分公司的张总。"

(陈东与张总握手。)

陈:"您好!张总,初次见面,这是我的名片,有需要我的地方请直接跟我联系。"

后来,张总也成了陈东的客户,有一次双方聊起第一次见面,张总说:"是你的彬彬有礼而又不失热情,给我留下了深刻的印象。我想,有这样高素质的员工,这银行一定错不了。"

彬彬有礼,君子之态。在中国传统的文化里,礼是一个非常重要的组成部分。"礼尚往来"是双方的互换,只有礼待别人,才能得到礼遇。

[反向案例]

补救服务留客户

客户的投诉往往是由于银行的个别人或现象造成的,但是投诉却可以对银行的整个经营带来非常大的影响。

7月的一天下午,客户经理小陆接到一个电话,是某集团的财务主管,他说:"我们打算取消16日的会面。""为什么?"小陆的心里一惊。这个项目可是经过了长达6个月的艰苦攻关才取得了一定的进展呀!原定于此月16日双方作进一步商谈,小陆也向分行领导作了汇报,届时将由分管领导与对方的主要负责人参加。在小陆的心里,只要双方能坐下来谈,这个项目就已经有了足够的把握,可是现在对方却主动取消了会面。小陆认为其中必有蹊跷,他下意识地想询问原因,但又止住了,他分析可能是其他银行涉足,如果是这样的话,该集团是不会说的。

小陆觉得此事非同小可,便向领导作了汇报。自己当即来到该企业,侧面了解其他财务人员,才知道缘起于该集团的一名财务人员到小陆所在银行的一家网点兑换零钱时遭到拒绝,银行职员态度恶劣。

第六章
如何提升商业银行个人客户经理服务软实力

该名财务人员回来后向财务主管说明了情况,他们认为这样的服务反映了一个银行的综合水平,他们要对双方的合作再作考虑。

小陆得知这个消息后,当即与该集团的财务主管人员联系:"听说我们的一名员工在对贵公司的服务中做得不好,非常抱歉,我会尽快向我们银行的管理者反映,并查清此事,把情况向贵公司反馈。"

"陆经理,相信你也能理解,我们并不是单纯为了这一笔业务、一名员工的问题,我们接触了这么长时间,陆经理的服务当然是无可挑剔的。但是在今后的合作中,我们面对的是一个银行,今后也会有很多的事情会涉及你们银行的其他部门和人员,我们不敢相信其他人也会像陆经理这样。"

小陆心里万般滋味,自己辛辛苦苦奔波了半年,眼看就要被一个服务的问题搁浅。"张总,对不起,我先代表银行向贵公司道歉,是我们的服务做得不够好。但是您也知道,我国的银行在过去的体制下,养成了一种坏习惯,尽管近年来银行在努力地改变这种状况,但是总会有一些不尽如人意的地方,有些人的思想观念仍还停留在过去,这也是我们银行目前正在加大力度整改的一个方面。这件事待我们查清以后,一定会作出相应的处理。也希望贵公司能对我们银行的服务进行全面监督,这样也会有利于我们的整改的。"

小陆把这个情况向分行领导和负责服务的部门作了反映,很快就得到查实。当即由分管行长、小陆带领当事柜员到该公司登门道歉,并上门服务为客户换了零钱。该公司有关人员十分感动,他们认为,尽管银行在柜台服务方面出现了缺憾,但能及时补救,仍不失一个好的合作伙伴。

虽然化险为夷,但分行从中看出了全行服务中存在的问题,认识到提高全行的服务水平已成为业务拓展中的一项重要内容。于是在全行开展了规范化、标准化服务活动,出台了一系列服务标准,经过一段时间,全行的服务有了大幅提高,为业务的市场拓展奠定了基础。

[参考] 冰冻三尺非一日之寒——建立长期客户关系的技巧

1. 暗示客户的潜意识需求

在与客户的交往中，对客户的需求表示肯定，不露痕迹地加以赞扬和鼓励，激发客户实现需求的欲望。如，当客户说起曾经在媒体上看到有的企业聘请企业顾问时，你可以告诉客户："像刚才您提出的聘请财务顾问这样的需求，是目前成功企业的必要手段，并且已经被很多事实所证实，这种做法在我国还是比较超前的。"

通过其他成功的案例暗示客户也有同类需求。如，在介绍完一个使用商务卡的案例后可以说："其实每一个企业在日常经营中，都可以利用商务卡达到节约成本的效果。"

客户受到上述暗示，有可能会将这种潜意识的需求上升为现实需求。

2. 注重客户第一满意度

注重客户的试探性满意度。业务关系的建立很大程度上取决于第一次的满意度。第一次实质意义上的业务交往，很可能是客户的"体温计"，他们会根据这个试探性的动作，判断你所代表的整个银行的服务，从而决定是否进行业务合作。

注重每一笔业务的首次满意度。在客户使用每一种产品时，要尽力保证客户在第一次就获得满意，缩短服务和产品的磨合期。

注重客户在第一时间的满意度。客户接受服务或使用产品的过程中，往往很在乎时效性，如果能让客户在其预想的时间内达到满意，将会取得更好的效果。

注重客户业务范围之外需求的满意度。客户经理与客户的交往不仅仅局限于业务范围之内，客户对客户经理的需求也不仅仅局限于银行业务范围之内。

客户的每一次需求都是不同的，客户经理要把客户经理每一次不同的需求当做第一次，在力所能及的情况下竭力满足。

3. 增加业务的额外价值

及时把银行产品的优惠种类和优惠期告诉客户，提醒客户正确利用优惠种类和优惠期以增加收益。

根据客户与银行业务的进展情况，在客户没有要求额外优惠时，以各种名义主动给客户意外的惊喜。如，信用卡刷卡有礼、与商家联合推出产品折扣优惠等。

把谈判变成惠赠。不要等客户提出要求时，才不得不给予减息优惠或产品折扣。通过成本收益分析，在利润前提下尽可能多地让客户获利，避免与客户相聚在谈判桌上的机会。

在客户的业务达到一定程度时，赋予客户享受额外服务的特权。

4. 扩大客户选择的自由

本银行的产品选择。客户经理在介绍和建议使用产品时，不可过分强调个人的意愿或带有个人主观色彩，要实行超市自选式供应，你可以向客户推荐或建议，但不可强制性地让客户使用某种产品。

同业之间的选择。如果本银行的产品和服务确实无法满足客户的需求，可以为客户推荐同业的适合产品。竞争中的宽容往往会展示出较好的企业和个人形象，会让客户觉得你是以客户为中心而不是以银行为中心，不仅不会失去客户，反而会赢得客户对你的尊重。但这种方法切不可在客户投诉时使用。

客户服务人员的选择。一般情况下，客户经理应保持相对稳定，但是如果因为客户主管人员的变动或其他原因，导致客户与客户经理之间的合作无法达到和谐，可以推荐其他客户经理进行客户服务和客户关系管理，也可以通过流动的方式，定期调整一部分客户经理的客户范围，使客户关系更加顺畅。

服务场所的选择。随着科技水平的提高，尤其是网上银行、电话银行等的开通，办理金融业务的场所越来越自由。在向客户推荐较好的服务方案的前提下，可让客户选择他们习惯的方式。

时间的选择。银行客户经理的服务应该是全天候的，让客户在24小时之内随时可以找到你。

5. 激励客户

任何层次的客户都是需要激励的，只要你选对激励的方式和时间，都会取得较好的效果。

让客户知道你需要他，以此激励客户的成就感。客户也同样会从你的信息中获得这样的信息：因为他对你很重要，所以你会更加重视他。

让客户明白你将会带给他们更多的价值，以此激励客户继续与你合作的愿望。只有能带给别人实惠的人或企业，才不会被抛弃，才会成为别人的追求。

通过交往让客户感到你或银行的创新能力，激励客户深层次地挖掘从银行产品创新中获利的欲望。

公开评定信用等级，颁发信誉称号，给客户声誉或信誉上的激励。

通过各种方式让客户清楚，你们是最佳搭档。你们的合作是带来双方共赢的基础。客户会从中感受到双方合作在经营中的重要性，不会轻易打破这个组合。

对客户介绍的新客户要加倍做好服务，因为客户介绍新客户是有一定风险的，为新的客户提供最佳服务，可以化解客户的风险，也是对客户最好的激励。

6. 保持客户的长期满意度

在现有产品和服务的基础上，尽力满足客户需求。

通过降低客户预期值，实现客户满意。如，事先告诉客户产品缺陷等。

发现客户需求，并不断改进产品和服务。

提供超出客户预想的产品功能、金融服务和收益。如，花旗银行实行的"增值服务计划"，让客户获得更多的客户让渡价值。

在客户提出需求时，及时给予满足或答复。

优质服务自始至终。优质服务不因人而异，不因时而变。

努力使产品质量和服务质量做到完善。

不断创新，让客户获得精神和声誉上的满足。

当服务或产品出现问题时，运用科学的方法及时予以解决。

第六章
如何提升商业银行个人客户经理服务软实力

管理就是预测和计划、组织、指挥、协调以及控制。

——亨利·法约尔（著名管理学家）

第七章　如何提升商业银行个人客户经理个人软实力

本章提要　本章对商业银行个人客户经理软实力模型的个人软实力特征群进行了介绍。对于个人客户经理来说，进行自我"修身"是"治国"、"平天下"的基础和前提。个人客户经理个人软实力特征群包括"职业操守"、"责任心"和"耐心细致"等素质特征。对每一个软实力素质特征，本章提供了一些叱咤风云的个人客户经理的成功或遗憾的经典行为事件，相信能够帮助个人客户经理找到成长为绩效卓越者的路径。

一、如何坚守"职业操守"软实力

名称	职业操守	
定义	职业操守是要求客户经理爱岗敬业，对外守法，对内合规，讲究职业修养，做遵守职业道德的典范。	
核心问题	客户经理在工作中是否体现出其具备诚信守法、遵守公司规范等职业素养。	
重要性	职业操守是指人们在从事职业活动中必须遵从的最低道德底线和行业规范。它既是对从业人员在职业活动中的行为要求，又是个体对社会所承担的道德、责任和义务。不管从事何种职业，都必须具备良好的职业操守。	
等级	等级定义	可能的行为表现
A-1	被动遵守：基本能够遵守日常行为的一些相关准则。	在有监督的情况下才能够遵守职业操守的要求。
A-2	一般遵从：不需要太严格的监督，仍能够有意识去遵守相关的规范和准则。	在没有人严格督促的情况下，还能够遵守相关职业操守，但只是僵化机械地遵守。

第七章
如何提升商业银行个人客户经理个人软实力

续表

等级	等级定义	可能的行为表现
A-3	主动适应：能随着有关法律和政策的变化而遵守相关的规范和准则。	在相关的法律或政策出台后，能够迅速主动地按照新的职业道德标准要求自己。
A-4	带头表率：具有很强的规则和规范意识，经常监督这些规则和规范的实施，并且重视在本行业形成的惯例。	具有很强的规则和规范意识，本人能以身作则；能够及时地通过易于让人接受的方式把这些规则和规范意识贯彻到日常的工作中去；客户经理能够理解、领悟和重视在长期活动中形成的关于银行业的惯例。
A-5	营造氛围：在银行内形成一种重视规范和规则的意识。	在银行内部形成重视规范和规则的意识；使内部员工能够做到在原则性问题上遵守规则；制定的内部规则具有很强的灵活性和可操作性，并得到同行业广泛认可。

[正向案例]

坚守原则，赢回客户

某年6月，A银行一位高端客户陈某透露想用自己的房产向银行申请500万元贷款，得到这则消息后，客户经理小刘迅速找到了负责贷款的同事，并约见了陈某谈具体的贷款细则。经过现场调查和评估后发现，抵押物共4层，而房产证上只有2层，另外2层是客户自己加盖的，但银行对抵押物的估值是以房产证为标准的，因此初步估计，这套抵押物只能贷出200多万元。当小刘把这个情况跟陈某反馈后，他顿时大怒，指出这套抵押物的市场价格差不多700万元，只是要贷500万元都贷不了，而且陈某认为自己的还款能力和信用记录都很好。他还指责A银行太死板，其他银行整天求他贷款，这套抵押物其他银行可以给他贷出500万元，他是为了给熟人面子才选择A银行。

虽然客户指出其他银行可以按照加盖后的4层面积给予贷款，但小刘与同事经过多番研究，认为在抵押物价格判定的问题上，还是要坚持原则，因为银行有明确的规章制度和贷款政策，这些原则、制度都是经过千锤百炼的，小刘觉得他不能违反银行的规章制度。为了取得陈某这位高端客户的理解，小刘主动邀请陈某并进行多次沟通，把银行的信贷政策和其中道理跟陈某解释清楚，陈某也开始明白小刘和银行的难处，于是同意再增加抵押物继续在 A 银行贷款。最后，客户不但把业务留在该行，还对其风险控制和坚持原则的办事原则非常欣赏，说把钱放在这里很放心。

这个案例告诉我们，只要我们坚持原则，遵守规章制度，向客户说清风险点，并争取客户的理解，我们不但能替银行把握好风险，还可以赢得客户的信任和尊重。

[反向案例1]

以权谋私，自食恶果

几年前，某银行曾发生一起冒充客户信息启用信用卡套现的案件。

该行一名从事客户经理工作的员工，因为好赌成性，沉迷于地下六合彩赌博，不但输光了自己所有的钱，还欠了很多外债，为了还债和继续参与赌博，这位员工完全迷失了自己。他利用自己作为客户经理能够获取客户资料的便利，私自代客户办理信用卡并冒充客户启用信用卡，通过这种手段总计使用信用卡套现约 100 万元。这时他已完全忘记了作为一名银行工作人员应遵守的职业操守，甚至触犯了法律。事情暴露后，这位员工因为严重违规被银行开除，并接受法律的制裁。

客户经理岗位是一份与客户接触紧密的工作，如果不遵守职业操守，可能会利用自己对银行业务的熟悉和客户对自己的信任作出违规甚至犯法的事情，不仅给银行和客户造成损失，其本人也必定自食其果。

第七章
如何提升商业银行个人客户经理个人软实力

[反向案例2]

再聪明的人也得遵守规则

几年前，某银行一客户经理与他人共同投资购买一商铺。一天，该客户经理发现普通住房按揭贷款提前还贷利率与商用房按揭贷款利率之间存在明显的差别，"聪明"地想出了一个能够赚取利润的方法。他首先将客户黄某的14万元还贷金存入他人账户用于归还他们共同投资购买的商铺部分按揭贷款。随后，该客户经理以黄某名义按期等额归还了按揭贷款本息。后来，该客户经理多次挪用客户提前还贷金归还其按揭贷款。要让人不知，除非己莫为！最终，该客户经理的行为被其同事发现了。由于担心被揭发，该客户经理到法院自首，最终受到了法律的制裁。

> 把每一件简单的事情做好就是不简单，把每一件平凡的事情做好就是不平凡。
>
> ——张瑞敏（海尔集团CEO）

二、如何提升"责任心"软实力

名称	责任心
定义	责任心是指客户经理能够认识到自己的本职工作对客户和银行的重要性，并愿意承担相应的责任，为实现银行的目标而努力。
核心问题	这个特征主要评估客户经理能否认真履行自身的职责，并为客户和银行的利益主动承担应有的责任。
重要性	责任心是指对事情具有敢于负责、主动负责的态度。只有具备这样的态度，客户经理才能在工作中竭力维护客户以及银行的利益，才能赢得客户的信任，为银行的发展作出贡献。

续表

等级	等级定义	可能的行为表现
A-1	该做的都做：能够在日常工作中体现出责任心。	能够自觉遵守银行的各项规章制度；按时按质地完成日常的工作任务。
A-2	把该做的做好：能够认真做好本职工作。	了解自己在银行中的位置和角色，热爱自己的工作，能够全力以赴并出色地完成本职工作；把工作绩效的提高和银行整体目标的实现作为自己的重要责任。
A-3	像为自己做一般：客户经理能够把组织和客户的事情当成自己的事情来关注。	有较强的道德观念，敢于承担责任；对组织和客户抱有一定的责任心，把他们的事情当成自己的事情来关注；在完成本职工作的前提下，力求完美，不断在工作中提高自己。
A-4	主动承担：能够主动承担责任，不推诿。	不管面对的任务多么艰巨，都能够认真地完成，善始善终；把能够完成自己的工作职责当成是工作中最重要的事情，对待任何的工作都全力以赴；银行目标的实现能给自己带来巨大的满足感，这驱使自己主动地承担更多的职责。
A-5	甘于奉献：具有高度的责任心，必要时，愿意为组织牺牲个人利益。	凡是应该尽快完成的任务，都会按时按质地完成，即使牺牲私人时间也没有任何怨言；当有需要的时候，甚至愿意主动加班；对组织和客户都抱有高度的责任心，必要时，愿意为组织牺牲个人利益。

[正向案例 1]

用心服务，赢得信赖

王某是某支行一名个人客户经理，他不仅代表银行为客户管理金融资产，也在用心经营着银行与客户的感情。客户的忠诚度最能体现一名客户经理为客户服务的质量，他一直希望自己像一块磁石，把客户紧紧地吸附在自己的周围。

在营销服务工作中，王某总是以诚恳务实的态度对待每一位客户。在向客户进行产品推介时，他总是以通俗易懂的方式向他们阐述或分析，还把一些投资风险和注意事项告诉客户，避免引起客户的歧义；

第七章
如何提升商业银行个人客户经理个人软实力

当客户需要某一项建议时,他在充分讲明各种产品的长处的同时,扬长也不避短,给客户选择的空间,让客户感受到他的真诚和责任心。客户中有一位陈大妈,在某基金上市时便早早来到银行排队,希望能分享到基金投资的高收益回报。尽管基金也有销售任务,但王某本着为客户负责的态度,担心陈大妈的年龄对基金风险的承受能力有限,便从投资风险的角度对她进行引导,告知陈大妈基金产品特别是股票型基金一旦遇市场调整,基金净值将面临大幅波动,有可能使资金受到损失,建议陈大妈尽量选择债券型基金或信托型人民币理财产品投资。他真诚地解释使陈大妈深受感动,她郑重地对王某说:"我去过许多家银行,没有一个像你这样为我考虑的,就凭你的这种诚恳和负责任的态度,我儿子本打算在某行也购买一百万元这只基金的,明天我就让他转到你们行,由你负责帮我们推荐产品。"就这样,陈大妈成了王某的忠实客户。

王某在对于银行推出的每一款理财产品都了然于心,同时还根据客户的风险承受能力,有针对性地向客户推介。"在客户选择产品的时候,只有介绍最合适的产品,他才会信任和接受你。"这是王某在介绍理财产品时始终坚持的理念。比如股票型基金,适合于风险承受能力强希望获得较高收益的客户;固定期限和收益的理财产品适合风险承受能力小,喜欢稳定收益的人;打新股的理财产品适合有闲散资金想灵活投资的人;灵通快线适合短期大额闲置资金的投资。

正是由于王某真正从客户利益出发,竭诚服务客户,对客户负责,从而使客户对其产生信赖感和依赖感。

[正向案例2]

为客户利益着想,达到双方共赢

日前,一客户手拿一张20万元定期3年的存单来到某支行办理提前支取,客户经理发现该存单已经存满两年,再有一年就将到期。本着为客户高度负责的态度，该客户经理善意地提醒客户：如果提前支取将造成很大的利息收入损失，在得知客户急需 7 万元资金的情况后，客户经理向客户推荐了该行的小额抵押贷款业务。在理财业务区，客户经理为客户细算了一笔账，假如办理提前支取，只能得到 2880 元的利息收入，如果存单到期后再支取，可得利息 10080 元，差额为 7200 元；如果客户办理该行小额质押贷款 7 万元，贷款期限为 1 个月，贷款利息仅为 305 元，两种业务比较，客户所得利差 6895 元。通过仔细算账，客户接受了客户经理的建议，决定贷款 7 万元。办理完存单质押贷款后，在同客户的交流中客户经理获悉：该客户春节将回内地，但有一些首饰、贵重物品放在家中不太放心。于是，又向客户推荐了该银行开办的保管箱业务。该客户当即办理了租用保管箱业务的所有手续。通过业务办理过程中与客户的进一步交谈，客户经理又了解到该客户现金流量较大的情况，进一步向客户推荐了理财金账户，客户对此产生了浓厚的兴趣，表示将他行到期后的存款全部转到该营业部并办理理财金账户。该客户对客户经理的服务表示很满意，并一再感谢客户经理既为他省了钱，又为他解决了后顾之忧。

通过办理此笔业务，一方面稳定了储蓄存款，增加了银行中间业务收入，另一方面又促进了小额质押贷款和理财金账户品牌的推广，提高了客户的满意度，达到了双赢的营销结果。回顾整个营销过程，可以发现：只要在办理每一笔业务时，从促进业务发展的角度出发，多站在客户的角度为其着想，就可以赢得客户，赢得业务市场。

[反向案例]

欠缺一句话，少赚 4 万元

某市分行接待了一位因基金业务而投诉的客户，她哭诉着事情的经过：客户王某，经客户经理陈某推荐于某年 6 月 22 日将刚刚赎回货币基金到账的 12 万元认购了另一款股票型基金（此前，经办网点已经

第七章
如何提升商业银行个人客户经理个人软实力

为她开立了理财金账户,基金交易账户就挂在理财金卡下),网点操作正常,而且基金业务申请书打印正常,客户使用该理财金账户卡在当年10月又申购了其他基金4万元。次年1月9日,客户使用理财金账户卡来网点支取现金时发现,账户内还有12万元的余额。打印理财金账户对账簿发现:客户在上年6月22日的申购业务没有成功,12万元在6月24日就被退回到资金账户上。而客户拿到基金业务申请书(打印完整的)后就认为基金已经买到手了,从没有想到去网点进行确认,客户经理陈某也没有提醒,致使12万元资金趴在活期账户6.5个月。该客户常到网点打听询问工银精选的基金净值,一直以为自己的基金在增值,按照次年1月9日当时的净值计算,应该实现收益4万元,但是客户经理陈某却一直没有发现基金认购没有成功。当发现这样的结果之后,客户与网点交涉没有得到满意结果后,到市分行投诉,非要让客户经理(理财金账户营销人、基金营销人)赔偿她的损失,至少2万元。这样的事件引起了各方的关注。

基金认购、申购不成功资金被退回,这是代理基金业务当中常见的事,许多客户经理反映过类似问题,同一张基金卡购买别的基金都可以,就是不能购买某一个基金公司的基金,检查TA账户也没发现什么问题,客户还特别想买到该基金,最后没办法只好让客户再以家人名字开立账户购买。本案例的关键就在于客户不知道要对购买的基金进行确认这一步骤,而客户经理由于缺乏责任心,没有及时对客户进行"告知提示",尤其这位客户持有的是理财金账户卡,是优质客户,但是在此期间,客户经理都没有为客户打印理财金账户对账簿,也没有帮客户打印基金账户明细。如此维护优质客户,实在令人担忧。

> 每一个人都应该有这样的信心:人所能负的责任,我必能负;人所不能负的责任,我亦能负。如此,你才能磨炼自己,求得更高的知识而进入更高的境界。
>
> ————林肯(美国第16任总统)

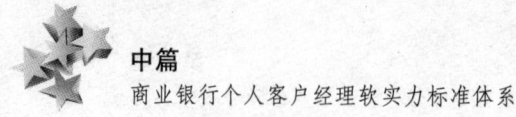

三、如何提升"耐心细致"软实力

名称	耐心细致
定义	耐心细致是指客户经理在工作过程中,认真仔细,耐心周到。
核心问题	这个特征能够判断客户经理在服务客户的过程中是否能够为客户着想,对待客户是否耐心周到,让客户满意。
重要性	个人客户经理需要面对形形色色的客户、同时要面对客户的多样性需求,因此在服务客户的过程中,个人客户经理需要付出比其他类别客户经理更多的心思和精力。可见,耐心细致是个人客户经理区别于其他客户经理的一个重要特征。

等级	等级定义	可能的行为表现
A-1	工作较少出错,对待客户有基本的耐心	对细节有一定的关注,尽管工作中也有缺失和漏洞,但能经常性地修改;对待客户有基本的耐心,能够为客户提供较细致周到的帮助,较少急躁。
A-2	工作比较细致,对待客户比较耐心周到	工作条理比较清晰,比较关注细节,善于防范工作中的细节缺失和漏洞;能够耐心地给客户介绍各种产品,面对客户的犹豫和担心,总能耐心引导,但偶尔还是发生错漏。
A-3	工作细致,对待客户耐心周到	工作中条理清晰,关注细节,很少发生错漏;对待客户耐心周到,耐心听取客户的需求,提供细致的帮助和服务。
A-4	工作细致,注重条理性,对待客户非常有耐心	工作非常重视条理性;重视次序与规则,极少或者从来没因粗心而出错;循序渐进地引导客户接受产品,而不急于求成;只要客户有不明白的地方,总能一遍一遍地解释给客户听。
A-5	能够换位思考,设身处地地从顾客角度思考。	工作非常重视条理性和规范性,耐心负责,极少或者从来没因粗心而出错,而且能够从顾客的角度思考问题,急顾客之所急,往往能为了满足顾客的需求愿意无私付出额外的努力。

第七章
如何提升商业银行个人客户经理个人软实力

[正向案例1]

细心发现"财富"

有一天,客户经理在前台遇到了一位客户,该客户正在办理三方存管业务,而且想开通网上银行业务。他发现这位客户衣着光鲜,应该是潜力客户,便利用该行财富客户办理网上银行U盾免手续费的优惠业务来试探客户资金是否能达到送U盾标准,结果一试便知客户有300多万元资金在他行闲置,于是便利用财富卡的各种优惠包括U盾赠送优惠、灵通快线理财等向客户营销财富卡,并引导他将他行资金转入该行。

由于业务繁多,在客户办理具体业务时,客户经理始终耐心地向客户讲解财富卡的办卡标准、U盾减免的条件、灵通快线理财的优势和办理方法等,每一点都清晰表达、耐心引导,最终得到了客户的认可。

[正向案例2]

滴水穿石,非一日之功

作为客户经理,一开始接触到的客户很多都不具有理财知识,投资观念。因此,个人客户经理必须耐心细致引导客户,慢慢灌输客户投资理念。

某天,一个客户来某支行办理通知存款。接待他的客户经理小彭建议他做一些证券基金方面的投资,但是该客户似乎对基金完全不感兴趣。小彭立即意识到该客户缺乏投资理财知识,但他并不急着向他推荐基金,而是送给了他一些银行自编的投资理财书籍。在随后的每次接触中,小彭适时地为客户讲解一点理财知识。半年后,客户还是对投资理财方面不是很感兴趣,但是小彭还是没有气馁。终于,有一次客户打电话给小彭,说他认识到了投资理财对资产保值增值的重要性,所以他想试着购买基金进行保值。后来,该客户经常主动向小彭请教投资理财知识,购买小彭推荐的基金,成了该银行的老客户。

[反向案例]

服务提醒要及时

　　王总是小刘维护的一位高端客户,有一次他在该行办了一张白金卡,出卡后便寄送给客户,客户收到白金卡后根据操作手册的要求电话启用了该卡并消费,一个月后,小刘接到了王总的电话,他表示收到短信说他的白金卡有滞纳金,经过查询后发现客户消费后没有在规定时间25日前还款,所以产生滞纳金和利息,客户很生气,表示银行没有做到及时提醒客户的服务。

　　其实自动还款功能应该是客户自己主动要求银行开通的,但对于这种高端客户银行客户经理应该做到更加细致的服务,提前替客户想到,工作只有做到细致再细致,才能赢得客户的赞许。

> 一个不注意小事情的人,永远不会成功大事业。
>
> ——卡耐基(美国著名的人际关系学大师)

第八章　如何提升商业银行个人客户经理管理软实力

本章提要　本章对商业银行个人客户经理软实力模型的管理软实力特征群进行了介绍。个人客户经理是名管理者，必须具备管理软实力。个人客户经理管理软实力特征群包括"组织策划"、"资源整合"、"团队精神"、"团队领导"、"风险意识"和"风险驾驭"等素质特征。对每一个软实力素质特征，本章提供了一些久经沙场的个人客户经理的成功或遗憾的经典行为事件，相信对读者将具有很好的启发作用。

一、如何提升"组织策划"软实力

名称	组织策划	
定义	组织策划是指个人客户经理具备策划和组织各种营销活动的能力。	
核心问题	这个特征主要考察个人客户经理是否具备组织和策划大型营销活动，并达到预期目标和效果的能力。	
重要性	个人客户经理不仅需要面对单独的客户，有时还需要组织各种类型的营销活动，如产品推荐会、理财沙龙等，达到宣传银行产品、使客户购买银行产品的目的，这就需要个人客户经理具备较强的活动组织和策划能力。	
等级	等级定义	可能的行为表现
A-1	协助执行：能够认识到组织策划的重要性，并能协助做好大型营销活动的组织工作。	具有参与大型营销活动的经历，能够在他人的组织下，协助做好大型营销活动的组织工作。
A-2	独立执行：能够独立组织大型营销活动。	在已有策划创意的前提下，能够独立组织实现创意的营销活动。
A-3	策划实施：能够独立产生策划创意、拟订行动方案并组织实施。	具有参与多次大型营销活动的经历，能独立带领团队、产生策划创意并组织实施，活动成效显著。

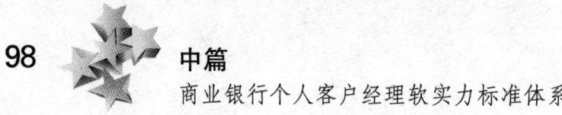

续表

等级	等级定义	可能的行为表现
A-4	出奇制胜：善于把握时机，市场洞察力强，能及时推出创意新颖、组织良好的大型营销活动。	善于把握行动的时机，突破模式限制，追求新颖与变化，活动组织不拘一格却能占领市场，大获人心。
A-5	游刃有余：未雨绸缪，运筹帷幄，能够随机应变，对突发事件能够淡定从容处之。	面对市场和对手策略的瞬息万变，能够在最短时间内提出应对方案，并组织实施且做好周全部署；在大型活动开展过程中遇有突发事件，能够从容面对、妥善处理，组织策划时对各种可能进行分析，增加策划的灵活性，使策划对突发事件有足够的应变力。

[正向案例]

活动策划，助力营销

某年，A 行开始提供个人网银业务，但是由于营销力度不够，个人网银业务一直没什么起色。针对这种情况，A 行任命资深客户经理小黄专门负责个人网银业务，对网银进行推广。小黄经过调查访谈发现，很多客户不选择网银主要是担心安全性问题。为此，他策划了一场"使用网银，既方便又安全"的营销活动，趁着银行向老客户发节日贺卡的机会，也送上一份邀请函。

营销活动分为三个环节。第一个环节为专家讲解。主要是由行里资深理财师讲解网银的主要功能，网银与传统方式对比的优势以及如何正确操作网银等问题。第二个环节是由一些已经使用网银的客户用现身说法讲述自己在使用网银时的心得体会，尤其对网银安全性的看法。第三个环节则是问题与答案。由客户提出与网银有关的问题，再由相关人士回答。这个活动也邀请了行里高层领导参加，以体现银行对网银业务的看重程度。最后，该客户经理还特地为每个到场客户分发了"优惠券"，承诺只要在一定期限内开通网银，则送上精美礼物和给予一定的优惠。整个活动进行得非常顺利，也收到了令人满意的效果。很多老客户在一年内开通了网银，该行的网银业务也得到了很好的发展。

第八章
如何提升商业银行个人客户经理管理软实力

[反向案例]

如此"差别服务"

H集团是全市最大的一家企业,某银行市分行在几年前就开始与这家企业发生业务,但总是一些小单,分行行长戏称这些业务是"边角料"。

分行W支行就在这家企业的对面,近年来主要协助分行营销该企业,并负责对企业的金融服务。支行专门配了一名客户经理跟进对企业的营销和服务。

为了加强与客户的联系,增进银企感情,分行决定举办一次银企座谈会,拟邀请一些优质客户来银行座谈,H集团也在邀请之列。

该行在座谈会的准备工作上做得十分充分,在会场的安排、座次的排定、座谈会的议程甚至请柬的设计等方面花费了很多心思。因为这毕竟是一次大型的座谈会,到会的全是银行的重要客户,座谈会一是要体现银行的水平,二是要表现出对客户的尊重。该行行长要求,这次座谈会一定要考虑周到,不要出什么纰漏。对重要的客户,由各支行和业务部门提出,准备好请柬,由行长亲自去邀请。

于是支行和业务部门根据业务量的大小确定了一批拟邀请的客户,对其中排在前10名的客户单列出名单,为了显出差别来,这10户企业的座次排在会场的显要位置,邀请函也是专门设计的,不同于其他企业。

一切准备就绪,座谈会如期召开。但在座谈会开始后,行长发现H集团的老总没有到,只是派了一名代表,而且坐在会场的一角。行长感到诧异,事后询问这件事情,才知道某客户经理是根据银行与企业发生业务的量来确定优质客户的,H集团由于与银行的业务较少而被排在优质客户之外,仅由支行的那位客户经理将邀请函送到该企业,而企业也相应派出一名代表来参加座谈会。

就这件事,行长批评客户经理不应该以现有业务量的大小确定优质客户。像H集团这样的企业,虽然业务较少,但潜在的市场很大,而且一直是分行重点营销的目标,应该作为重点客户对待。

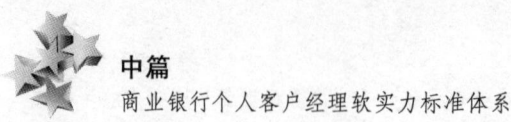

客户经理则认为，这个H集团一直很牛气，不把本行放在眼里。差别服务就是要体现服务与价值的对等，既然没有给银行带来较大的收益，自然也就不能受到银行的特殊服务了。

目标客户的潜在收益也是银行营销的一个重要方面，不可忽视。尤其是对这种目前已经有了一些业务往来的客户，更要让他感觉到银行待若上宾。在银行营销中，客户可以"牛"，银行不可以"牛"。这是一个观念的问题。另外，张扬差别服务也是有技巧的，如案例中的座次安排可以按客户的层次来划分，但请柬就不必有所区别了。

> 管理就是预测和计划、组织、指挥、协调以及控制。
>
> ——亨利·法约尔（著名管理学家）

二、如何提升"资源整合"软实力

名称	资源整合	
定义	资源整合是指个人客户经理灵活合理地运用银行内外部人、财、物等资源，提高资源使用效率，促进工作目标的达成。	
核心问题	这个特征主要衡量个人客户经理是否能调动组织内外人、财、物等各种资源，为促进业务、拓展市场提供支持。	
重要性	客户经理如果能对各种资源进行整合、优化配置，提高资源的使用效率，将对提高其工作效率和工作业绩有很大的促进作用。	
等级	等级定义	可能的行为表现
A-1	机械利用：能够简单地运用现有的财力、物力资源。	能够按照要求简单运用财力和物力资源，通过一些简单的形式来促进业务的发展。
A-2	简单组合：能够在一定程度上对财力、物力进行优化配置。	能够在现有条件下对财力、物力资源进行优化配置，提高资源的使用效率，通过较为丰富的形式来促进业务的发展。

续表

等级	等级定义	可能的行为表现
A-3	有机组合：能够较好地对现有的人、财、物资源进行配置。	能够充分利用行内的各种资源，通过优化配置，多方协调，最大限度地提高行内资源的使用效率，以各种形式促进业务的发展。
A-4	资源挖掘：能够在一定程度上扩大对现有条件下各种资源的支配和优化配置。	能够利用各种关系，在一定程度上整合行内和行外的各种资源，扩大现有条件下可支配资源的范围，提高行内资源的使用效率，促进各项业务的开展。
A-5	系统整合：能够综合运用各种关系，在现有条件下扩大对各种资源的支配与优化配置。	能够综合利用各种关系，通过整合行内和行外的各种资源，扩大现有条件下可支配资源的范围，把银行与外部的合作伙伴整合成一个为客户服务的系统，取得 1+1>2 的效果。

[正向案例]

充分挖掘客户潜在需求

A体育用品公司是经营我国知名体育服装用品在M市的独家代理商，经过几年的快速发展，目前在M市已经成功开拓该品牌专卖店15家，并且刚刚又获得了另一国际知名体育品牌在某市的代理权，新增该国际品牌专卖店2家。A公司旗下门店规模已经达到17家，员工人数近200人。

由于该公司的业务都是经营品牌专卖店，属于零售行业，因此需要大量的1元零钞。该公司原来主要是通过J银行进行零钞兑换的，随着该公司业务规模扩大，兑换零钞的需求也随之增大，但J行并未引起足够重视，经常不能满足该公司的需求。对此该公司非常恼火，不得不开始寻找其他银行的支持。

G行个人客户经理第一时间了解到该公司的情况，并通过评估该公司目前的营业规模，以及代理商模式，认为该公司的老板是一名潜在的高端客户。那么如何才能争取到这名高端客户呢？针对该公司兑换零钞的需求，本行是否能充分满足呢？对此G行开始着手对自身的资源、竞争优势进行评估。通过摸底，发现市公交车公司，以及市部分加油站都是G行的客户,并且每天都有大量的零钞存入。该行完全有足够的资源满足该公司兑换零钞的需求。

因此,G行主动承诺满足该公司兑换零钞的需求,并向其展现热情周到的服务,传递以人为本的关怀。客户当即表示今后愿意与G行紧密合作。在随后的一个星期内,该客户将其在其他银行的大部分存款都转至G行。同时,根据客户经常出差,并经常乘飞机往返广州、福州、北京三地的情况,客户经理主动向其推荐白金卡优先登机、送保险等尊贵服务,并成功营销其开办。该客户对个人客户经理的贴心服务非常满意,并将其亲友介绍至G行。

在随后的多次登门拜访中,个人客户经理通过与该公司财务主管的攀谈,了解到该公司一直通过G行的网上银行向员工转账支付工资,现场观看财务人员的操作时,发现财务人员采用的是单笔支付的方式,既费力又费时。客户经理当即细心向他们讲解了网上银行批量转账支付的功能,并在次日为他们送上一份专门为他们量身编制的《网上银行操作指南》,图文并茂地讲解如何制作网银批量转账文本,以及如何操作网银批量转账支付等。至此G行网上银行的简便、快捷的强大功能得到了该公司老板、财务主管等人的一致认可。

案例启示:

(1) 充分了解自身资源,认清竞争优势。在该案例中,A公司很明显的一个需求就是兑换零钞,G行通过对自身资源认真分析摸底,统计比较市公交公司和部分加油站的日均零钞存入量,分析得出,该行有足够的零钞资源可以满足该公司的需要。从而把该公司从他行争取过来。

(2) 充分挖掘客户潜在需求,为客户度身打造产品套餐。在该案例中,个人客户经理通过主动聊天,知道该客户经常乘飞机往返几个城市,主动推荐了适合高端商务人士的白金卡。

(3) 主动热情的服务,提高了客户满意度,带来更多的客户。在该案例中,个人客户经理多次主动上门了解公司的需求,为使财务人员对网上银行批量转账支付的功能更加了解,专门为他们精心编制了一份《网上银行操作指南》,从而使他们更加满意,也为银行带来了更多的业务。

第八章 如何提升商业银行个人客户经理管理软实力

[反向案例]

竞争力来源于资源的有效整合

某城市近几年发展迅猛,然而,令A行领导困惑的是,地处该城市的支行的业绩却未能跟上城市的发展速度,在与其他银行的竞争中也处于劣势。对此,A行特地派出专家组,对该支行进行一个月的考察。经过实地了解,才发现,该支行的领导思想较为保守,银行服务长期流于形式,即所谓的"咖啡香一点,沙发软一点,笑容甜一点",银行自身管理能力、理财能力不能完全满足多元化的高端客户理财需求,导致高端客户资源长期被闲置的尴尬局面。发现这个问题后,A行及时对该支行的领导进行培训,尤其是提高支行领导的资源整合能力。后来,该支行制定出了一系列整合银行内外资源的策略。为了给客户提供创新产品,该支行甚至和保险、信托、会计师事务所、律师事务所成为战略合作伙伴。通过有机整合银行内外资源,该支行的业绩得到了极大的改善,在与其他银行的竞争中也不落下风。

> 创新就是创造一种资源。
>
> ——彼得·杜拉克(管理大师)

三、如何提升"团队精神"软实力

名称	团队精神
定义	团队精神是指在工作过程中,个人客户经理与团队成员密切团结、协同合作,共同实现组织目标。
核心问题	在工作中反映个体是否具备与团队成员协同合作的能力以及为共同目标努力的愿望。
重要性	团队精神,简单来说就是大局意识、协作精神和服务精神的集中体现。全体成员协同合作,具备强大的向心力、凝聚力,既反映出个体利益和整体利益的统一,也是保证组织和团队高效率运转的重要条件。

续表

等级	等级定义	可能的行为表现
A-1	征求他人意见：在日常工作中，能够征求同事的意见和建议，加强与其他成员的交流。	能够在工作中征求团队成员的意见和建议，考虑到他人工作的方便。
A-2	选择性地支持队员：能够在工作中给予团队成员帮助和支持。	广泛地征求团队成员的建议和意见；在有需要的时候给予团队成员帮助和支持。
A-3	认同并主动支持队员：为了团队目标的实现，主动为团队成员提供帮助和资源。	重视团队成员在工作中遇到的困难，并主动提供帮助；能够以欣赏、信任和支持的态度对待每一个团队成员，愿意为团队其他成员和团队目标的实现提供资源与帮助。
A-4	打成一片：能够在工作、生活各方面关心帮助团队成员，增强团队的凝聚力。	除了工作中主动提供帮助，客户经理能经常主动地关心同事、下属的生活；能够急团队成员之所急，想团队成员之所想；在团队内部提倡和鼓励相互合作、共同发展的氛围。
A-5	成全团队：团队意识极强，能够为了团队利益牺牲自己的利益，注重培养团队精神和团队协作的组织环境。	为了团队的整体利益，能够牺牲自己的利益，团队意识极强，主动帮助团队成员提高业务能力，解决各种困难，鼓励团队成员围绕团队绩效自觉开展工作；把团队工作作为自身工作非常重要的一部分来执行，带动成员形成团队意识。

［正向案例1］

一枝独秀虽犹香，万紫千红方是春

某年5月，B行客户经理发挥团队精神，上下联动，成功营销珠海G集团。

一、狼性营销，塑造团队精神

珠海G集团公司工业产量占珠海市工业总产值的16%，是珠海市目前规模最大、实力最强的企业集团，是珠海市各家银行竞争的目标企业。Z银行与G集团长期合作，一直是G集团最大的金融业务主办行，G集团及关联企业的基本账户、账户结算、代发工资等各项业务均在Z银行办理，是B行最大的竞争对手。在激烈的营销竞争中，B行G集团营销团队了解到Z银行与G集团的高层关系恶化、有意置换

业务主办行的信息后,见缝插针,以狼之营销精神主动出击。省、分、支行领导多次沟通,制定周密的营销计划,展开猛烈的营销攻势,最终成功营销到G集团的三大业务板块的主要金融业务。

二、分工合作,打造高效团队

(一)分析目标客户,实施重点营销

B行营销团队因地制宜做好G集团业务市场调研,针对G集团三大板块业务发展情况、企业特点、同业竞争进行分析,经过市场分析后,营销团队刻不容缓,实施"一对一"客户营销,即高层对高层,中层对中层,基层对基层,全方位向该公司营销B行金融产品,得到G集团领导和员工的高度评价,为与G集团整体业务合作打开了新局面。

(二)锁定目标,实施分层次营销

B行营销团队注重抓好营销目标的层次定位,从营销管理上分层次,不同层次的营销人员负责不同层次的营销工作,分工协作,上下联动,整体配合,形成一个既分工又统一的立体式营销体系。

三、灵活沟通,构建团队机制

为保证各营销层面的信息沟通,保证团队各成员随时掌握营销动态,遇到问题及时解决,珠海G集团营销团队建立周汇报、月分析和季度调研制度。

四、精诚所至金石为开,团队战绩骄人

珠海G集团营销队经过一年的不懈努力,在原来业务量占比不到5%的水平上,一跃成为G集团金融业务的主办行,业务占比上升到30%,同业占比第一,取得了骄人的营销战绩。

通过一系列的营销活动,B行营销团队的营销方式逐渐从日常向专业、从表面向纵深、从常规向市场转变,营销手法也从低层次的"以产品为中心"的单纯推销方式向着"以客户为中心"的方案营销转化;营销内容从最初的单一业务营销向为用户提供一揽子服务的综合性营销转变,对业务收入的贡献率日益突出,极大地促进了企业经营和业务的发展。在以后的工作中,这个营销团队将以更加昂扬的斗志去创造更加美好的明天。

[正向案例2]

1+1>2

某分行一个理财团队一直以来备受顾客青睐。就顾客自己所言，选择他们是因为他们很专业。总行专门让他们传授经验。在交流会上，团队负责人只是简单地说："是团队精神才让我们比其他团队学习得更多，学习得更好！"

原来，这个理财团队的成员非常团结，团队互相学习氛围非常好！首先，团队将其成员分成三组，分别对三个专题进行深入研究。有的成员就专门负责基金、证券，有的成员负责外汇、黄金，有的成员则负责理财产品。这些成员在工作之余积极收集各种经济信息，对自己负责的内容进行深入研究，写成文档进行共享。其次，该团队每天清晨会开一个交流会议。大家对每天发生的重要财经事件进行评论、分析，对新的知识、新的业务、新的规则也进行交流，相互交换自己在工作中的一些想法。最后，这家理财团队每周开一个例会，例会专门讨论并总结他们过去一周的工作，以客户满意为目标，不断改进工作。

分工合作往往能达到事半功倍的效果。作为个人客户经理，如果善于与其他客户经理合作，往往能够得到更多的资源。如果一心想着与同事竞争，孤立自己，那么，不仅自己获得的资源受到极大的限制，而且这样的行为对银行的发展也是不利的。

[反向案例]

一起客户流失案例

最近客户经理小刘遇到了一位高端客户，该客户表示，自己有500多万元资金需要理财，但不希望有风险，收益又要在6%以上，小刘向客户介绍了几种理财产品，客户都不满意，不是觉得有风险，就

第八章
如何提升商业银行个人客户经理管理软实力

是觉得收益低。这么大的客户小刘怕其他同事知道而抢客户，于是一个人默默地想营销方案，但始终没有更好的方法拉拢住这个客户，最后只有眼睁睁地看着客户流向其他银行。

其实客户最后在其他银行也只是做了定期存款，但对方银行是整个团队营销的结果。有时候，一人智短，两人智长，一个人去营销、维护是很艰难的，借助同事的力量，不但可以把业绩做好，还可以从其他同事处学到更多知识和技巧，能力相互提高。

> 一滴水只有放进大海里才永远不会干涸，一个人只有当他把自己和集体事业融合在一起的时候才能最有力量。
> ——雷锋

四、如何提升"团队领导"软实力

名称	团队领导
定义	团队领导是指客户经理能够指导团队成员的工作开展、调动团队成员的工作积极性、营造积极向上的团队工作氛围、提高团队绩效的能力。
核心问题	这个特征主要考察个人客户经理能否有效对团队成员进行指导，调动其积极性，从而提高整个团队的办事效率，实现团队目标。
重要性	客户经理不仅要面对外部客户，许多时候也要对团队成员进行指导，并带领团队实现共同目标。因此，团队领导也是客户经理做好当前工作以及日后向上发展应具备的重要素质。

等级	等级定义	可能的行为表现
A-1	指导：能够以自身扎实的业务水平指导团队队员的工作开展。	在工作中能够凭借自己丰富的工作经验、扎实的业务功底去指导队员开展工作。
A-2	支持：能够在工作中给予团队成员帮助和支持。	在团队队员有需要的时候，能够给予团队成员必要的帮助和支持。

续表

等级	等级定义	可能的行为表现
A-3	鼓励：能够在工作生活中给予团队成员帮助和支持，调动团队的工作积极性。	重视团队成员在工作和生活中遇到的困难，并主动提供帮助；能够以欣赏、信任和支持的态度对待每一个团队成员，愿意为团队其他成员和团队目标的实现提供资源与帮助，能够调动团队成员的工作积极性。
A-4	感染：帮助队员、尊重队员，在团队中营造一种积极向上的工作氛围；同时以身作则，以真情去感染队员。	关心帮助成员，尊重信任他们，支持他们的工作，鼓舞他们的士气，以自己的人格魅力和影响力在团队中营造一种积极向上的工作氛围。
A-5	倾情：团队意识极强，全身心倾情投入，能够为了团队利益牺牲自己的利益，注重培育团队精神和提高团队绩效。	为了团队的整体利益，满腔热情，孜孜以求，能够牺牲自己的利益；同时帮助团队成员提高业务能力，解决团队成员遇到的各种困难，营造积极向上的工作氛围，鼓励团队成员围绕团队绩效自觉开展工作，提高团队绩效水平。

［正向案例1］

客户经理的第一课

　　分行客户经理团队组建后，团队负责人张经理组织的的第一次培训竟是礼仪培训。很多人对此不以为然，特别是那些在银行工作了十多年的员工，对小张的这一举动颇有微词，认为他这是在搞形式主义，摆花架子。还有人以冷眼旁观的态度注视着这一切。

　　小张对这些风言风语不仅不去理会，而且还请了专业人士帮助员工搞个人形象设计，要求客户经理的个人形象与银行形象要匹配。在客户经理行为守则中，把个人的穿着化妆列入其中。因为银行的客户经理，经常与不同层次的客户打交道，客户经理的个人行为代表银行的整体素质，一言一行都要彬彬有礼，服装修饰要整洁得体。

　　经过一段时间的培训，客户经理的形象大为改观，一些不修边幅的人越来越注重自己的穿着打扮了，一些不拘小节的人学会了基本的商业礼仪。渐渐地，银行客户经理的整体形象受到客户的认可。他们觉得该行的客户经理总能给人以赏心悦目的清新感觉，打起交道来心情愉快。而客户经理本身由于注重保持良好的个人形象，精神状态越

来越好，对市场的自信心大大提高，拓展市场的劲头更大。不到半年，小张的这支客户经理队伍就取得了骄人的业绩，从此再也没有人议论他和他的客户经理队伍培训了。为了适应不断发展变化的社会环境，他的礼仪培训定期举办，并成为全行员工培训的必修课。

中国是礼仪之邦，不仅做客户经理需要礼仪培训，人生的第一课也应该是礼仪。小张通过礼仪培训不仅改变了客户经理的整体形象，还通过这种方式把他们打造为一支有战斗力的队伍。

[正向案例2]

领导方式决定团队成败

某客户经理所带领的团队的业绩非常好，究其原因，他说，自己无非就是懂得一点领导的艺术而已。

原来，很多客户经理都一直关注于自己的业务，却很少对自己的下属进行指导。而该客户经理却不一样，他一般每周都会组织例会与自己的下属交流，认真解答下属的疑问，向下属传授经验。有时候，他还亲自带下属去与客户交流。同时，他为团队建立了一个资源共享平台，每个成员都能够从中获取或者提供潜在的客户资源。另外，他还特别鼓励团队合作，有时候他组成一个营销小组专门制定落实针对某一大客户营销计划。最后，在他的领导下，整个团队形成了信任、和谐、学习的氛围。他也为银行培养了很多人才。很多下属最终都成为优秀的客户经理。有一次，某个成员发现了一个潜在的优质客户，但是由于竞争对手很多，营销工作比较难以开展。该客户经理立即组成一个专门小组，该小组分工明确，组员各有所长，因此，无论从信息收集到金融方案设计，都比其他竞争对手做得更好，最后该团队成功击败了很多资深客户经理，赢得了该客户。总而言之，该客户经理凭借着其高超的领导艺术，将团队的协和作用最大化，因此，团队的业绩才如此突出。

[反向案例]

八小时以外的较量

C分行工会主任在下班前又强调了一遍：晚上参加金融系统知识竞赛的队员和观众都要着行服，按时到场。

可是到了晚上他才发现，其他银行的队员和观众都整整齐齐，着装统一，佩戴着本行的工号牌，唯有他们分行的人员看上去五颜六色，长裙短裙、汗衫T恤，什么服装都有。参赛的队员尽管都穿了行服，但是由于没有化妆，在舞台光的照射下，显得有些苍白，看上去无精打采的。跟其他行精神焕发的队员相比，C分行更是缺少朝气。

台下的观众，是按照区域就座的，每一家银行呈方阵排列。在一个个的方阵中，C分行就更为突出了：没有行旗，没有领队，只见一片花花绿绿，只听一片叽叽嘎嘎。方队前的一条横幅上写着C分行的字样，松松地晃来荡去。

工会主任着急地问："通知穿行服，为什么不穿？"

下面又是一片叽叽嘎嘎："八小时以内穿行服，现在是八小时以外，穿什么由我们自己决定。""那套行服我们早就穿腻了，还让我们穿？""知识竞赛重在知识，穿什么都不重要。"

工会主任无可奈何地摇着头说："那好，大家注意，现在我讲一讲会场纪律……"叽叽嘎嘎的声音仍然没有停下来，有的人还不时换一换位置。

竞赛结束了，C分行代表队满盘皆输。坐在观众席上的员工又七嘴八舌地议论起失败的原因，有的说是队员临场发挥不好，有的说还是知识掌握得不熟练，还有的发表高见说，不是自己太弱了，而是对手太强了。唯独没有人说起服装，说起精神面貌。

在飞速发展的经济社会中，竞争已经超出了八小时，不管是八小时以内还是以外，都存在着较量，而且这种较量的内涵更深。如果员工仅以八小时来衡量是否需要遵守规则，那么这个银行的企业文化就是失败的。如果员工队伍不能在公众面前保持统一的形象，士气就不会高涨，失败也就在预料之中了。

第八章 如何提升商业银行个人客户经理管理软实力

> 我在公司里的作用就像水泥,把许多优秀的人才黏合起来,使他们力气往一个地方使。
>
> ——马云(阿里巴巴CEO)

五、如何提升"风险意识"软实力

名称		风险意识
定义		风险意识是指个人客户经理具备一定的风险管理意识,能够有效识别、衡量和防范市场风险、道德风险、操作风险等个人金融业务常见风险。
核心问题		该特征考察个人客户经理是否具备有效识别不同形式风险的意识和能力,并能否采取恰当措施规避风险。
重要性		风险是"未来结果的不确定性或损失"。如果客户经理在工作中能有效识别可能发生的风险,并作出合理的判断,将有助于防范风险、避免损失,从而保护银行和客户的利益。
等级	等级定义	可能的行为表现
A-1	具备基本的风险意识。	客户经理能够有意识地搜集有关信息,并利用所获得的信息进行例行公事般简单的风险评估,前瞻性低。
A-2	具备一定的风险意识和一般的风险防范经验。	客户经理前瞻性一般,能够在处理业务的过程中重视有关风险信息的搜集,衡量业务的潜在风险,能采取一般的风险防范措施。
A-3	具备较强的风险意识和一定的风险控制能力。	客户经理前瞻性较强,能够在处理业务的过程中重视有关风险信息的搜集,能够在对业务风险进行评估的基础上有理有据地采取加强型的措施防范风险。
A-4	具备很强的风险意识和一定的风险控制能力。	客户经理前瞻性很强,能够在处理业务的过程中主动对有关风险信息进行搜集,能主动地评估业务的潜在风险,能够策划多个可行防御方案,并选出最优方案。
A-5	具备非常强的风险意识和风险控制能力。	客户经理能够在处理业务的过程中,像最高层领导者般高瞻远瞩,通过收集信息,能够从大方向上预期风险,并采取具体的防范措施。

[正向案例1]

银监局"神秘客户"对银行零售业务的暗访案例

某日下午,一名年轻女士甲步入某支行营业厅。甲女士直接到柜面咨询:我有100万元资金,想在贵行购买理财产品,请问如何办理?柜员一听,忙向大堂经理徐某推荐,徐某接待客户,向客户问好并递发了名片,简单问明来意后,将甲女士带到二楼客户经理杜某处,杜某递发名片并热情接待了她。

甲女士:"我有100万元资金,想在贵行购买一款理财产品,请帮忙推荐一下。"

杜某:"您好,是这样的,我是国际金融理财师。我首先需要了解您的财务状况、投资目的、投资经验、风险偏好、投资预期等情况,然后才能对您进行一个全面的资产配置。这是我们的个人理财产品客户评估表,麻烦您先填一下。"

甲女士一边填一边问:"是这样的,我有过投资经历,我能承受20%~50%的资金损失,我要求保证20%的收益,请问你们银行能做到吗?"

杜某:很抱歉,根据监管部门要求,银行不能对客户作出任何本金和收益的承诺。

甲女士:"想了解一下你们理财产品的销售流程。"

杜某:"是这样的,如果你还不是本行客户,需要到前台开立一个牡丹灵通卡,再由理财经理进行面对面的风险评估,之后再办理购买业务。当然,如果您能开通本行的个人网上银行,那您购买本行的产品会更快捷和方便。"

甲女士:"最近市场波动比较厉害,很多客户投资理财产品发生了亏损,请问你们有这方面的客户纠纷吗?"

杜某:"市场波动很正常,有涨就有跌。本行对理财产品的销售有一个严格规范的销售和售后机制,银行理财产品不同于储蓄存款,不同类型的理财产品存在不同大小的风险,通常理财产品的收益与风

第八章
如何提升商业银行个人客户经理管理软实力

险成正比，低收益的产品风险低，高收益的产品风险高。我们在销售前首先会向客户揭示产品的风险。到目前为止，本行没有因理财产品投资收益而发生客户纠纷，相反，我们因专业、规范、优质文明的服务多次受到过客户的表扬。"

甲女士："听说你们银行销售理财产品都有一个考核和奖励机制，理财经理会不会受绩效利益驱动，不考虑风险向客户销售产品呢？"

杜某："本行所有销售理财产品的人员，都是具备理财销售从业资格要求的，比如我，就是国际金融理财师（同时用手示意衣领上的CFP徽章）。另外，本行的考核和奖励机制都相当的严格规范，不存在您说的这种情况。"

甲女士："说了这么多，请问你们目前有何理财产品发售？"

杜某："对不起，上期理财产品已发行完毕，本行目前暂时还没有理财产品销售，有发行的时候，我会电话联系您的。"

甲女士："请问你行有代客理财服务吗？看您这么专业，要不这100万元就由您代为理财。"

杜某："对不起，我们银行有规定，理财经理不能接受您的这项委托。"

交谈过后，客户亮明了身份，甲女士原来是当地银监局进行业务暗访的工作人员，她对该支行个人理财业务的合规经营表示满意，并对理财经理具备较强的风险意识和优良的服务态度给予高度赞扬。在银监局暗访的整个过程中，客户经理杜某都表现出高度的风险意识和优秀的专业素养。

在去年，银监会发出了《关于进一步规范商业银行个人理财业务有关问题的通知》，对商业银行理财业务合规经营管理提出了明确要求。理财经理在为客户进行理财服务时，应提高自身风险意识，切实保护客户利益，有效规避风险，做好个人理财业务的合规经营。

[正向案例2]

大堂经理成功阻止一起电话诈骗

某日下午,某支行如往常一样忙碌,大堂里等候的客户排着长队,大堂经理陆某正在维持大堂秩序,这时,一位60来岁的老先生打着电话匆匆忙忙地走进大堂自助机旁边。陆某习惯性地走到他身旁,问他是否需要帮助,却听见他对电话里说"卡已经放进去了",还在不断地问电话那头"接下来怎么样","我已经选了我的账户"……听见这些,陆某马上意识到有问题,他立刻拍了拍那位老先生,准备问清楚情况,老先生却朝他摇手,示意不要打断他打电话。随后陆某又听见老先生在问对方接下来怎么操作,并隐约听到电话那头在叫他将钱转到某个账户。陆某凭借自身的经验判断,电话那头很有可能是电话骗子,他打断了老先生:"先生,我是这里的客户经理,我需要打断您一下!"老先生一脸疑惑地看着他,陆某说:"看看您现在有什么问题需要我帮助,您和电话里说您五分钟后打过去。"老先生挂了电话,陆某开始询问他刚才通电话的是不是自己的家人和朋友,他说不是,说对方是北京税务部的某主任,并道出了原委。

原来老人家接到了自称是国家税务机关工作人员的电话,声称他之前购买的汽车还可以再退税15%,只要来银行柜员机办理一个手续即可,老先生信以为真,骗子还说这个业务只能在柜员机办理,不要去咨询银行工作人员。正在这个时候,骗子电话又打来了,老先生给陆某接听,陆某当场便揭穿了对方的骗局。

保护客户的资产安全也是银行员工的工作责任,案例中的大堂经理具有敏锐的风险意识,成功阻止了一起电话诈骗,为银行赢得了客户的信赖。

第八章
如何提升商业银行个人客户经理管理软实力

[反向案例]

信用卡受理忽视风险，险些酿成重大损失

某市分行信用卡部收到了客户经理张某递交的一批信用卡申请表，该批二十多份申请表显示的申请人均为当地某政府机关公务员。通常此类人员都是各家银行的重点营销对象，但是信用卡部在调查审核过程中却发现，在人民银行征信系统没有查询到这批人办理任何金融机构的银行卡或贷款信息。同时还发现另外几处疑点：一是该批信用卡申请表提供的工作证复印件显示申请人分属不同部门，但是申请表单位电话一栏填写的均为同一电话号码；二是其中有几份申请表的两个联系人陈某和徐某，均在该部之前发现的中介非法套现的客户名单内。经过多番核实，最终证实这批信用卡申请表的申请人全部是冒用公务员身份，目的在于非法套现。如果这批卡被成功发放，该行将可能面临数十万元的资金损失风险。

经调查了解，该批二十多份申请表是由李某集中递交的，李某通过朋友认识了客户经理张某，凭借其自身公务员的身份，并利用银行同业间的激烈竞争，各商业银行发卡压力大、任务重的时机，骗取了张某的信任，通过张某受理了这批申请表。

该案例显示，客户经理张某风险意识不强，为了完成营销任务而弱化了受理岗职责，在受理信用卡过程中没有严格执行相关规则，既未亲见签名，也没有验证核实申请人身份证和工作证等信息的真实性，仅出于对朋友的信任，就受理了信用卡申请，险些酿成较大风险。

> 错误并不可耻，可耻的是错误已经显而易见了却还不去修正！
>
> ——乔治·索罗斯（著名投资家）

六、如何提升"风险驾驭"软实力

名称	风险驾驭
定义	风险驾驭是指个人客户经理能够综合运用风险管理知识,根据具体情况分析把握好风险和利润之间的关系,合理平衡好银行风险管理与市场营销、市场开拓三者的关系,并采取合理的措施管理各种风险。
核心问题	这个特征不仅要评估客户经理是否具备综合系统的风险管理知识,还要考察其能否把控风险和利润之间的关系。
重要性	风险和收益总是相伴而行,如果客户经理对风险有深刻的认知,将有助于通过智慧的认知、理性的判断,继而采取及时而有效的防范措施规避损失,从而找到风险和收益的平衡点,那么不仅能规避风险保护银行和客户利益,甚至能在风险中寻求新的机遇。

等级	等级定义	可能的行为表现
A-1	机械防御:能够及时发现风险,采取一定措施进行处理。	能够及时发现风险,并根据自己的分析,采取一定的措施处理风险。
A-2	灵活化解:能够及时发现风险,采取多种措施化解风险。	发现风险后,能够根据自己的分析和以往的经验,采取多种有效的措施化解风险。
A-3	掌控风险:能够在发现风险后锁定风险,将风险范围和深度控制在最小程度,并采取措施化解风险。	发现风险后,能够根据自己的分析和以往的经验,采取有效的措施去锁定风险,防止风险的蔓延,并化解风险。
A-4	风险预警:风险的预见和控制能力。	能够在风险发生之前较好地把握业务的风险点,并采取相应的措施避免风险的发生。
A-5	转危为机:具有全面的风险经营观,能有效识别、规避风险,并能将风险转化为机遇。	具有全面的风险管理意识,对可能出现的各种风险都能作出较好的预测,并采取措施防范风险的发生;在风险发生时,能够妥善处理风险,并寻找机会将风险转化为机遇。

第八章 如何提升商业银行个人客户经理管理软实力

[正向案例]

保持风险意识，维护银行利益

某年初，A公司向B银行申请开立受益人为C公司的备用信用证，并提供足额的保证金。客户经理审核了开证申请人提交的材料，合同中卖方的确为C公司，并且有双方人员的签章。但是由卖方提供的备用信用证格式却出现了疑点。首先，此格式的申请人和受益人不符合开证申请人提交的材料。其次，责任条款也不符合常理。该客户经理立马联系A公司，指出了这两个疑点，并提供了B银行的标准格式给A公司作为参考。A公司将该格式传真给C公司，请其修正。然而C公司拒绝接受新格式，并辩称："此格式在当地不能使用，一定要按照原来的格式办，否则将取消合作。"A公司眼看货物市场行情走俏，不想失去赚钱的机会，再三恳求B银行开证。负责此事的客户经理立即对卖方的资信进行调查，终于在某一咨询机构中获知卖方曾有利用备用信用证进行诈骗的行为。客户经理马上转告给A公司。接下来，该客户经理致电其他银行机构，发现由卖方提交的备用证格式是伪造的。最后，终于真相大白，客户和银行都没有遭受损失。B银行也成为了A公司非常信赖的银行。

[反向案例]

畸形的"天作之合"

经过几番周折，董某终于当上了资产管理中心的主任。他工作的确非常卖力，利用自己曾在司法部门工作过的有利条件，加大了不良资产的清收力度，试行了多种不良资产处置盘活的方法，取得了很好的成效。分行的一些不良资产大户，不良资产数额巨大，多年清收无果，董某上任后也都有了明显的起色。尤其是在不良资产的盘活上，他更是充分施展才能，想出了很多办法，仅半年的时间就清收盘活

1.9亿元，抵债资产变现1500万元。清收工作名列前茅，受到了上级行的好评。

年终在上级召开的清收不良资产会议上，董某作了经验介绍。其中一个较为得意的经验，就是与拍卖公司、评估咨询公司三方合作，处置抵债物，三方合作的基础是商业利益的共享。这一经验被上级行推广，多家分行模仿了这种模式。在经验介绍中，董某称这种合作是"天作之合"。

但是仅一年的时间，就有人检举这种"合作"的背后隐藏着不可告人的秘密，他们三方的有关人员达成默契，采取低估、暗拍、伪造账务的方式，将非法所得私分。司法部门和上级行经过调查，弄清了事实真相，查处了有关人员，董某等人锒铛入狱，"天作之合"不解自散。

"道德风险"是金融风险防范中的一个重要内容，多方合作要加强监管力度，以制度约束人。同时还要加强学习和培训，提高员工的主人翁意识，清除风险防范上的死角，堵塞业务发展中的漏洞。

> 如果员工不愿意犯错误，那么他们永远不可能作出正确的决策。另一方面。如果他们总是犯错误，你就应该让它们去为你的竞争对手工作。"
> ——花旗集团经营格言

第九章　如何提升商业银行个人客户经理认知软实力

本章提要　本章对商业银行个人客户经理软实力模型的认知软实力特征群进行介绍。认知软实力特征群包括"市场洞察"、"信息搜集"、"专业知识"和"知识面宽"等素质特征。对每一个软实力素质特征，本章提供了一些叱咤风云的个人客户经理的成功或遗憾的经典行为事件，相信对读者将具有很好的启发作用，帮助客户经理找到提升路径。

一、如何提升"市场洞察"软实力

名称	市场洞察（market analysis）	
定义	市场洞察是指个人客户经理密切关注市场动向，通过对市场变化中反映出来的现象、数据等信息进行分析提炼，辨别形势，作出判断决策的能力。	
核心问题	这个特征主要考察客户经理对于市场的关注度，考察其能否及时分析市场的变化，把握客户的需求，并作出针对性的调整，为促进工作业绩提供支持。	
重要性	客户经理通过市场分析，可以更好地认识市场的变化，发现市场的机会，从而采取正确的营销策略，满足客户需求，提高工作绩效。	
等级	等级定义	可能的行为表现
A-1	发现明显机会：能够通过一些现象和信息发现较明显的市场机会。	对市场和客户信息比较关注，并能通过所收集的数据或客户提供的信息发现较明显的市场机会。
A-2	发现隐藏机会：具有一定分析能力，能够从看似平常的信息中找到机会。	能够仔细聆听客户的谈话，发现客户的潜在需求，并据此有针对性地开展营销。

续表

等级	等级定义	可能的行为表现
A-3	推断潜在机会：关注市场和客户的变化，推断顾客需求变化，善于捕捉细节，并从中获得机会。	非常关注行业的变化和客户需求，善于捕捉和利用细节，并从中推断潜在的机会和组织有效的营销方案。
A-4	应对外部挑战：密切关注客户需求以及竞争对手的动向和市场的发展方向，并及时调整营销策略。	能够充分了解和识别影响市场的各种潜在因素，根据客户的需求和竞争对手的动向及时调整营销策略；能够认真分析客户的潜在要求，进行合理的服务搭配，满足客户的需求。
A-5	创造全新需求：抓住市场的先机，从客户的角度，主动创造需求。	能够通过科学的分析把握市场变化，捕捉市场机会；能够针对不同年龄、不同层次等方面的客户的消费现状进行到位的分析，并从中寻找突破口，创造客户需求。

[正向案例1]

创新思维辟蹊径，突破重围获生机

Z分行信用卡发卡量、消费额在当地市场长期处于第一位。但近两年，该行信用卡业务发展遭遇瓶颈。在市场疲软、强手林立、传统营销手段不占优势的局面下，Z分行坚信"没有市场可以创造市场"，并决定另辟蹊径，把具有高附加值的"联名卡"作为新的开拓方向。

经过比较分析，该行将突破口锁定了该市Y公司。该公司是珠三角地区极具知名度和竞争力的商业连锁企业，拥有会员近50万人，36间大型连锁商场遍布Z分行城乡及珠三角等地。历年来，Y公司年度销售额一直居Z分行首位，目前是该市最大的银联商品零售类批发商户，每年收单额超过2亿元，仅收单收益就超过20万元。如果能将该行信用卡与Y公司的会员卡结合起来，在对Y公司50万会员的营销上便将占据有利地位，并可将Y公司所连接的庞大资金流和客户群引入Z分行进行"体内循环"，通过杠杆作用最大限度地挖掘客户综合贡献度。

选定目标后，Z分行对该营销思路的可行性进行了充分论证。结论显示银企双方的弥合度较高，Z分行确认该思路切实可行。

第九章
如何提升商业银行个人客户经理认知软实力

营销方略虽然完美，但营销过程却陷入"拉锯战"，原因在于Y公司有三方面顾虑：一是若以联名卡置换现有会员卡，可能会导致固有客户流失，所以不愿在现有条件下共享其客户资源；二是其每发放一张会员卡会收取一定费用，若发行联名卡必将停发会员卡，将使其失去会员卡收入；三是零售业靠的是薄利多销，刷卡额增大意味着银行卡交易手续费增加，会加重公司的财务负担。受到上述因素影响，在营销之初，Y公司合作意向并不高。

秉承"金融服务应服从企业的发展方向，企业的需求才是双方合作的基础"思路，Z分行在困难面前没有放弃，分行行长亲自对活动进行部署，主管行领导则组织银行卡业务部及承办支行深入分析企业需求，为打开银企合作局面寻找切入点。其后，该行与时间赛跑，与技术赛跑，以企业需求为出发点，调整营销服务方案，切实解除企业顾虑。

为满足Y公司"树立高端品牌市场形象"的迫切需求，新方案重点突出了"以Z分行品牌提升该公司市场形象，培育潜力客户为重心"的营销主题。同时，针对该公司的多重顾虑，Z分行提出了逐条解决办法：第一，联名卡发放由新增会员入手，对公司现有会员卡暂缓置换联名卡，待推行顺畅后再以"信用升级"的方式对老客户进行捆绑营销，从而达到切实保护该公司固有客户资源的目的。第二，通过品牌内涵提升所带来的新增购物能力抵消公司财务成本增加。一是客户持联名卡可享受Y公司属下商场，以及Z分行签订的全市逾百家特约商户的购物折扣和贵宾待遇；二是持卡人刷卡消费可享受Z分行和Y公司双重积分奖励；三是客户可用联名卡积分直接抵扣在Y公司属下商场消费时的购物款项；四是联名卡设计充分兼顾双方的企业形象，最大限度地提高市场影响力。

精诚所至，金石为开。Z分行的合作诚意以及营销理念终于得到了Y公司的高度认同。双方联合举办联名信用卡发放宣传活动，Z分行各营业网点与Y公司各卖场同时推出了宣传广告，Z市各大媒体对当地首张购物联名卡的问世进行了广泛报道。联名信用卡推出后，凭借信用卡促销与会员卡促销两不误、信用卡回馈与会员卡回馈两不误、信用卡积分转赠指定商品等多项产品优势，立即得到了客户的广泛认同，市场反响非常热烈。

[正向案例2]

抓住市场趋势，赢得营销先机

某年6月，客户经理小王的儿子正在读大学，向他抱怨这一年工作肯定会很难找！儿子的抱怨令王经理陷入了思考，如果国内就业难，那么可以选择考研或者出国，而金融危机让美元不断贬值，这样子，这一年选择出国的人应该会很多。除了出国留学外，还会有什么行业会在金融危机下更好呢！对了，是出境游！小王马上走访了很多学校和旅行社，经反馈，这一年打算出国留学的学生和出境游的旅客的确很多，这验证了小王的想法。回到办公室，小王立即向其分行反映，分行领导对这一发现非常重视。在作进一步调查研究后，对旅行社和学校进行公关营销，及时制定出营销策略。最后，通过与旅行社和学校通力合作，是年该分行出境游和出国留学方面的业务同比增长50%以上，为该分行盈利上百万元。

[反向案例]

经济过热的冷思考

随着改革开放步伐的加快，中国南部沿海出现了一股"垦荒潮"，大批的人群和资金流向一片片未开垦的土地，一座座高楼拔地而起，狂热的人们在那里做着淘金的梦。

当时的J分行是一家刚成立不久的股份制银行，面对这一突如其来的经济浪潮，很快就陷入同样的狂热中去。事情源于G公司的一笔贷款，G公司向J分行提出贷款3亿元投资房地产，当时该行资金规模较小，第一次申请上级行没有批下来，贷款不了了之。事隔不久，G公司的总经理又多次来到分行，提出共同开发的建议。时值银行"三产"之风正盛，属下有一劳动服务公司，分行领导班子研究后认为这个方案可行，于是就以G公司的名义贷款1亿元，以劳动服务公

第九章
如何提升商业银行个人客户经理认知软实力

司的名义贷款 1.5 亿元,报上级行后很快就得到了批准。资金到位后,双方共同开发了两座商住楼房。

时隔不到一年,过热的经济渐渐冷却下来,房地产大面积缩水,原来近 1 亿元买下的地皮,2000 万元都无法出手,楼房只建到三层就没有再建下去,成了两座烂尾楼,为这片土地增添了一座经济过热的样板房,贷款自然也就无法再归还。G 公司原是一家皮包公司,如今人去楼空,只剩一个名称。而用银行的劳动服务公司名义贷的款也全部成为坏账,重重地压在 J 分行的身上。

许多年后,当年贷款出去的人又成了追贷的人,经历了大起大落,目睹了贷款损失的全过程,他们开始思考造成这种状况的原因。主要原因在于对经济形势分析不透,盲目跟风。

历史是一面镜子,折射出每一个阶段的社会状况。当人们被环境炒热了头脑而不理性思考的时候,就会失去理智。

> 收入可以以其他形式出现,其中最令人愉快的是顾客脸上出现满意的微笑,这比什么都值得,因为它意味着他的再次光顾,甚至可能带个朋友来。
>
> ————雷·克罗克(麦当劳创始人)

二、如何提升"信息搜集"软实力

名称	信息搜集
定义	信息搜集是指个人客户经理能够从各种纷繁复杂的信息中获取所需的信息,有效地进行处理,从而更好地服务客户,为银行创造效益。
核心问题	这个特征主要识别客户经理是否能从纷繁复杂的信息中获取有效的、自身需要的信息,并衡量其信息的敏感度。
重要性	被称为信息时代的当今,信息的重要性不言而喻。信息搜集是客户经理获取知识、拓展客户的重要途径,只有具备这种能力方能在这知识日新月异的时代里不断获得自身和企业的发展。

续表

等级	等级定义	可能的行为表现
A-1	只能够通过相当有限的途径搜集信息。	一般通过报纸、刊物等最基本的、最传统的途径搜集信息，信息渠道狭窄；对信息的敏感度不高，对与银行业务有关的信息认识较为表面。
A-2	能够通过多个途径、多种渠道来搜集信息。	能够通过各种途径，包括网络、报刊、书籍等多个方面了解信息；在行业内拥有广阔的人际关系网，方便搜集信息；不仅注意到银行业的信息，而且视野广泛，能够注意到除此之外的很多信息，并能综合运用。
A-3	系统化地搜集、总结信息，信息敏感度较高。	能够通过多渠道、多种方式搜集信息，并且对信息能够进行及时的归类总结；对所搜集的信息有个总体的了解，在需要的时候能够迅速找到自己需要的信息，并且能够综合起来灵活运用。
A-4	能够把信息搜集看做一种技术，甚至是一门艺术。	善于借助和维护各种渠道和途径来获取想要的信息；为了准确地得到信息，客户经理的信息获取通常具有目的性和计划性；能够把信息搜集和处理能力当做一种重要的能力和技术来看待，并且在银行内重视对成员信息搜集能力的培养。
A-5	目的性明确地收集信息，且能够将信息技术系统地运用于业务。	推动在银行内部形成有体系的持续不断的信息库；能够不断地丰富充实信息库，并能够提取其中的有用信息并形成及时的信息决策；平时重视成员对信息的搜集和信息的积累。

[正向案例1]

敏锐嗅觉，把握先机

陈某是某银行的个人客户经理，为打开个人消费贷款的营销局面，他通过天天跑市场和一次次的"陌生拜访"广泛收集客户信息，加深对客户群体的了解。在一次与客户的交谈中，他得知附近将要开设一家大型高档汽车"4S店"，凭借着敏锐的市场嗅觉，他察觉出其中的机会，并立即着手准备材料，与该车行商谈合作，进行"个人汽车贷款"的针对性营销。由于先发制人，比其他行先行一步，陈某拿下了该车行开业后大部分的"个人汽车贷款"，并以此为契机，抓住客户和车行对汽车消费贷款需求较旺的时机，迅速地扩大了该行的个人汽车消费贷款业务和份额。

第九章
如何提升商业银行个人客户经理认知软实力

在关注信息搜集的同时,陈某还注重信息整理。他充分利用个人客户营销管理系统和积分系统,总结出"分等级,分重点,分需求"的三分理念,将自己维护的客户分为 20 万~100 万元、100~500 万元、500 万元以上三类,并充分利用"服务日志"、"登记客户提醒"、"大额异动提醒"、"优质客户管理"、"网点业绩考核"、"客户经理业绩考核"等模块,从而加强了对不同级别客户的服务频率和关注程度,提高了客户维护的稳定性和连续性。

案例表明,作为一名优秀的个人客户经理,陈某不仅时刻保持对市场的敏感度,广泛收集客户信息,还十分注重对信息的整理和分析,从而为自己的营销工作创造了大量机会,也提高了服务效率。

[正向案例2]

"多一声问候"发现的优质客户

某日,一女客户持存折来网点贵宾区进行存折补登,一般情况下,大堂经理都会引导客户到大堂的终端机去打印,不过此时大堂经理多问了客户一声:"还有什么可以帮到你吗?"客户便说:"把我的工资存折的钱转到信用卡上面吧。"大堂经理帮其打印存折时,无意间看到了存折上的数字,发现客户的工资收入每月都过万元,意识到这是一名潜在的优质客户,于是与客户攀谈起来,询问客户平时是把钱存放在哪里。客户表示并未将钱固定存放在哪家银行,有时路过哪家银行或者哪家银行人少就将钱存到哪家银行。大堂经理马上示意客户经理,并将这位潜在优质客户介绍给了理财经理。结果,通过理财经理的进一步沟通和营销,客户办理了该行的理财金卡,并购买了理财产品,对该行的贡献度很大。

此案例中,这位办理存折补登业务的潜在优质客户差点被大堂经理"分流"出去,而仅仅因为多了几句交谈,该行便成功挖掘出了一名优质客户,而以往那么长时间都没有发现这位优质客户,也说明了客户经理的客户挖掘意识还不强,优质客户的辨别能力还有待提升。

[反向案例]

营销中的盲点

　　从事客户经理岗位后,小宋的压力陡然大了起来,虽然嘴上说不在乎钱拿得的多少,但大家都在努力地做,如果自己做得太差,面子上也是过不去的,所以这些天小宋总惦着到哪里去开展业务。

　　早上刚刚坐下来,科技部门的小黄就来了,她每天照例要到这里取一些数据。常常是取了数据她并不急着走,要东扯西聊地侃上一阵子。以前听她侃觉得是消磨时光的好办法,但现在一肚子心事,又怎么能听得下去呢。

　　这不,她又稳稳地坐在那里谈她的新房子了。她丈夫在矿务局分了一套120平方米的房子,才刚刚开始建,就被她说滥了,连装修什么的都开始计划了。小宋听得不耐烦,但又不好意思起身离开,只好硬着头皮坐在那里,只看她的两片薄嘴唇在动,竟一个字也没有听进去。同事小王却认真地坐在她对面跟她一起聊,小宋觉得好笑:这小王,他和自己一样一笔业务还没做开,竟然有心思跟一个闲人聊天儿。

　　到季末考核的时候,小王的业务竟然出乎意料地在客户经理中名列榜首,小宋大感不解,了解情况后才知道,他竟然从小黄的口中得知矿务局准备收一批职工的首付款,并准备统一为职工办理按揭的信息,然后他利用各种方式和关系,不仅拿下了按揭业务,还争取到了代收费业务。

　　矿务局这一次共建500套住房,总面积约6万平方米,仅首付款就近2000万元。预计总按揭数可达1000多万元。

　　可是,就这样一条黄金信息却被小宋忽视了。"熟悉的地方无风景",面对少得可怜的业绩,小宋只好这样自我安慰了。

　　熟悉的地方真的没有风景吗?看不到风景是因为盲点距离眼睛很近。

> 只有愚者才等待机会，而智者则创造机会。
>
> ——培根（著名哲学家）

三、如何提升"专业知识"软实力

名称	专业知识	
定义	专业知识是指个人客户经理掌握银行个人业务的相关知识，熟悉相关产品，能够为客户提供综合金融服务。	
核心问题	这个特征主要衡量和评价个人客户经理对个人金融业务和银行基本业务掌握的熟练程度。	
重要性	掌握一定的专业知识是客户经理为客户提供服务的基础和前提，只有灵活运用自身的专业知识为客户提供专业的金融服务，才能赢得客户的信任，为银行创造收益。	
等级	等级定义	可能的行为表现
A-1	基本具备：具备基本的个人客户经理专业知识。	了解个人类相关产品，通过向客户推荐相关产品，促进业务发展；拥有一定年限的银行实际工作经验，并能为当前工作的开展提供帮助。
A-2	知识丰富：具有丰富的业务知识和经验。	熟悉公司类的各种产品，能够根据客户需要，为客户提供符合要求的产品组合与综合性的金融服务。
A-3	与时俱进：能够以发展的眼光看待知识的发展。	具有丰富而完整的知识体系，并能跟上金融领域知识的发展，在不同的情景下有效地运用现有的知识；在工作中有着丰富、良好的经验，能应对处理工作过程中出现的各种问题。
A-4	主动分享：与团队队员分享知识和经验。	乐于和同事或下属分享其专业知识和工作经验；能用自己的专业知识和工作经验培养并影响同事；既能充分利用他人的相关经验，又能够让同事和下属从其经验中得到启发，推动工作的开展。
A-5	理论升华：善于将学到的新知识和已经总结的经验理论化，并传授给别人以及运用到日常的工作中去。	能够将新知识学以致用，与银行的日常业务联系起来；能够及时总结在日常工作中的经验，并及时地运用到日后的工作中去；能够积极寻求机会（如组织研讨会、经验分享沙龙等）帮助银行员工提高对银行业新知识的认识水平。

[正向案例1]

以专业谋发展

某行财富中心是服务高端客户的地方,为了更好地服务客户,该行会经常举办各种小型讲座,传授相关理财知识,拉近与客户的距离。为此,财富中心的同事们经常加班加点学习银行各种业务知识,熟悉各种相关产品,通过开办"我爱宝贝理财讲座"介绍利用基金定投规划子女教育,开办"一生无忧"保险理财讲座介绍养老规划,通过一系列的理财讲座和沙龙,该行不仅向客户宣传介绍了各种理财知识、理财产品,同时也锻炼加强了员工的专业素质,积极推动了该行理财业务的发展。

[正向案例2]

因为专业,所以放心

某年,一位客户在 A 行要求提款 50 万元。某大堂经理得知情况后,询问该客户为何提取如此巨款。在获知该客户准备将此巨款拿去别的银行买理财产品后,该大堂经理立即将该客户引荐给资深理财经理小李。

小李立即邀请客户到贵宾休息区交流,并为其分析当前国家利率政策的波动趋势,讲解对比其他行理财产品的特点,突出 A 行理财产品的优点。同时,在提到收益时,提醒客户注意其风险承受能力,均衡投资比例。听了小李如此专业的讲解,最后,该客户决定在该行设立理财账户,试着购买小李推荐的基金产品。随后,小李不断地向该客户灌输理财理念,让客户享受贵宾式服务。随着和小李的不断交流,客户越来越对理财投资感兴趣。后来,小李推荐的基金产品也为客户获得了所期望的收益。该客户又为其理财账户存入了大量的资金。

专业知识往往是个人客户经理决定客户能否信赖银行的最重要因素。如果客户经理缺乏专业知识,不只吸引不了新客户,还留不住老客户。

第九章 如何提升商业银行个人客户经理认知软实力

[反向案例]

一起产品知识不熟悉引发的案例

保险产品结构复杂,特别是万能型保险更是复杂。一天,一位客户有笔定期存款到期,理财经理小何向她介绍了银行销售的万能险,但由于对产品了解不深,只是简单地跟客户介绍了产品的保底收益、历史收益和保险收益演示表,对万能型保险所涉及的初始费用、退保费用、保单管理费和保障成本一概没有提到,最后客户回家仔细了解条款后发现这个产品与定期是有区别的,3年内领取有可能不能拿全本金,而客户3年内极有可能要用这笔钱,最后客户在犹豫期内退保,幸好客户没有损失。但客户经理缺乏对保险产品的深刻理解,导致客户对该行的印象大打折扣。

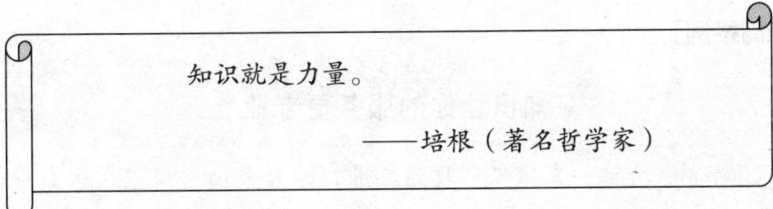

知识就是力量。

——培根(著名哲学家)

四、如何提升"知识面宽"软实力

名称	知识面宽
定义	知识面宽是指个人客户经理不仅熟悉金融、经济、法律、管理等知识,而且具有广泛的能够促进客户关系和业务发展的知识和经验。
核心问题	这个特征主要测评个人客户经理对专业知识以外的包括经济、金融、法律、管理等各方面知识的认识程度。
重要性	客户经理不仅应具备扎实的专业技能,还要求能够了解更广泛的经济、法律等各方面的相关知识,由于信息量大、知识面宽的人,不仅看问题会全面一些,也更能解决客户面对的问题。

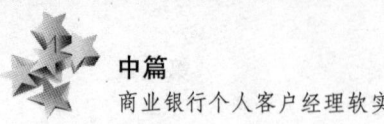

续表

等级	等级定义	可能的行为表现
A-1	基本性：具有系统的经济学基础和金融专业知识。	了解基本的银行业知识及相关的金融及经济学态势，并能运用这些知识帮助其达成目标；拥有一定的实际工作经验，并能推动当前工作的开展。
A-2	广泛性：具备扎实的交叉学科知识，具有广泛的知识和经验。	了解哲学、法学、社会学、心理学、管理学等学科的基本常识；经常通过各种渠道了解与金融工作相关的信息。
A-3	发展性：能够以发展的眼光看待知识的丰富与发展。	愿意去了解各方面的知识，只要有助于拉近客户关系，有助于业务发展的知识都愿意去学习。
A-4	拓展性：知识、经验的拓展性。	能够与团队成员分享自己的知识和经验，相互学习，相互促进。
A-5	应用性：能够将学到的新知识和已经总结的经验运用到日常的工作中去。	能够灵活地将所学到的各方面的知识运用到与客户的沟通中，能够与各种各样的客户顺畅地沟通，建立巩固的关系。

[正向案例]

知识让你的服务更专业

几年前，上海一家箱包厂收到某进口国开来的信用证。通知行的客户经理刚好以前在大学学过贸易实务，对贸易方面很了解。他在联系该厂老板的时候除了提醒老板注意信用证的一些软条款外，还特别提醒他注意进口国对产品的特别要求。后来，该厂老板专门拿给该客户经理一些生产样品。客户经理审查后，觉得难以符合信用证和进口国的要求，建议该老板修改信用证或者改用另一种结算方式。后来箱包厂屡次与进口商协商，终于修改了信用证，该厂顺利收回了货款。自此，该厂的结算业务都一直坚持在该行办理。

本来通知行的责任仅限于审核信用证的表面真实性。但是该客户经理凭借其广泛的知识面，为客户避免了损失，为银行赢得了一个好声誉。

第九章 如何提升商业银行个人客户经理认知软实力

[反向案例]

缺乏知识，丧失机会

知识渊博的客户经理不仅能够为银行树立良好的形象，而且还能抓住意料外的营销机会。A 行的个人客户经理小王举了一个她的真实经历，说明客户经理的知识面是多么的重要。

某天，小王经大学同学介绍登门拜访了一位客户黄某。该客户最近正准备办理住房按揭贷款，但是还没选择在哪家银行办理。刚开始聊天的时候，小王仔细地为他分析了各个银行的房贷政策，着重介绍在 A 行办理房贷的优势。黄某对小王的敬业精神表示赞赏，也表示过几天愿意去 A 行办理。眼看业务已经基本谈妥，双方的聊天话题也越来越轻松，后来黄某跟小王谈起他的生意。原来黄某自己开办了服装厂，今年在外贸交易会上收到了很多国外订单。黄某正为外汇的结算方式发愁，正打算和小王探讨一下。偏偏小王在大学读的不是商科，进入 A 行后也只懂得个人业务，对外贸知识真是一窍不通。因此，对客户谈到的结算方式、贸易术语等，小王只能支支吾吾，处境十分尴尬。过了一个星期后，黄某并没有来办理住房按揭贷款。后来小王从他的朋友了解到，黄某在 B 行办理了住房按揭贷款，同时也将其国际贸易业务交给了 B 行。

回想起这件事，小王感慨道："如果当时我能多懂点国际贸易业务，黄某就很有可能在 A 行办理住房贷款业务和外贸业务了。"其实银行之间的政策差别不会太大，因此，单单依靠银行本身产品的竞争力是不够的。相反，知识面宽的客户经理更具备竞争力，更能让客户放心。

> 思路决定出路，布局决定结局。
>
> ——牛根生（蒙牛集团CEO）

下篇

商业银行个人客户经理软实力标准的应用

下篇

我国引入个人破产制度
面临的法制环境

第十章　个人篇：榜样引领，提升绩效

本章提要　具备良好的软实力是提升个人客户经理绩效的基石。本章以提高个人客户经理的软实力水平为宗旨，基于商业银行个人客户经理软实力模型，精心选取了一些成功的个人客户经理以及一些商业银行零售业务管理者的成长案例，给读者一个更加真切的软实力自我提升体验，助力提升绩效，再创新辉煌。

[案例一] 金融街上的"C市新青年"
——B商业银行C分行个人客户经理王某成长经历

王某，1993年12月参加工作，现任B商业银行C分行N支行市场营销部副经理。

C市N区商业中心的仅仅半公里路段上，就有17家金融机构的20多个营业网点密集于此，其密集程度和竞争程度超过C市的任何一个地段。虽然没有像Y区金融街那样被纳入市政府规划，但这里仍然被C市金融界称做"金融街"。

2006年，这名时年32岁的业界后生，带领他的团队在这个兵家必争之地强势崛起，并代表B商业银行C分行塑造了"C市新青年"的形象。

悍马青年

王某被N区金融街金融界的业内人士称做"悍马"，他以强悍的拼搏精神在激烈的竞争中左冲右突，攻城掠地。

2006年，出任N区储蓄所主任不到3个月的王某成功攻克一宗大单业务。

当年春节前1个月,听闻附近一家科研单位准备发放3000万元规模的年终资金。虽然这笔业务令人怦然心动,但储蓄所员工们并不抱希望,一方面,有多家银行在角力,更重要的是,这家科研单位的一些负责人有家属或子女在其他银行。

但王某"不信邪"。1个月里,他连续走访了这家科研单位20多个部门的负责人,坐冷板凳或者茶都喝不着一口是司空见惯的事情。当他一次次地带着诚意出现时,坚冰逐渐融化。"从来没见哪家银行来我们单位挨个拜访所有部门,但王某来谈业务,不达目的绝不撤军。"一位部门负责人不免感慨。

2009年初,受交通建设施工的影响,储蓄所门前成了工地,很多人都从附近的天桥绕行,眼看着储蓄存款和中间业务均有所下降,王某发出"访千家摊进万家店"的号召,率客户经理对储蓄所周边地段进行地毯式搜索,通过加深潜在客户印象后,所里的业务又开始回升。如今在储蓄所周边的任何一个角落,只要向临街的店铺打听储蓄所的具体位置,对方均能够一口作答。

"市场不相信眼泪,更不会同情弱者!"王某经常将这句话与同事共勉,他认为,尤其在N区这样的金融核心区,没有打拼精神就没有生存之地。在王某担任网点负责人这三年半时间里,N区所各项业绩指标都获得巨大的"飞跃"。

领袖青年

王某被同事称做领袖青年,他以其自身言行影响着全所员工焕发激情,并精诚团结共同打拼。

2006年1月,已在B行普通员工工作岗位上干了12年的王某出任N区储蓄所主任没几天,就给员工们拿出了一份特殊的见面礼——每人必须制定周计划。

当初在员工们看来,这份周计划上不乏"恐怖"的字眼:除了每天必须有一目了然的工作安排以外,计划中还必须提出本周内储蓄额和中间业务增长的目标。而在之前,储蓄所员工都是在四平八稳、波澜不惊的状态下工作:经营业务有多少算多少,不用强求。

有人虽然没有对周计划表现出明显不满,却在悄悄观察:他是不是严人宽己?很快,他们发现自己的猜想错误:每天7点40分以前,王某就坐在了

第十章

个人篇：榜样引领，提升绩效

办公室，而上班时间是 8 点 30 分；下午的下班时间是 6 点，但他都是晚上 7 点以后才会离开办公室。

"工作狂！"储蓄所 30 名员工平均仅 34 岁，大部分是刚走出学校的 20 出头的年轻人。他们见到这个同样年轻的领头人居然严谨得像个小老头，吃惊不小。但率先垂范的影响力很快表现出来——在周计划的鞭策下，全所员工的工作节奏很快驶上快车道。

市场竞争条件下没有个人英雄。王某非常注重激发全体员工的工作活力和内部和谐。以前，柜员和客户经理之间存在隔阂，柜员即使发现优质客户也闷不作声。发现这样的情况后，王某除了跟每个员工谈心强化集体利益就是个人利益的观点外，还频频举办郊游、联谊等集体活动，给柜员与客户经理搭建增进交流和沟通的平台，使双方逐渐融洽起来。

某年 4 月，一位女储户在支取 5 万元时自言自语说取钱去买衣服，柜员立马意识到这是一位具有较高"含金量"的优质客户，并当即将她介绍给了客户经理。随后，这位客户在储蓄所购买了上千万元的理财产品，并将存在其他银行的 400 多万元存款转存过来。

与此同时，王某在所里创建了业务营销、服务质量提升、内部规范控制三个团队，发挥集体力量将集体的事情管起来并管得好。他带领的 N 区储蓄所，是全国青年文明号网点，是全国银行业协会规范化服务示范窗口，是总行核心竞争力流程最佳网点。

新锐青年

他新潮时尚的穿着和洋溢着阳光的笑容，给每一位客户留下了 B 行新人的新印象。

王某出现在每一个需要推介 B 行业务的场合时，都会给人一种清新的感觉。一位客户评价说，王某有三个招牌标志：随时都斜挎着一只时尚背包，尽管里面是客户资料、产品业务介绍等很生硬的东西；时尚的穿着，堪称与当下娱乐界年轻明星的装扮合拍；最重要的一点——脸上随时荡漾着阳光般的笑容。

这样的外在形象看似 B 行系统一名年轻基层管理人员的年龄选择，但事实上，这更暗含了客户群体尤其是优质个人客户的审美需求。因为近些年，在市场经济大潮中崭露头角的年轻创业者越来越多,恰恰他们是拒绝因循守旧、追求时尚潮流的代表。一位客户表示,作为传统国有银行,并从计划经济年代走来的 B 行给人的一贯印象是老气横秋,新潮的 B 行人会让这些客户有一种心理上的亲近感。

新潮往往潜藏着创新的锐气。

王某发现,产品营销漫天撒网可能导致人力和物力资源的重复与浪费,因此他在所里创立了"分层次营销"法,实行市场营销责任制,结合本地市场特点,发动个人客户经理及员工主攻不同层次的客户群体,区分优质客户、基础客户、潜在客户,建立有针对性的客户网络。并实行了优质客户发展战略,组织客户经理建立和完善优质客户信息档案,跟踪客户信息,并随时根据优质客户的需求变化提供服务。

王某作为一名新青年,通过自己的努力和个性,为 C 市金融界带来了一股蓬勃的朝气。

[案例二] 不畏艰难挑重担　锐意进取谱新篇
——Q 商业银行个人客户经理徐某成长经历

徐某,1994 年进入 Q 行,现任 Q 银行 H 省分行营业部个贷营销中心总经理兼 Z 市 C 支行行长、党支部书记。

近年来,徐某积极践行科学发展观,认真贯彻落实总、省行和营业部党委的经营战略部署,恪尽职守,甘于奉献,不计得失,任劳任怨,开拓进取,大胆创新,取得显著成效。在保持支行业务快速发展的同时,彻底扭转了营业部个人信贷业务连续下滑的局面,并迭创新高、领跑同业。

勇于进取,不畏艰难争第一

2007 年 4 月,徐某带着营业部党委的重托担任省行营业部个贷营销中心总经理职务。上任伊始,他面对激烈的市场竞争形势,从转变观念入手,不畏艰难,开拓创新,紧紧围绕打造中原地区"第一个贷银行"和"第一按揭银行"的发展战略,认真贯彻落实总、省行决策部署,坚定依靠营业部党委和全体员工,明确业务营销发展方向,积极梳理产品政策,科学整合操作流程，合理明确岗位分工，制订切实有效的营销方案，不断加强组织推动，实现了营业部个人信贷业务持续快速发展。

经过一年多的努力，他带领中心全体人员迅速扭转个人信贷业务持续下滑的局面，使营业部个贷余额由2006年年末的59.56亿元发展到2009年4月突破百亿元大关，成为全省金融系统首家个人贷款规模突破百亿元的分行。

善于创新，促进业务上台阶

2008年年初，徐某受命组建个人贷款专业支行——Z市C支行。上任以来，他始终严格要求自己，坚持以人为本，大胆改革，勇于创新，把营业部个贷营销中心的发展壮大和支行贵宾理财中心建设有机结合起来，取得丰硕成果。

一是创新产品种类。基于多年对房地产行业的了解和研究，徐某从Z市一手房市场规模的快速增长敏锐地意识到二手房市场的发展潜力，早于同业推动了二手房业务的专项营销，抢先与以21世纪不动产为代表的市场保有量高的大型、知名房地产中介机构开展战略合作，大力推行二手房信贷业务专业支行模式，并建立起高层沟通协调和对话机制，培育市场利益共同体，迅速树立起Q行二手房贷款业务的市场形象和口碑，占领了Z市二手房贷款市场的半壁江山以上。

二是创新业务流程。为加快部门个人住房抵押业务办理效率，徐某开创了与政府职能机构的新型合作方式，充分利用与Z市房管局多年来良好合作的关系，加大与房管局的协调、沟通和营销力度，说服房管局同意Q行在Z市房管局房产抵押中心派驻专人专门负责Q行个人房产抵押登记业务在房管局内部的传递和业务办理工作，提高部门业务在房管局内部的处理效率。迄今为止，Q行是唯一一家房管局允许派驻工作人员的商业银行。在此基础上，2008年初，针对部门各家支行个贷客户分散到房管局抵押中心办理抵押登记的不便，又通过与房管局抵押登记系统的联网，将房管局抵押登记受理窗口引入Q行个贷营销中心，由房管局派驻工作人员在Q行现场受理客户的抵押登记申请，实现了抵押登记的集中办理流程。在方便客户的同时，也使部门个贷业务的处理效率提高了近3个工作日。这种银行与房管局"你中有我、我中有你"的抵押登记集中办理流程引发Z市银行同业竞相效仿。

三是创新运作模式。为有效解决"前、中、后台分离"后,营销链条拉长、流程环节增加、沟通协调压力加大的客观问题,徐某努力推动营销、审批合署办公的运作模式,2008年个贷专业支行成立后,成功实现了个贷业务营销、审查审批、法律审查、抵押登记办理等内外部相关单位集中在C支行合署办公。通过物理空间的整合,有效促进了前、中、后台的沟通与协调,进一步优化了业务流程,缩短了资料传递时间,真正实现了个贷业务"一站式"处理、"一条龙"服务,打造了个人信贷业务营销绿色通道,市场竞争力明显提升。

四是创新政策运用。由于创造了营业部前、中、后台良好、有效的沟通协调机制,大大提高了部门个贷业务的市场反应速度,根据市场需求和同业竞争形势,在共同协商、统一认识的基础上,结合实际,对贷款政策的运用及时进行优化、调整和创新,用足用活,先后对"见抵押登记受理单发放贷款"、"收入证明的把握标准"、"二套房政策"、"双证抵押"、"二手房按揭贷款提前放款"等贷款政策进行了明确,时刻保持部门个贷政策的同业领先性和同步性。

五是创新操作模式。徐某一贯主张向每个环节要效率。在具体操作中,结合各支行分散营销、集中审批的模式,在个贷营销中心专门设立资料传递岗,对每日各支行报批的贷款资料建立交接,跟进督促审查、审批环节的工作时限;对审查、审批提出的资料整改和退件意见,由营销中心负责同志审阅后认为确属重要缺陷后方可反馈经办支行整改或退件,对不影响贷款风险的一般性瑕疵,或审查、审批人所提意见存在政策认识异议的,中心负责人要及时与其开展沟通协调,研究、探讨风险隐患程度,争取达成共识,避免经办支行反复整改,牺牲效率。

六是创新管理方式。为有效解决以往一线个贷客户经理市场营销、业务处理、日常管理一肩挑,业务流程一条龙负责的传统管理模式形成的客户经理管理业务量大、管理幅度宽、管理职能多,有效营销时间被大量挤占、营销效率不高的弊端,徐某主导了营业部个贷客户经理队伍的管理创新,将全行个贷客户经理队伍重新进行了职能定位,明确了营销岗、调查岗和综合岗三类客户经理的岗位职能,营销岗客户经理负责合作机构和项目、楼盘的市场营销,具体贷款需求由调查岗负责办理,综合岗客户经理固定配备,负责提供内部手续传递、档案整理移交等营销支持服务。通过客户经理的职能分类，为客户经理松绑，强化客户经理业务技能的专业化、专职化，真正使营销岗客户经理一心一意跑市场、拉项目，调查岗客户经理心无旁骛盯楼盘、做手续，综合岗客户经理专心致志盯流程、搞服务，从而建立了分工协作、有效配合、科学高效的营销体制，提高了部门个贷业务的营销效率和成效。

乐于奉献，恪尽职守谱新篇

徐某在自己的岗位上一年一大步为 Q 行事业作出了显著贡献，不断取得新的荣誉，这绝非偶然。用他自己的话说：成长离不开组织，收获离不开付出。近几年来，他在高管人员的岗位上，以旺盛的斗志、忘我的付出诠释了一个共产党员的理想抱负和人生追求。

敬职守，突出一个"勤"字。勤勤恳恳，任劳任怨，是徐某工作和生活作风的真实写照。自从担任营业部个贷中心总经理以来，为了在较短的时间迅速扭转个贷负增长局面，他向营业部领导立下军令状，在目标责任书签订的当天，他给自己定下"工作重于泰山"的立身规则。为了节省时间，提高工作效率，他创造性地为自己设计出"三个办公室"，即，在银行的总经理、行长办公室，在家的"家庭办公室"和在出差、开会期间的"汽车"、"旅馆"办公室。如在参加杭州管理学院培训期间，在完成培训任务的同时，利用学习开会间隙，在旅馆起草完成了《个人信贷业务营销操作指引》，为进一步推动全行个贷业务营销赢得了时间。

勤学习，崇尚一个"精"字。徐某自从来行后，他不满足于书本知识，一方面把学到的专业理论知识用于工作实践，另一方面从实践中不断总结丰富自己的专业技能，他常说：学海无涯，全在一个"精"字。为了提高自己的理论知识，他利用工作之余的点滴休息时间，时刻不放松自学，不断汲取现代经济、金融理论知识，完成心得学习笔记达 10 万多字，自 2007 年以来先后起草完成了《关于明确个人现房抵押类贷款业务有关操作问题的通知》、《关于加强个人住房贷款业务管理的通知》、《关于明确个人信贷业务相关政策及操作要求的通知》以及《关于加快推进个贷小产品业务发展的通知》等一系列文件，推动和指导营业部个人贷款业务快速发展。

善思考，突出一个"钻"字。他长期从事个人信贷业务工作，参与、见证、推动了营业部个人信贷业务从无到有、从小到大、从大到强的全部历程。在多年的工作实践中，徐某不断加深、积累工作经验的同时，养成了勤奋好学、善于思考、长于钻研的良好习惯。徐某常说："对总省行贷款政策，不仅要知其然，更要知其所以然。每项个贷政策的出台，都有其深刻的宏观经济背景，因此，对个贷政策的学习不能仅仅局限于文件字面意思的理解，而要延伸到国家和总行出台这些政策的原因和意图，这样才能真正正确理解这些政策，才能避免机械执行政策，从而增强工作的主动性和灵活性。"多年来，徐某坚定如一地贯彻这一理念，科苦钻研个贷业务专业知识，学习掌握房地产等相关行业理论知识，了解熟悉房地产项目开发环节和规律，熟练掌握、领会国家以及总省行各项方针、政策，着力提升自身理论修养和业务水平并学以致用，真正做到敬业精业，使自己成为个人信贷业务的行家和专家。而深厚的理论基础、高超的政策水平、丰富的实践经验以及熟练的业务操作技能，为其不断开展业务创新、推动全辖业务发展创造了坚实的基础。2009年5月，徐某认真总结省分行营业部个贷业务发展的经验，在全国Q行系统组织的管理学院个贷中心主任培训班上进行发言，受到好评，被称为专家型的高管人员。

干事业，践行一个"舍"字。徐某的成长之路就是奉献之路。无论在机关、在基层，到处传颂着他"舍小家"、"为大家"、"做表率"、"讲奉献"的故事。在支部，他坚持"群言堂"，既当好"班长"又充分发挥各支部委员的作用，无论是在经营上还是内部人事、分配等重大事项上他都坚持民主决策。在生活上他从不搞个人特殊，与职工同甘共苦，尤其是在关键时刻，他总是把困难留给自己，把方便让与别人。在毫无怨言、牺牲自我利益中维护和凝聚了班子的战斗力和团队的向心力，为员工作出了榜样。

2008年初徐某受命组建个人贷款专业支行——Z市C支行时，正值他母亲生病住院需要做手术，组织安排他时间去照顾，但为了按时完成组建新支行任务，都被他一一谢绝，直至出院他也没顾上去看望母亲一次。到了春节，支行在安排领导值班时，为了照顾班子其他成员特殊情况，他硬是要求办公室给他排了两个班，把方便让给了别人。8月下旬，时值学校接纳新生时期，徐某已满6岁的孩子到了入学年龄，由于居住地离学校偏远，爱人也在银行一线上班，无暇顾及找学校的事情，眼看快要开学，同事们都为他的孩子没

第十章

个人篇：榜样引领，提升绩效

找到学校而着急，劝他赶紧"跑跑"，但他想到此时正值季底冲刺关键时期，说啥也不能因"小家"而误了"大家"，便将孩子上学的事情托给了亲戚，自己则一头扎在了对全行营销方案的制定和对目标客户的亲自走访中……

多年来，徐某时刻牢记自己肩负的重任，不断强化政治意识、大局意识和责任意识，积极学习和践行科学发展观，勤政廉政，勤学上进，恪尽职守，乐于奉献，积极发挥先锋模范作用，带领团队搏击市场，为 Q 行的改革发展作出了突出贡献。

［案例三］8 分钟的漫长守护

——G 商业银行 B 分行 W 支行 Z 分理处个人客户经理姜某成长经历

某日清晨，Z 分理处的员工们还沉浸在圣诞节过后的欢乐气氛中，以姜某为队长的业余电声乐队给大家带来了无尽的话题。这一天，姜某担任兼职大堂经理，他摆好一米线栏杆，整理咨询台单据，查看自助机具运行情况，温习迎接客户的每一个细节和岗位要求，一切都井然有序地进行着，就如同他第一天上柜办理业务和担任个人客户经理时那样，每一个新的岗位对于他来说都是一个新起点、一次新挑战。谁也不会想到，一场突如其来的巨大危险正向他们悄悄逼近。

14 时 20 分，一名身背双肩包的男子进入大堂。姜某注意到了这个衣着不整、头戴黑色帽子、眼神游离的奇怪客户。他依然用热情的目光迎向客户，但客户既没有向他咨询，也没有径直去柜台排队办理业务，而是滞留在网上银行自助设备区，一边漫不经心地按着操作键盘，一边漫无目的地四处张望。姜某联想到不久前刚刚演练过的防抢预案，不由得提高了警惕。

"好奇怪的客户，不办理业务在这里晃悠什么，不会有什么问题吧，先去试探试探再说。"他一边想一边迎了上去："您好，我是大堂经理，请问有什么可以帮您做的吗？"见客户愣了一下却没有任何回应，他接着说："如果您要办理业务请到柜台排队，现在只有 6 个客户，很快就会排到您的。"

"哦！"客户含糊不清地应了一声，头也不抬就转过身向柜台走去。

"有问题！"他的心"咯噔"一下提了起来，看似平常的两句话，却是他用来判断客户意图的方法。"客户"的异常反应让他在坚信自己判断的同时，目光紧盯"客户"，丝毫不敢懈怠。"怎么办？别慌，再观察观察。"他下意识地环视了大堂内的其他客户情况，并在心里暗暗盘算着。

当"客户"走到3号柜台时，突然搂住了正在柜台办理业务的一名女客户的腰，并小声地说"抢劫，抢劫"。见女客户不知所措，劫匪一把拉下戴在头上的黑帽子遮住面部，一只手勒住女客户的脖子，另一只手解开外衣，露出缠在腰间的爆炸物，举起手中的引爆器对着柜台内的员工吼着："别动，抢劫！身上绑的是炸药，拿钱！快点！不拿钱就炸了！我要10万元！"见柜台内的操作人员被吓得一动不动，劫匪抓紧人质，将她拖向另一个柜台。"快点！快点！我数1、2、3，1！2！3！"时间在这一刻戛然而止，大厅里一片寂静。

劫匪的突然行动吓坏了大堂内的客户，如果不尽快采取行动，一旦有客户因惊吓过度而采取不当举动，后果将不堪设想。

"快疏散客户！"此时的姜某清醒地意识到，必须先确保大堂内客户脱离危险，才能继续实施防抢应急预案。他深吸一口气，镇定了一下心情，大步快速向劫匪走去。

"等会，等会，您别激动！"他想用正面接触的方式，判断劫匪的状态。

"快点！快点！"劫匪似乎没有听到姜某的话，继续向柜台内吼叫着。

虽然看不到劫匪的面部，但面罩后面那双充满了惊恐与不安的眼睛，让姜某的脑海里闪过一个念头："他也很紧张，根本弄不清周围的情况，我得把握好机会。"想到这，他扭过头去，用口形提示柜台里的同事赶快报警，随后又小声示意另一名男同事共同制服劫匪。

为了确保人质的安全，柜台内的一名员工故意将整捆现金拆散并逐板递出以拖延时间。劫匪全神贯注地催促着柜员加快速度，"机会来了！"他快速转身回到办公桌，取出网点外铁栅栏门的钥匙，抓住柜台内同事与劫匪周旋的短暂时间，与网点保安一起保护着营业厅内惊魂未定的几名客户悄悄撤离现场。随后他立刻反锁上大门，用手机拨打110报警，向网点负责人汇报情况。因为不放心网点内的同事和人质的安全，他又不断给网点后台拨打电话，叮嘱大家注意安全，在确认报警无误的同时，一定要尽可能稳住劫匪情绪，不让人质受到伤害。一切都按照防抢预案演习中的步骤进行着。

第十章

个人篇：榜样引领，提升绩效

不久，得手后的劫匪飞奔下楼。"开门！快开门！"眼看唯一的通道上了锁，劫匪疯狂地撕扯着防护门，有如困兽般垂死挣扎。

"我没有钥匙！"他拖延着时间，焦急地等待警方尽快赶来。

见此情景，劫匪毫不犹豫地冲回大堂，将人质挟持下楼，并以引爆雷管再次威胁他开门。

"求求你了，开门吧，我是孕妇，快开门吧！"在劫匪威胁下的人质哀求道。听到人质的喊声，他的心一下子提到了嗓子眼，"怎么办！怎么办！"看到被劫匪挟持的女客户脸上那痛苦的表情，他恨不能冲上去把人质抢过来。"冷静！冷静！"他意识到，如果不能妥善处理，一旦人质受到伤害，后果将无法控制。

"先稳住劫匪要紧！"他在心里暗念着。"你等等，我真的没有钥匙，不过我给你打电话问一下，看能不能找到，你别激动啊。"劫匪等不及了，推开人质，用脚疯狂地踹门。时间在一秒一秒地过去，空气似乎都已凝结，每一秒钟都显得那么漫长。二三分钟后，随着防护门的撕裂，劫匪从扭曲的栅栏中挤了出来，抱着装有现金的背包仓皇而逃。

事情发展至此，似乎就可以结束了。按道理他已经圆满完成了报警、疏散客户、拖延时间这几项职责内的工作，无论是客户还是银行员工，所幸没有人受到伤害，剩下的事该交给警方处理了。可谁也没有想到，看着劫匪逃走的身影，他这个80后大男孩却义无反顾地追了上去。

"7万元钱啊，那是国家的财产，是客户的信任，不能让劫匪得逞！不能让C行的名誉蒙受损失！"这个念头反复出现在他的脑海里，让他无法停下追赶的步伐。

接过保安手中的警棍，他边追边用石头投向劫匪。30米！20米！10米！距离在一点点缩小，"坚持！再坚持！"他咬紧牙关，凭借守护G行名誉的坚定信念，在行人的帮助下，终于将劫匪摁倒在地。

这是怎样的一场殊死搏斗啊！一个是为了刚刚到手的7万元钱、急红了眼的银行抢劫犯，一个是为了守护国家财产、不顾个人生死安危的银行员工。

"一张不少，正好7万。"当民警和其他人员相继赶到，并将劫匪彻底制服时，他早已将7万元现金逐板清点完毕，如数交给警方。此时的他长长舒了口气，一颗悬着的心方才落地。

有人可能会说,遇到劫匪是偶然的。但是,回顾姜某入行三年来的历程,你就会发现,能够成功制服歹徒保住国家财产并不是任何人都能做到的,没有坚定的信念、高度的责任感和长期的积淀,就没有今天的成功与收获,这是偶然中的必然。从 2006 年入行第一天起,他始终用"业精于勤"的理念激励着自己在平凡的岗位上做好每一天,不断超越自我。在担任合同柜员的三年里,他凭借着勤奋和坚持先后夺得支行业务量与核算质量第一名,两次获得年度岗位明星称号,2009 年被评为分行级劳动竞赛标兵。由于表现出色,他被支行批准提前转正,并成功竞聘为个人客户经理。2010 年荣获分行"感动 G 行"员工称号。每一次进步、每一个荣誉,都让他倍加珍惜。领导的认可、同事的信任,更加坚定了他敬业奉献、追求卓越的信念,不断激励他在新的岗位上自我加压、勇攀高峰。

正是这份坚定和执着,让姜某在人生最惊心动魄的 8 分钟生死考验面前,临危不惧、冷静周旋、疏散客户、勇擒歹徒,危难时刻他恪尽职守,用信念与智慧守护着客户的安全与 G 行的尊严,用行动诠释了 G 行人"牢记使命、忠于 G 行"的信条。

[案例四] 敢为天下先,尝试个贷业务
——W 商业银行营业部住房信贷营销团队副总经理陈某成长经历

"地上本没有路,走的人多了,也就成了路。"X 分行营业部住房信贷营销团队的领路人、副总经理陈某真抓实干,带领团队开拓创新,展业兴行,奠定了区域"第一按揭银行"的基础,以实际行动诠释了鲁迅先生的名言。

2005 年初,陈某调任 X 分行营业部副总经理,一到任就接过了协管住房信贷业务的担子。当时,营业部所在的 N 市已经获得了中国—东盟博览会永久承办地资格,带旺了市内房地产业,竞争对手 J 银行抓住机遇力拓个人住房信贷市场,到 2005 年末占据了 47.11% 的增量,形成了绝对优势,而另一竞争对手 Z 银行占 32.17%,W 银行仅占 9.75%,且与上年相比差距越来越大。与此同时,股改上市使各家银行都面临经营转型的迫切需要,个人住房贷款市场的竞争硝烟弥漫。营业部党委直面落后现状,决心奋起直追,并且

第十章

个人篇：榜样引领，提升绩效

指定陈某主抓这项工作。

陈某带队深入基层调研，迈开了解决问题的第一步。调查发现，各支行普遍认为个人贷款成本大、收益体现慢，有法人贷款资源的支行不屑于做个人贷款，没有资源的支行勉强为之，各支行专业水平不一，业务发展极不平衡。她鼓励调研小组成员突破常规思维，提出解决方案。有人提出了让支行"结对子"，但这无法解决业务办理专业化程度低、竞争能力弱的问题。又有人提出，W银行个贷业务的经营必须符合消费者不特定、点多面广的特点，业务办理必须优质高效，并且感慨："如果能把N市内所有业务都集中到一起受理就好了！"马上就有人反对："都集中上来，城区支行做什么？贷后管理方面支行会不会撂担子？"是啊，这个业务集中的创想，意味着个人按揭贷款原有经营模式的脱胎换骨，涉及机构改革以及方方面面的业务协调，动作可不小，是不是有点异想天开呢？调研小组顾虑重重，不敢提交党委。陈某当即想到了营业部2004年组建的个人贷款审批中心、2005年组建的消费信贷贷后管理中心，如果再建立一个个人按揭受理中心，不正顺应了流程银行的思想，可以形成新型的个人住房贷款业务经营模式吗？在这个模式下，支行分散营销与三大中心集中受理、审批、贷后管理相结合，既有效防范风险，又提高了贷款审批的质量和效率，何愁专业水平不高，竞争力不强呢？有道是，只有想不到，没有做不到。她对调研小组的想法及时给予了肯定，并大胆地向营业部党委提出了组建个人按揭贷款受理中心的建议，获得了认同和支持。

陈某开始了马不停蹄地组织筹备，从办公场所的落实到办公用品的配备，到支行信贷员的精选，她都一一过问，甚至亲自督战。功夫不负有心人，2006年9月受理中心负责人聘任到位，28名员工调动到位，办公桌椅电脑机具到位，客户休息区装饰到位……区内第一个个人按揭贷款受理中心宣告成立，从决定成立到办理第一笔业务前后仅仅只用了一个月时间！

集中受理业务这一经营模式果然很快就展现出其与生俱来的优势：一是实现了人力资源的优化配置，以抵押业务为例，原来12个城区支行每个行都要安排一名员工负责，业务集中后，受理中心只需设1个抵押岗；二是专业化水平明显提高，受理中心专职办理房贷业务，队伍稳定，业务人员学习、交流多，专业化水平提升很快；三是专业化经营有利于实施差别化考核，调动从业人员的工作积极性。陈某敏锐地看到了这些优势，更坚定了做强做大

个人按揭业务的信心。今后的路怎么走，关键在于要把优势转化为生产力，实现业务集中的规模效应。因为，个人住房贷款不算太复杂，经济资本占用小，只要把握风险可控的原则，随着业务量的扩大其规模效应必然得到彰显。

然而，前进的道路不可能一帆风顺。对于办理一笔个人住房贷款的全部流程而言，业务受理仅仅只是其中的一段，个人按揭贷款受理中心集中了全市的业务资源，要实现高效运转必须借力上下游的共同努力，需要协调好与支行和审批、贷后管理部门的关系，加快度过磨合期。这对新生的受理中心而言，其困难不言而喻。陈某没有回避矛盾，对受理中心的同志，她谆谆教诲，要自觉维护"按揭贷款"的精品形象，妥善处理好质与量的关系，业务发展得越快越要绷紧风险防范的弦；对审批和贷后管理部门，多征求意见，把风险防范的关口前移。她多次牵头召开业务流程创新专题分析会，请营销、审批、贷后管理部门以及基层行共同探讨流程优化，删减了对风险控制没有实质意义但又影响报批效率的工作环节。她还经常深入受理中心，聆听员工的工作心得，听取中心负责人的汇报，对取得成绩的，她欣然道喜，对遇到难题的，她提出解决建议，中心的员工都很喜欢她、亲近她。有一次受理中心员工向她抱怨，支行营销人员只顾报送申贷材料，忽视了对房地产开发商的关系维护。没想到这个小小的议论引起了陈某的高度重视。她意识到，服务工作留下的空白点会不利于工作的持续开展，当即组织专业部门和科技部门专题研究，综合集体的智慧和力量研发了"个人贷款业务流程跟踪查询系统"，随后还下发了《关于进一步做好房地产开发商维护工作的通知》，要求受理中心人员必须在系统中即时录入客户贷款办理情况，而支行营销人员要在每天上午10时通过该系统导出各按揭楼盘的在途贷款（指开发商已将资料送来但未能形成发放的贷款）数据，发送到开发商指定的电子邮箱，开发商由此可以轻松知悉每笔（批）贷款处于贷款流程的具体环节，督促借款申请人补足资料。支行在发送开发商的同时抄送业务管理部门，每天每少报一个项目，营业部将扣减该行个人住房贷款营销奖励50元。"个人贷款业务流程跟踪查询系统"的开发运用，有效地组织了全行维护开发商的力量，赢得了市场的积极回应。

由于陈某的努力协调，前中后台在多次摩擦中形成了共识，在相互制衡中坚持共同的价值观，实现了个人住房信贷业务又好又快的发展，为今后进

第十章

个人篇：榜样引领，提升绩效

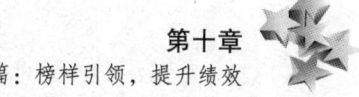

一步赶超竞争对手存量、成为辖区"第一按揭银行"奠定了坚实的基础。

在工作上身体力行、干劲十足、魄力十足的陈某，对身边的同志关怀备至，及时肯定成绩，鼓舞斗志，以其独特的个人魅力赢得了广大员工的爱戴，她正带领团队以永不言败的精神不断创造着一个又一个的光辉业绩。

[案例五] 改革中锐意进取　竞争中不断升华
——V商业银行J分行个人金融业务部副总经理丁某成长经历

丁某，以乐观和积极的心态，在基层经营工作实践中不断挖掘潜力，不仅成为中国首批AFP和CFP，而且通过竞争上岗，成为J分行个人金融业务部副总经理，被推选为市分行团委书记。与此同时，他致力于大力发展个金业务，立足岗位，瞄准市场，锐意进取，使得J分行个人金融产品的销售均在全省和同业前列。

在J分行个人金融业务取得快速发展的同时，丁某的人生价值也在实践磨砺和市场竞争中得到升华。

苦练内功强本领

2001年7月，刚参加工作的他，被安排到了基层行锻炼，先后在支行营业部、存款部、信贷业务部等部门，从事储蓄、会计、出纳、上门收款、出库、票据交换、文秘综合等岗位。他认为从小事做起，是锻炼自己的最好途径。在这种精神的激励下，他认真地记好每一笔账，办好每一笔业务，服务好每一个客户。工作之余，他还经常独自一个人到办公室看报表、学业务。2002年4月，他利用抽调到市分行进行业务测试的机会，用一个星期的时间，对一线所有的交易代码全部做了一遍，全面了解和掌握了一线业务操作要求，成为业务操作的一把好手。近年来，客户投资理财意识增强，他意识到个人理财将是今后业务发展的趋势，为此，他通过上网查资料、到书店找理财方面的书籍，积累金融理财的知识，并运用到他所从事的个人金融工作中，不断提高为客户理财的能力。2002年9月，通过自学，他取得了全国基金从业资格，成为J分行第一批为数不多的具有"基金从业资格"的员工。2004年

12月,他以全省第一名的成绩被选拔到北京参加"中国首届金融理财师(CFP)"的脱产学习,凭着扎实的知识功底和过硬的业务水平,丁某顺利地通过了金融理财师统一考试,成为"中国首批国内金融理财师(AFP)"和"中国首批国际金融理财师",被Z省分行聘为全省个人理财专家。

勤奋敬业拓业务

从分理处到支行,从支行到市分行,他都将所学的知识运用到工作中积极拓展业务。2002年8月,J分行代理了第一只开放式基金,那时,了解基金业务的员工不多,了解基金的客户更少,对于丁某来说,这是一次全新的考验。在那段时间里,他融培训师、咨询师、营销先锋为一体,既负责全行员工的业务培训,又做好个人和公司客户的上门营销宣传等工作。起初的营销进展缓慢,几乎无人问津,全行上下非常着急,眼看时间一天一天过去,基金销售业绩仍为零,丁某心急如焚。有一天他偶尔得知,一位客户在网点看了广告宣传后,在柜台上进行了简单的咨询,却没有购买。他于是想从这位客户身上寻找突破口,查找原因,他立即与该客户取得联系,表示希望能上门为其讲解。起初该客户戒备心理很强,但丁某以其专业化的业务素质、真挚的热忱感染了客户,终于约定在其家中见面,经过一番交谈,发现该客户有一定的投资理财意愿,只是对基金不了解、不信任,所以没有购买。丁某耐心讲解基金的原理,介绍基金的特色,分析投资的潜在价值。最后,客户为其专业化的素质、高度的敬业精神和热情周到的服务折服和感染,即刻填单购买了5万元该基金。等赶回网点办妥认购业务后,他没来得及喝一口水,嗓子哑了,衣服也被汗水湿透了,但丁某感到很欣慰,因为他的付出得到了客户的认可,也为基金业务的营销积累了经验。在他的带动下,这一次J分行累计代理发行的基金完成任务全省排列第一。从代理这第一只基金以来,J分行共销售各种基金已达20亿元。由于突出的工作业绩,丁某被V总行团委和个金部联合授予"先进青年个人"称号。

为推动该行理财业务的快速发展,他广泛深入J市辖内各大医院、学校、电信、移动以及财政、税务等政府部门以及当地综合效益较好的大部分企事业单位开展理财知识讲座,多次被邀请到当地电视台、报社等新闻媒体制作理财节目,被邀请到J市市民科学大讲堂宣讲个人理财业务。据不完全统计,

第十章

个人篇：榜样引领，提升绩效

丁某累计对万人次以上的个人客户讲解个人理财业务知识，成为当地小有名气的金融理财师，拥有大批的客户群，极大地促进了该行个人理财业务的快速发展，使J分行的理财业务一直处于全省前列。

追求卓越勤攀登

没有最好，只有更好。丁某对工作从严要求自己，在个人金融部副总经理的岗位上，他所分管的工作如核心竞争力网点建设、理财产品销售、第三方存管业务的拓展，都是适应市场和客户需求推出的个人金融新业务。开拓新的市场，要求高、任务重、同业竞争激烈，但他积极应对，不断更新营销理念，探索发展路径，分管的工作都取得较好的业绩。目前，J分行实施核心竞争力项目网点19个，配备了79名个人客户经理，5万元以上的个人优质客户都纳入了个人客户营销系统进行管理维护，基本实现了对客户的分层管理；理财产品销售额大幅度提升，累计销售量在全市同业占第一位，实现了存款与理财业务的协调发展；在第三方存管业务拓展中，他克服B行银证业务基础薄弱、先发优势不明显的困难和差距，主动出击，把服务延伸到每一个券商营业部，展开全方位营销，实现新增第三方存管客户25000户，促使该项业务走向了良性发展的轨道。

在抓好业务发展的同时，丁某还充分利用节假日、工余时间，勤奋钻研经济金融理论知识，不断丰富提高自己。入行6年来，他撰写了7篇调研文章，并发表了大量的理财专题文章。

前进的浪潮奔流不息，中流击水，浪遏飞舟。面对这些来之不易的成绩，丁某没有沾沾自喜，他深知未来的路还很长，已取得的成绩和荣誉只是对人生一个节点的肯定，唯有永无止境的追求，才能实现完美的人生。

[案例六] 挥洒青春热情　谱写绚丽新章

——B商业银行G分行Y支行营业部大堂经理扈某成长经历

扈某，现任B商业银行G分行Y支行营业部大堂经理。2001年7月入行以来，她始终将"业务熟练、技能精湛、热情高效、快捷准确"作为自己的座右铭,以良好的职业道德、娴熟的业务技能为客户提供优质高效的服务,在平凡的岗位上创造了不平凡的业绩。扈某曾先后荣获总行"优秀大堂经理"、G 市总工会"金融技术能手"、G 市银行业金融机构"金融服务月之星"、M 区分行"服务明星"、"五一巾帼标兵"、"知识型员工先进个人"、"十佳大堂经理"、G 分行优秀团员、优秀团干、"个人金融业务先进个人"等多项荣誉,是扎根在 G 分行业务一线的优秀青年员工。

勤奋好学,争做学习标兵

在日常工作中,扈某爱岗敬业,勤奋好学,主动拜同事为师,经常利用业余时间刻苦学习现代金融知识和各项金融新业务。在 2006 年的 G 市金融系统识别、鉴定假人民币技能比赛中,她凭借精湛的技艺获得第 4 名,被 G 市金融系统授予"金融技术能手"称号。凭着熟练的业务技能和平时的工作积累,通过不懈的努力,扈某在业务岗位上获多项殊荣,获 2007 年首届 B 行"优秀大堂经理"、M 区分行"十佳大堂经理"、C 行 M 区分行"服务明星"等荣誉称号。在 2008 年总行举办的个人客户经理营销技能大赛中,她以对理财服务环节精巧独到的细节设计给大赛评委留下了深刻的印象,并最终获得了"理财服务模拟"比赛环节第 5 名和"业务知识"比赛环节第 11 名。为了给客户提供更为专业的金融服务,她努力提高自身专业素质,通过加强工余学习,在 2008 年通过了国内金融理财师(AFP)的资格考试,经认证后获得 AFP 资格证书。在服务客户的实践中,她利用自己学到的理财知识,为客户当好理财参谋,赢得了客户的信赖。经过不断的努力学习,扈某成为了 G 分行一名业务出色、素质全面的大堂经理,并凭借娴熟的业务技能、全面的金融知识,得到了广大客户的高度赞许。同时,她多次受到总行、区分行表彰,树立了"知识型员工"的鲜活榜样,在广大青年员工中掀起了学习的热潮。

敬业奉献,成就业务能手

作为大堂经理,扈某不计个人得失,立足本职,爱岗敬业,出色完成了基金、保险、人民币理财产品等各项任务指标,在 G 分行大堂经理的营销业绩中名列前茅。在各类荣誉面前,扈某没有骄傲,她将更大的热情投入工作中,不断学习,积累经验,创新营销办法,仅在 2009 年第一季度,她个人就

第十章

个人篇：榜样引领，提升绩效

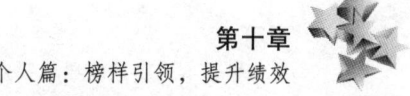

发放信用卡45张，个人证书版网上银行38户，营销基金37万元，销售理财产品65万元，销售灵通快线超短期理财产品512万元，3月份1个月就揽存500万元，为其所在网点作出了积极贡献。由于各方面表现突出，她被支行团员青年推选为Y支行团支部宣传委员。作为团员青年的带头人，她严格要求自己，在工作和日常生活中注重自己的言行，严于律己，宽厚待人，处处发挥团员表率作用。在她的号召下，支部青年员工中掀起了"比、学、赶、帮"的新高潮，同时她还鼓励支行青年团员积极参加G分行开展的宣传教育活动，极大地提高了集体凝聚力，也增强了广大青年员工的集体荣誉感，激发了大家的工作热情。

真诚服务，树立优质形象

扈某在认真学习银行产品知识、业务知识和金融业专业知识的同时，在服务上也以高标准严格要求自己。G分行Y支行营业部是全国级"青年文明号"和"巾帼文明示范岗"，身为网点服务的"第一人"，扈某深知自己肩负的责任。她极其重视和尊重她的每一位客户，在与客户的接触中，她热情大方，细心地记住并且准确地喊出她每一位客户的名字，给客户以尊贵感。她耐心细致、主动规范、专业高效的服务，为C分行留住了大量的优质客户，成为了G分行服务的"活招牌"。有一次，一位客户向一外地个人账户进行现金汇款，填写汇款单多次都不正确，于是心急起来，抱怨道："你们银行怎么这么麻烦，就汇个钱还要填那么多东西，还说方便客户，一点都不方便。"听罢，她立即上前询问，耐心跟他解释：为了保证钱能及时准确地汇入对方账户，现金汇款是一定要详细填写单据的。当客户顺利办完现金汇款业务后，她又不失时机向客户介绍了B行的银行卡和电子银行业务，还详细介绍了网上银行汇款的方便快捷和B行的优惠政策，耐心细致的讲解得到了客户的理解和支持，客户当即办理了B行的牡丹灵通卡及个人网上银行业务。扈某怀着一颗诚挚的心，在B行与客户之间架起了一座心与心的桥梁，为B行产品宣传及B行服务形象的推广作出了积极贡献。

积极进取，实现自我价值

扈某努力工作的同时，更加注重思考和创新。2008年，社会上一些不法分子利用新版假币行骗,很多客户上当受骗。为此,她细心研究,虚心求教,研究出一套简单快捷识别假币的方法,有效减少了客户损失,此后在全行推广,受到客户的一致认可和广泛好评,极大地增强了客户对 B 行的信心。另外,她在工作中注重积累和探索,努力改进营销方法,升级服务水平,凭借她娴熟的专业知识和高效优质的客户服务,使得其所在网点的银行卡发卡量一直居 G 分行前列,特别是网上基金业务和理财产品业务的交易量一直保持在 G 分行第一的位置。身为大堂经理,扈某一直致力于改善网点排长队状况,于是她仔细揣摩客户心理,学习沟通艺术,学会识别、分析客户"第一时间"心态。经过她的努力,她服务网点较好地实现了对客户自助设备的引导使用,逐步推广培养了客户使用网上银行的习惯,其所在网点过去客户挤到网点排长队买基金和理财产品的现象已经消失。现在大部分客户都能通过网上银行进行自助交易,自助设备的使用率在全行名列前茅,在大大减轻了柜面压力的同时也让客户感受到了 B 行产品的优点和设备使用的方便。在扈某服务的网点见不到焦急等待、心情烦躁的客户,她总是带着她甜美的笑容用心地投入客户服务中,把为客户服务、解决客户问题作为她工作的价值,她把平凡的工作看成自己为之努力的事业,全身心投入其中,通过点点滴滴的奉献去努力实现自我价值。

海尔总裁张瑞敏说过:"什么是不简单,把每一件简单的事情做好就是不简单;什么是不平凡,把每一件平凡的事情做好就是不平凡。"平实的语言却寓意深远。扈某正是在简单而平凡的客户服务工作中展现了 B 行青年员工积极向上、勇于创新的精神风貌,诠释了不简单和不平凡的含义。她站在银行服务的一线上,为每一位客户全情地服务,为将 B 行打造为"创新型银行和国际一流商业银行"贡献自己的青春和智慧。相信她通过自身不懈的努力,终将在平凡的岗位上创造辉煌!

[案例七] 勤奋的人生别样红
——R 商业银行 X 分行营业部银行卡业务部经理刘某成长路径

刘某 1997 年大学毕业进入 R 银行工作,成为一名银行职员,工作中百分

之八十的时间都致力于银行卡业务的开拓发展。刘某从普通员工到部门经理，对银行卡业务的热爱已经渗透到工作、学习、生活的方方面面，从产品到技术，从营销到管理，他都做到熟透于心，做到抓每一件事，落实每一个细节。他既是业务上的行家里手，又是青年建功立业的典范。他称自己是忠实的"S卡人"，大家认定他是优秀的"卡通"。"没有最好，只有更好。"他用这样的座右铭时刻鞭策自己，并以年轻人特有的激情、丰富的工作经验和永不停滞的工作状态，团结和带领部门全体员工，创建出一个快速发展的经营格局和团结奋进的组织风貌。

勤思考带来发展新机遇

刘某最喜欢读的一本书是《谁动了我的奶酪》。书中揭示了变化是始终不变的道理，只有探索新问题，找出解决方法，才能保持长久发展的能力，才会有新的认知。他就是一个不断求新求变的年轻人。熟悉刘某的人，对他有一个共同的评价——点子多。"点子"来源于他不间断的思考。他善于发挥自己在业务和技术方面的优势，积极进行银行卡业务管理、营销、服务、技术等方面的创新，不但取得突出业绩，而且收到较好经济效益和社会效益。

他从不简单地去完成一件工作，而是立足经营管理大局，对整项工作作出全盘考虑，并关注到每一个细节，力求不断创新、不断超越。2006年5月，刘某成功策划了营业部世界杯卡"办卡竞猜赢积分"营销活动，通过办卡有礼、赛事竞猜等，在W市市场大力发行世界杯卡，1个月发卡1.1万张，占全国世界杯卡发卡量的50%。2006年，他组织推动了营业部"全明星阵容"信用卡营销竞赛开展，掀起支行网点办卡高潮，至年末发卡量突破10万张，消费交易额突破10亿元，创历史新高，使营业部发卡量及消费交易额在全国一级分行营业部排名双双进入前十。2007年初，他抓住"猪"福卡宽进的营销热点，在情人节当天开展"办卡送巧克力"活动，客户申办热情高涨，5天活动期交表量超过1.3万张。牡丹学生卡的专项营销活动更是产生强烈效应，申办牡丹学生卡成为W市大学生客户追捧的时尚。2007年4月至7月，他组织策划的"发卡群英会"在营业部支行网点拉开营销办卡擂台，各路营销明星粉墨登场，营销业绩斐然。他针对行内中高端客户开展的"可乐一夏"、邀请办卡等活动，使得营业部中高端客户信用卡渗透率提高至15.62%，在全国一级分行营业部排名第二,仅次于杭州。同时,他还紧跟市场发展机遇,在 W 市收单市场开展各类促销活动、收单竞赛,营业部收单交易额节节攀升,增幅高达 70%,特约商户规模达到 700 家,以餐饮、运动、娱乐为主题的特惠商户网络初步形成,牡丹购物街开门揖客,S 卡认知度、满意度、美誉度逐步显现。在刘某的指导带领下,营业部银行卡业务不但保持了系统的优胜位次,还稳居同业市场占比头把交椅。发卡规模、收单消费额、透支规模、不良占比等经营指标均取得历史最好成绩。

勤实践推动业务新举措

邓小平是刘某最崇敬的一个人。这不仅因为邓小平是中国改革开放的总设计师,国家的领导人,更重要的在于他实事求是的工作态度,重实践,勤研究,找出了符合中国特色的复兴发展之路。

实践,永不言败;思考,言行于勤。在这样的信念推动下,刘某从不畏惧工作中出现的问题和困难,有条件就加快发展,没有条件创造条件也要发展。为占领市场先机,不断改进工作措施,他时时关注同业信息,通过上同业网站、留心手机短信、收集各类宣传资料、申办各行信用卡产品等方式,做到第一时间掌握同业市场营销信息,亲身体验同业客户服务举措,并将好的做法及时引入 S 卡营销服务流程,不断创新营销手段,改进服务内容,推动营业部银行卡业务快速稳健发展。为向一线提供有效的产品支持,刘某一再考虑以流程再造提供坚实后台保障,减轻支行营销压力。由他组织改造了营业部银行卡营销管理系统,优化了银行卡业务受理流程,将大量事务性工作集中在后台处理,保证支行集中精力开展前台营销。2007 年 9 月,经过充分酝酿和尝试,营业部率先实行信用卡寄送服务,不但为客户提供了安全快捷的增值服务,还有效降低了支行网点工作量和经营管理风险。营业部前期运作经验为该项业务在全省推广奠定了坚实基础。

深入基层网点、目标单位开展发卡营销和业务培训,也是他必不可少的工作内容。春节、五一、十一,他从没有正常休息过,而是带队开展商户走访检查;网点培训,他也是身先士卒,走在最前面。在这一过程中,他留心掌握银行卡营销管理中的各种问题,并及时出台相应的改进措施和办法,从数据支持、业绩通报、流程改进等各个方面想办法、定制度。只要有利于业

第十章

个人篇：榜样引领，提升绩效

务发展的，他都会坚定不移地落实下去；滞后于业务发展的，他必定会毫不迟疑地予以改正。作为部门经理，刘某还非常注重内部管理和队伍建设。部门每周一次的业务学习形式多样，内容丰富，组织创建评比、职工文体活动层出不穷。由他带领的银行卡业务部多次获得营业部先进集体、优秀工会小组、优质文明服务单位等集体荣誉称号。

勤学习开创价值新空间

刘某的学习能力很强。工作之余，他不但潜心学习各类银行新业务，而且还参加金融理财师考试，并顺利通过 CFP 考试，取得国际理财师资格认证。日常工作生活中，他也非常注重知识的积累，遇到什么问题，就学什么知识。为做一个营销方案，他会查阅大量的参考资料；为订一份合作协议，他会研究专业的法律规定。专业、理财、技术上，他是大家的老师，同时，他也认真扮演着学生的角色，孜孜以求，勤学好问。对他来讲，学习就是为了更好地工作。曾经发生过这样一件事，让刘某感触深刻。一位白金卡客户因服务受阻，产生极大抵触情绪，不但自己停止使用 R 银行产品，还停用了公司的 R 银行 POS 收单业务。多方协调无效。怎么打开缺口呢？刘某开始侧面了解客户的金融业务情况，发现客户虽资金丰厚，但使用缺乏规划。他便产生了利用自己的专业知识为客户理财的想法。多方酝酿后，一套完整、量身定做的理财方案打开了客户与 R 银行之间的僵局，结果是皆大欢喜。慢慢地，他成了客户的理财顾问。知识的积累不但丰富了他自身，还搭建了一个与客户沟通的有效渠道。

银行卡是个人金融业务中的重要产品，是银行的朝阳产业，需要不断更新的新理念、新思路、新措施。在刘某眼里，已没有"上班"和"下班"的区别，没有"工作"和"学习"的区别，他成了地地道道的公家人，上班、下班、工作、学习都是为了业务发展。他坚持用学习不断完善自我，用知识创造价值，使营业部银行卡业务始终走在产品营销管理的最前沿。由于勤奋工作，表现突出，刘某先后获得 2000 年度地区级先进工作者、青年岗位能手称号，2001 年度地区级先进工作者，2002 年度地区级先进工作者、自治区级先进工作者，2003 年度自治区级优秀团员称号，2004 年度自治区级青年岗位能手称号。

年轻,使刘某拥有了更多、更为宝贵的财富。他将始终以昂扬的精神状态活跃在集体当中,饱含着对银行卡事业无比的热爱,用勤奋在 R 银行改革发展的宏伟大业中谱写着自己无悔的人生乐章。

[案例八] 真诚构筑信赖 服务创造品牌
——A 行 S 卡中心客户服务部副总经理宋某成长经历

宋某,中共党员,1976 年 11 月出生,1999 年进入 A 行工作,先后在银行卡新业务开发、全行电子银行业务管理、信用卡市场营销、信用卡业务综合管理和信用卡客户服务等部门工作,2006 年 2 月任 S 卡中心客户服务部副总经理。无论是在分行作为一名基层员工,还是在 S 卡中心作为一名处级干部,虽然所处岗位不同,但宋某的本职工作一直与 S 卡业务息息相关。在这一个个普通的工作岗位上,宋某一直坚持并贯彻着"业精于勤,行成于思"的工作信条,并将"一切为了持卡人"的服务理念,通过点点滴滴的实际行动在工作实践中予以落实。在他的带领下,S 卡中心客户服务部以"真诚构筑信赖,服务创造品牌"为工作重心,在提升全行信用卡客户服务质量、开展差异化服务、提升重点客户贡献、开拓商务卡市场以及以信用卡优质服务助推其他金融业务增长等方面都取得了骄人成绩,牡丹白金卡发卡量及消费额连续两年翻番,并成功拓展了以众多国际知名企业为代表的集团商务卡客户群。2007 年,他所辖团队被共青团中央授予全国"青年文明号"称号。他自己也先后获得 A 行全行级和 S 卡中心级"青年岗位能手"等光荣称号,并获得全行网讯"优秀信息员"、S 卡中心"优秀团干部"等荣誉。

在领导眼中,他是一个能干、肯干、扎实、细致的下属;在同事眼中,他是一个有思想、有能力、有责任的领导;在合作伙伴眼中,他是一个业务精通、严谨务实的搭档;在客户眼中,他是一个可以信赖、服务热情的 A 行人。

成长于基层 立足于实践

宋某大学毕业后进入 B 分行银行卡处新业务发展科工作,当时正值 S 卡发卡 10 周年,也是 S 卡发展的蓬勃时期。入行伊始,他参与开发和推广的第

第十章

个人篇：榜样引领，提升绩效

一个项目就是目前已广为人知的 S 交通卡，为他以后组织完成其他重要项目的开发和推广积累了宝贵经验。S 交通卡项目顺利完成后，宋某作为业务骨干，又先后圆满完成了商业 MIS 银行卡结算系统、网上银行支付系统、国航自助售票系统、牡丹国图卡系统、手机银行以及人行金融 IC 卡试点等一系列重要项目的开发和推广。特别是 2001 年 2 月，B 分行作为 CB2000 全国首批投产行，宋某负责了银行卡子系统投产的组织和协调工作，并担任子系统投产日应急指挥。他不仅出色地完成了该项重要工作，投产日未出现一笔差错和投诉，而且他在工作中率先推行的专人专岗负责制等许多优秀工作方式，还在全分行予以全面推广。由于工作中表现突出，作为大学本科毕业生的他，入行仅一年半，便被破格提拔为副科长，成为当年 B 分行最年轻的科级干部。同时，他还作为分行优秀青年代表，进入了全行人才"百千万工程"。

2000 年 6 月，宋某被借调到总行刚刚成立的电子银行办公室工作。在总行工作的半年时间里，他充分发挥基层工作经验，联系总行管理业务实际，负责建立了全行第一个电子银行业务统计分析制度，首次通过逐月统计，全面分析全行电子银行业务的发展情况。他还对全行及国内外商业银行网站发展情况进行了深入研究，拟写或参与拟写了《关于金融门户网站建设和管理的建议》、《关于加快 A 行网上银行业务发展的建议》等一系列对后期电子银行业务发展有重要指导意义的调研材料。

服务于客户　放眼于未来

2002 年 4 月，总行成立 S 卡中心，宋某进入新成立的中心办公室工作。卡中心成立伊始，面对千头万绪的事务，他克服困难，出色地完成了各项工作。其中，他负责的总行网讯、部室答疑等工作，连续 3 年获得总行表彰。

2006 年 1 月，宋某参加了卡中心组织的处级干部公开竞聘，并以高票竞聘成功，再次成为卡中心最年轻的处级干部之一。2006 年 2 月末，宋某任职卡中心客户服务部副总经理。任职初期，正值客户服务部从后台操作向管理与运营一体化、前中后台业务兼顾的职能转变。面对这种转变，宋某带领团队成员积极探索，从加强管理，提高全行信用卡客户服务质量，开展差异化服务，重点提升重点客户综合贡献，优化集团客户服务模式，开拓商务卡市场三方面入手，努力提高 S 卡客户服务品质。在他的带领下，卡中心客户服务部每一位员工都贯彻"一切为了持卡人"的服务理念,真诚服务客户,客户服务部柜面服务科在连续7年被总行授予"青年文明号"的基础上,2007年又获得了共青团中央授予的全国"青年文明号"荣誉称号。

在大力提高服务品质的同时,宋某也积极倡导以信用卡优质服务助推其他金融业务增长的理念。一次,C分行银行卡处反映,其辖内一名S国际金卡持卡人投诉申领白金卡过程较长。接到电话后,宋某立即协调审批、制卡等部门,迅速解决了该客户的问题。事后,当持卡人了解到他的投诉是由总行S卡中心客户服务部负责人亲自解决的,在吃惊的同时,坚定了他对A行优质服务的信心,并立即决定将其名下的房地产公司和土石方工程公司的基本存款转至A行。这一事例也使宋某意识到:"信用卡可以用极少的服务成本,带动利润丰厚的高端客户市场。"为此,他狠抓服务质量,强调服务意识,在向信用卡高端客户提供优质服务的同时,积极向客户推荐A行其他金融产品和服务,开展多种形式的组合营销。

两年来,宋某带领团队,以优质服务、使用便捷为切入点,经过与同业的激烈竞争,迅速占领集团客户商务用卡等市场,许多世界知名企业都先后成为了S卡用户;2007年9月,牡丹白金卡发卡量更是突破2万张大关,较年初增长240%,仅前三个季度白金卡消费额达到32.2亿元,超过2006年全年消费额20亿元。由于S卡中心在开拓集团客户方面的优异表现,A行战略合作伙伴也特别向卡中心发来感谢信,感谢以宋某等领导的S商务卡服务团队为其集团客户提供的优质、高效服务,并强调该公司及其客户对A行商务卡服务充满信心。

面对取得的成绩,宋某时刻保持着冷静,他认为:"工作没有终点,每一项工作都是一次超越过去的挑战。"为了不断充实自己的业务知识,宋某在紧张的工作之余坚持自学。2006年年初,本科学习计算机专业的他,参加了全国研究生入学统一考试,并以优异成绩被B市某大学经济与工商管理学院金融学专业录取,成为一名在读硕士研究生。对于未来,宋某说:"是A行和S卡中心给了我施展才华和抱负的广阔空间,我相信我的未来也将与A行和S卡中心的发展紧密相关,我始终把作为A行人当做我的骄傲。"

第十章

个人篇：榜样引领，提升绩效

[案例九] 勇当个人金融业务排头兵
——某商业银行个人金融业务部朱总经理的成长经历

朱总经理作为某行个人金融业务部总经理，带领的个人金融团队牢牢地占据了G市金融界个人金融业务的排头兵。截至2011年末，该行本外币储蓄存款余额1763亿元，比年初增加297亿元，同比多增378亿元，在全国一级分行中居第7位。储蓄存款增量和存量在G市的占比分别为35.6%和34.8%，在全市所有金融机构中的增量和存量占比达到24.8%和23.6%，牢牢地占据双第一的优势。个人住房贷款余额自2002年以来连续7年保持了同业第一的位置，是G市地区最大的按揭银行。2011年末个人住房贷款余额达289.8亿元，在G市银行中余额和增量分别达到35.8%和61%，均稳居同业第一。个人中间业务收入在代理个人基金收入同比减少7.35亿元的情况下仍达到10.58亿元，占该行非利差和手续费收入的46%，在全国一级分行中居第4位。信用卡发行量达到110万张，在G市地区第一家突破百万张规模，在G市四大行中占比达到36.7%。个人理财产品销售量在代理基金业务同比大幅减少471亿元的情况下，理财产品销售量从2007年的866亿元提升到2008年的920亿元，在全国一级分行中居第5位，其中代理基金业务在全国一级分行中稳居前2名。理财业务四大行占比由50.8%进一步提升到68%，遥遥领先同业。在个人客户发展方面，5万元以上中高端客户达到88.3万户，理财金账户达到25.4万户，两年增长65%。2006—2011年该行在总行直属分行及一级分行营业部个金业务考核排名中稳居前三甲，14项考核指标中有7项位居全行第一，实现了个金业务的均衡快速发展。

也正是因为朱总经理出色的工作业绩，近年来多次受到上级行的表彰。2007年他荣获了某行"优秀共产党员"称号，2011年又获得了金融系统"第五届优秀青年"的荣誉称号。

打造强势团队竞争市场

近年来，个金战线各项工作面临各种挑战和压力。朱总经理带领个金团队，以奋力拼搏的精神和扎实创新的作风，经受住了风云突变的市场洗礼，推进该行个人金融业务迈上了新的台阶。

他始终将团队建设放在工作突出位置抓落实。2011年末，该行个金从业人员达到4818人，占全行从业人员的49.3%，各类网点376个，服务个人客户811万人。近两年来通过结构调整和增量补充的方式，两年共增加了608名个人客户经理，2011年末个人客户经理总量达到1320人，占个金从业人员的27.4%。在个金从业人员中培养了一批专家式的骨干队伍，目前该行共有国内金融理财师（AFP）210人和国际金融理财师（CFP）39人。在壮大营销队伍的同时，他认真贯彻该行的整体工作部署，通过开展客户经理素质提高年活动，开展业务培训、技能竞赛、技术练兵，推行业务考核认证等途径，促使客户经理数量和素质同步提升，真正能走出去开拓市场，营销客户。

从效率来看，该行人均存款由2006年的2651万元增长到2011年的3267万元，增长23%；人均贷款由1725万元增长到2043万元，增长18%；人均拨备前利润由58.9万元增长到86.3万元，增长46.2%。网均存款从6.49亿元增长到8.48亿元，增长30.7%；网均贷款由4.3亿元增长到5.3亿元，增长23.2%；网均利润由1479万元增长到2240万元，增长51.4%。

打造渠道品牌服务客户

朱总经理认为，营业网点、电子渠道、客户经理等渠道是事关一家银行长远而又基础性的工作，必须放在十分突出的位置上来抓好落实。近年来，他与相关部门一起，围绕客户需求，共同推动了该行渠道战略的落实。2005年开始第一批参加了某行总行的理财网点"核心竞争力项目"试点，他从分区服务、劳动组合、服务流程、工作职责等方面对网点服务进行了大规模的革新改造，提升了客户服务满意度。2011年该行与IBM公司合作，制定了未来三年的网点发展规划蓝图，网点布局的前瞻性和全局性进一步增强。2007—2011年，该行用于网点、自助设备等固定资产的投入额达到6.07亿元，累计完成5家财富管理中心建设、165家贵宾理财中心装修改造，更换了320家网点招牌。目前该行理财中心以上网点和一般网点及便利店的比例基本为1:1。累计新增加自助设备1420台，总量达到2327台，比2006年增长1.6倍。离柜业务率接近60%，比2006年提高9个百分点。这些工作对该行客户拓展、服务深化、业务增长带来深远的影响，也会进一步促进今后个人金融

业务的发展，同时还会对某行的品牌形象和社会影响力带来长远的影响。

创新工作思路引领市场

朱总经理坚决贯彻落实该行创新发展战略，将创新作为推动各项业务迈向更高阶段和提高同业竞争力的重要抓手抓好落实。在实践中，积极探索个人金融业务创新发展之路，力争实现更高质量的发展。

一是首批推行个人金融业务"专业化经营、系统化管理"改革。两化改革是某行总行加快个金业务经营转型、打造第一零售银行的一项重大改革。G市行作为首批试点城市行，朱总经理和他的同事们通过调研，从讨论制定实施方案到正式实施又到选择试点支行进行直接指导和推动。从实施效果看，进一步明确了个人金融业务部对全辖个金业务的销售和考核的直接管理和资源分配，明确了中后台部门的支持和风险管理职责，强化专业化、系统化的经营管理模式。

二是创新营销模式，勇当市场领跑者。在G市地区率先开展定向营销、精确营销和公私联动的职场营销模式，由"坐商"向"行商"转型。第一家实施客户分层次营销机制改革，成立财富中心集中维护高端客户。第一家组建个人金融产品销售中心，对中端客户和潜在客户进行电话、信函、职场营销。第一家引进保险规划师销售（FSC）项目，为客户提供保险综合理财规划，实现对客户维护的专业化和标准化。第一家开展"财富俱乐部"等高端客户增值服务，提升了个人金融在G市地区的高端客户市场品牌形象。创新开展了"亮剑行动"的营销竞赛活动，跨支行跨网点对网点负责人、客户经理分层面开展业务竞赛，迅速提升了网点的产品销售能力和盈利能力。创新"以客户带动客户"的发展新客户的模式，开展了"亲友推荐计划"专项营销活动；创新客户经理团队管理模式，全面启动了"个人客户经理标准化建制"项目，编写了《个人客户经理标准工作手册》，为个人客户经理团队量化管理与考核提供了新的思路。实施"优质客户维护百分百"项目，在资产达到100万元以上的优质客户开展该项目，实现全方位服务和维护。

三是加强业务联动，创新发展模式。G市毗邻港澳，三地交往日趋紧密，具有业务联动的天然优势，区域联动首先要求金融业务联动。2010年该行与一港资投行在某行系统内第一家签订了全面金融合作备忘录。一方面，朱总经理积极推行该行的区域联动战略，2007年来共推荐120多位高端客户开立了港资投行的账户，办理贷款及各类理财业务近1亿港元。同时进一步加强了客户经理、理财专家、投资理财等方面的业务交流。另一方面，在行内以公私联动协同营销作为切入点全面开展全产品渗透工作，通过代发工资、牡丹卡、电子银行、理财、保险业务的整合营销，个人中高端客户同时使用3种以上产品的渗透率为47.3%，比上年提高了8个百分点。

四是加快产品创新，抢占市场制高点。作为全国某行系统内第一批授权自主开发区域理财产品的城市行，通过"信托+理财"的方式，已成功向市场推出了面向中高端客户的三款区域性理财产品，实现贷款、理财、中间业务的良性循环。通过与专业基金公司、信托公司合作，开发了专门面向个人高端客户的专属理财产品。细分银行卡市场和客户需求，结合客户吃、住、行、购物等各个方面需求，与航空、百货等企业集团联合推出联名信用卡，联名卡总量达到71万张。面向公务员、社保人员成功发行了公务卡、年金信用卡1.2万张。到2011年末，该行信用卡发卡总量在G市地区第一家突破百万张规模，达到110万张，并获得总行"银行卡综合贡献一等奖"。

勇于超越自我追求卓越

朱总经理年轻有为，志存高远，自大学毕业加入中国某行这个大家庭后，一直奋战在个金战线，17年的奋斗历程练就了他业务纯熟、爱岗敬业的职业技能和操守。也正是凭借这股对待工作兢兢业业和精益求精的热忱和精神，既推进了该行近几年个金业务的快速发展，也为他个人争取了系列的荣誉。

然而，在成绩面前，朱总经理并没有丝毫的沾沾自喜和裹足不前。相反地，"在科学技术是第一生产力"的今天，他始终认为，为适应现代金融的发展要求，每个人都必须不断挑战自我，坚持业余充电。他是这么想的，也是这么做的。近年来他参加了中山大学的EMBA高级研修班学习。正是由于他勤学好思、孜孜不倦地学习钻研业务知识和管理技能，在同时代人中脱颖而出成为个金专业中的一名佼佼者。同时，作为该行个金部的一把手，朱总经理注重理论与实践的结合，经常带领党员和业务骨干下网点开展调查研究，及时发现问题并尽快解决。他学用结合、严于律己、亲力亲为的工作作风，产生了良好的示范效应，该行个金战线形成了爱学习、爱钻研、爱拼搏的良

好工作氛围。

"雄关漫道真如铁,如今迈步从头越"。在充满希望和挑战的新征程上,朱总经理正在积极谋划如何围绕该行未来几年的发展战略规划,更好地带领他的团队,朝着更高、更新的目标攀登。

[案例十] 砥砺职场 扮靓人生
——C商业银行Z分行Q支行贵宾理财中心客户经理陈某成长经历

陈某自1992年8月到C行工作,十几载春华秋实,十几载职场磨炼,使她成为C行个人金融战线上一位佼佼者,收获了成绩,扮靓了人生。

为梦想而战

陈某出生在一个银行职工家庭,从小的耳濡目染,使她对银行工作有着一份特殊的感情,小时候的梦想就是要当一名光荣银行职员。

1992年2月,她如愿跨进了C行大门,欣喜之余,她就立志把自己的一生奉献给她所热爱的金融事业,在平凡的岗位上实现自己不平凡的人生价值。进行之初,在一次"我为C行作奉献"演讲比赛中,她以一篇题为《让青春永远闪光》的演讲稿讲出了自己的心声。为了理想,她坚持勤奋学习,努力工作,遇到问题,迎难而上,力求以自己最大的能力,作出成绩,创出特色,奋勇争先。

2001年,她担任J分理处负责人。由于该所是老所,硬件设施差且地理位置不好,导致储蓄存款不断下降。为了改变这一局面,她制定了一系列方案,在做好内部管理工作的同时,利用休息日,率先走出柜台,走亲访友,积极组织存款,开展营销。她的行动也鼓舞了其他员工的士气,网点上下形成了一种你争我赶的氛围,存款余额连年上升,较好地完成各项任务指标。网点先后被评为"青年文明号"、"可信赖网点",连续两年被评为市分行旺季揽存明星网点,她本人也被评为市分行"优秀网点负责人"。

十多年来,她先后从事了储蓄柜员、综合柜员、网点负责人、大堂经理、理财经理等多个不同工作岗位,无论在哪个岗位,她都自觉地以"自尊、自信、自立、自强"的 C 行新型员工标准严格要求自己、激励自己，一心一意地将全部精力投入工作中，矢志不渝地实践着自己的诺言。所到之处，她总是用她的热情去感化同事，用她独特的方式去关心、影响着周围的同志，她的虚心、好学、热情也带动了其他同志，形成了一种团结向上的和谐气氛。

正是源于梦想，她所从事的每个岗位工作，均取得较好业绩，受到各级领导和同事们的肯定和好评，并先后荣获了市行"优秀网点负责人"、省行"知识型员工先进个人"、省行"优质服务先进个人"、总行"巾帼岗位标兵"等一系列荣誉称号，并多次被评为各级"个人先进工作者"。2007 年 11 月，她被工总行授予"十佳大堂经理"的荣誉称号，获得"特别贡献奖"；2009 年 3 月，被中华全国总工会授予"全国女职工建功立业标兵"荣誉称号，被中国金融工会授予"全国金融女职工建功立业标兵"和"全国金融五一劳动奖章"荣誉称号；2009 年 5 月，被启东团市委授予"首届十大杰出青年"称号。

细节决定成败

2006 年 8 月，根据工作的需要，陈某来到了一个更适合于她的岗位——大堂经理岗位，那是一个更具有挑战性和机遇的岗位。大堂经理是客户进入银行首先接触的人员，一言一行通常在第一时间受到客户的关注，一个微笑，一句回答，无不代表着银行给客户的第一印象，稍不留意，一个细节上的疏忽，就会影响银行的声誉、形象和威信。陈某平时十分注重气质的内外兼修，每天展现在客户面前的始终是她端庄的仪容、得体的着装、亲切的微笑、专业的素养，在服务礼仪上更是做到热情大方，主动规范，处理问题时有细心和耐心，想客户所想，急客户所急，全面展示了工商银行大堂经理专业、精业、敬业的职业形象。

为了更好地服务于客户，她对自己提出了"四勤三好"的要求。"四勤"就是，引导客户办理业务时腿勤，对困难客户出手相助时手勤，分析客户需求时脑勤，回答疑问营销时口勤。"三好"就是，眼好，耳好，记性好。"眼好"就是，要在平时工作中善于观察事物，善于发现挖掘客户的需求，善于识别优质客户，"耳好"就是，要在工作中随时注意倾听客户在办理业务中的不和谐声音，要及时上前沟通化解矛盾，解决问题。"记性好"就是，要重视

第十章
个人篇：榜样引领，提升绩效

和尊重来C行办业务的每一位客户，记住并能准确地称呼常来C行办理业务客户的名字。在柜面服务中，有时会碰到一些特殊客户，为此她主动进行哑语、英语口语学习，在客户中形成了良好的口碑。

2008年，陈某又来到了一个新的工作岗位，任支行贵宾理财中心理财经理。作为一名理财经理，经常遭遇的难题莫过于如何打开人与人交往的壁垒，如何面对客户不信任的质疑目光。这一切都要求理财经理必须坚定信心，百折不挠。陈某感到只有从思想上转变观念，把过去的被动地给客户办理业务转变为现在主动地为客户提供全面的理财服务，把客户作为自己的朋友，真正做到以客户为中心，才能赢得客户的信任，才能做好优质客户维护与营销这项工作。"不论什么时候有什么事，只要有需要我帮助解决的，可以随时打电话给我。"她在给客户留下联系方式时，总要补充上这么一句。看似简单的一句承诺，履行起来的艰辛只有她自己才能感受得到。经常是在午休的时候，接到客户的电话，让她帮忙选择一只基金或是看看大盘的涨跌或是黄金价格的变动，连个午觉也睡不上。经常在节假日接到客户的电话，问她网上银行的使用，她有时会从U盾的程序下载安装，到客户一笔汇款的完成，一直都在电脑旁用电话耐心地一步步指导客户，自始至终都那么的热心，客户反而特别地过意不去，对她充满感谢。她手中有一本记着众多客户信息的笔记本，里面记录着客户的需求，遇到有适合客户的理财产品或是有客户需要电话通知的事情，她总是第一时间把电话打给客户。逢年过节，总会为客户发上一条温馨的短信祝福。她常说："一个轻轻的问候，一个适时的关怀，一个解决问题的及时雨，一个重要节日的提醒，就是我们客户经理需要去做的。感动不需要花大钱，但绝对要花心思。"为了让大家更多地了解理财知识，她还精心制作课件，多方查阅资料，拜访老师，精心构思，甚至通宵达旦。她所制作的课件得到了大家的认可，同时她还凭借着自己丰富的内涵和知识成功主持多场理财沙龙和职场营销，取得了满意的效果。

真心的付出必然会得到丰厚的回报，在担任理财经理的短短的几个月里，她吸收各项存款1000多万元，销售各类基金800多万元、人民币理财产品2000多万元、保险100多万元。

执着成就梦想

2007年8月，总行下发了举办首届大堂经理业务技能比赛的通知，陈某被 Q 行作为选手参加了市行、省行的选拔赛,屡创佳绩,最后代表 J 省分行参加总行决赛。在一个多月的封闭集训的日子里,为了不影响学习,她几乎很少打电话回家,有一天电话那端传来女儿沙哑的声音:"妈妈,我病了,好难受,我好想妈妈……"一向坚强的她哭了,强烈的思女情绪使她有立刻买车票回家看望女儿的冲动,然而想到比赛在即,她擦去了泪水,安慰女儿几句,又毅然投入紧张的训练中去。梅花香自苦寒来,在决赛中,她以过硬的基本功、精湛的业务技能、准确的演示、恰到好处的推介,最终获得总分第四的优异成绩,被总行授予"十佳大堂经理"的荣誉称号,同时还被授予"特别贡献奖"。面对成绩,她笑着说:"我把比赛看做是一个宝贵的学习过程,通过比赛,我学到了很多。"

近年来,尤其是担任个人理财经理以来,随着个人金融业务的日新月异,客户需求也呈现多元化,对客户经理的个人素质不断提出新的要求。如何提高自己的服务水平、服务能力,如何能做到特色服务、创新服务,如何提高自己的营销能力、成为客户可信赖的朋友成为她不断研究的课题。为此,她不仅对传统的储蓄、个贷、对公业务了如指掌,还注重对各类理财产品,特别是各种新出的基金、国债、保险、外汇、网上银行、个人理财协议等金融产品进行系统学习,积极参加各种业务知识培训,阅读财经新闻,通过上网、翻阅大量的书籍来充实自己,短短一年多时间,她先后通过了总行客户经理资格考试、保险代理资格考试、个人贷款客户经理资格考试,获得基金销售资格证书。面对不同的客户,陈某主动营销推介 C 行不同的金融产品,进行不同的产品组合,在客户中取得了一致好评,也很好地推动了支行各项业务的发展。

百尺竿头,更进一步。凭借她对工作的热爱,凭借她不断丰富的经验,在今后的工作中,她一定会更加进步,更加成熟,继续谱写着她靓丽的青春乐章。

[案例十一] 天行健,君子以厚德载物
——D 商业银行 G 省分行营业部个人金融业务部总经理冯某成长路径

2000 年 8 月,冯某带着对 D 行事业的执着与热情,走上了 G 省分行营业

第十章

个人篇：榜样引领，提升绩效

部个人金融业务部副总经理的工作岗位，那一年，他还不满 30 岁，是当时最年轻的部门副总经理；6 年之后，他再次被委以重任，接任个人金融业务部总经理一职。

冯某以严谨的决策力、卓越的执行力、科学的创新力、艺术的统筹力、严格的管理力，带领员工创造了一个又一个辉煌的佳绩。在这位年轻人的带领下，2007 年，D 行 G 省分行营业部各项主要个人金融业务全面丰收，个人存贷款业务、银行理财产品销售量、信用卡发卡量、代理基金、保险、国债等业务均居 H 市各银行首位，部分指标甚至超过主要竞争行的全省总业绩，在 H 市地区确立了"第一零售银行"的龙头位置。

勤思考重实践，是元帅也是先锋

冯某 20 岁入行，从网点储蓄员做起，兢兢业业，一步一个脚印走向领导岗位。他时时刻刻地把心扑在工作方面，甚至到了废寝忘食的地步。他独创的一套小字条办公法，至今仍被同事们津津乐道。冯某不论走到哪里，身边都少不了两件宝：小纸条和笔。一旦有了新的想法，哪怕是三更半夜，也要立即摸出纸笔，将之记录下来。一大早上班同事们常常会接到他已经提前整理好的小纸条，上面会密密麻麻写满了他最新的工作思路、疑难问题的解决方案。许多具有重要意义的工作创新、改革方案，就这样源源不绝地从小纸条中涌动而出，成为指导 G 省分行营业部个人金融业务工作的重要指南。

扎实的基层工作经验还养成了冯某踏实严谨的工作作风。他不但勤于思考，更勤于实践。虽然身为一名高级管理者，但他却愿意放下领导架子，勇当实践先锋，在落实许多具体的工作细节上更是经常亲力亲为，身先士卒。在全行中，冯某是最早开始从实践层面着手解决银行网点排队问题的领导者之一。通过集思广益，他找到了不少解决方案，为使之真正行之有效地落实，冯某深入基层，逐一试验。有一次，为了确保编写的自助设备操作流程能够带给客户正确高效的指引，他亲自动手在网点的机具上进行操作，并将每一个细节记录下来。那时正值炎炎夏日，为了避免影响客户办理业务，冯某特地选择在人流最少的午后进行此项工作。他在酷热的环境下工作了一个多钟头，对不同类型的机具都进行逐一操作，最终取得了第一手翔实资料。当他和工作人员从网点走出来时，才发现汗水已经完全浸透了衣裳。在冯某的直接参与下,一份精美的"自助设备操作流程指引图"很快被安置到了H市D行每一台自助设备上。人性化的设计、清晰的指引得到了客户的一致好评,更得到了总行的认可,这份饱含汗水的指引图不久就在全国D行系统内得到了推广。

敢以天下先,制胜千里之外

G省分行营业部代理基金销售工作长期保持着"卖一只,火一只"的销售奇迹,基金公司的朋友没有不竖起拇指赞叹的:H市D行人真是特别能战斗!而产生并保持这一销售佳绩离不开冯某高瞻远瞩的市场预见。长期紧密关注一线的工作作风使他能够在日新月异的金融竞争中持久地贴近市场脉动,始终保持了敏锐的前瞻性。2005年下半年,上证指数击穿1000点的重要关口,将熊市持续数年的悲观情绪演绎到了极致,整个市场哀鸿遍野,直接导致代理基金销售工作的艰难。身为总行理财专家组成员的冯某却在市场绝境中发现了生机,他不止一次预言:坚定信心,熊市反转就在眼前!为了抓住市场机遇,布局未来一整套营销战略,他精心设计了一系列组合拳。

首先,他以自己的个人魅力与专业威望,统一了个金管理部门的思想。为帮助一线销售人员树立信心,冯某精选骨干力量,深入各支行网点,大面积展开鼓动激励工作。通过广泛宣传,H市的营销队伍重整旗鼓,振奋精神,明确了市场未来发展的大方向。为了安抚客户情绪,将理性的市场认识与科学的理财观念带给大众,冯某主动联系基金、证券等专业金融单位,组织了各种形式的分析会、座谈会。当时这种会议频度很大,有时一天甚至要举行三场以上,很是辛苦,而冯某几乎一场不落全程参与了,从搬运奖品到上台讲演,事必躬亲。他通过亲身与客户以及客户经理们交流,掌握了大量第一手的市场信息。为了更加有效地发掘基金客户,冯某还改革了漫天撒网式的传统销售模式,大胆创新,通过客户经理掌握的情况,筛选出对金融市场有一定认识、风险偏好程度较高的客户,然后将这部分客户集中起来进行定向销售,这种当时叫做"精确营销"的销售模式取得了极大的成功,也得到了总行赞誉,不久后由此类营销推衍而生的职场营销、集中营销等在全行系统内如火如荼地开展起来。

由于措施坚决,组织得当,G省分行营业部的基金销售开始保持在总行

销售排行榜前列。当时由广发基金发行的聚丰基金，H市D行甚至一举占据了全系统七成的销售额！这只基金后来成为大牛市中最抢眼的领跑者。也是因为冯某先验性、创造性地带领个金战线员工在恰当的时候为牛市作出了大布局，才使得H市D行理财的专业度从此得到了广大市民的充分肯定和支持，也由此引发出一波又一波精彩纷呈的基金销售潮。

要真正得胜，就要懂得输出价值

在冯某的带动下，G省分行营业部个人金融战线员工真抓实干，勇挑重担，取得了卓越的成绩。由于各项管理工作举措得力，业绩出色，注重实效，总行个人金融业务许多的大小创新研发及试点工作，比如从理财中心核心竞争力项目到两化改革，G省分行营业部都是重要的前沿阵地。对总行牵头开展的各项试点工作，冯某总是以事关全局高度负责的态度对待，亲自布置各项工作，从人力、物力等各方面，主动配合总行需求组的各项工作，每次派出业务骨干全程参与，定期组织召开会议，通报情况，沟通思想，分析存在的问题和不足，认真反馈，及时解决，确保各项试点工作的顺利开展。

"大河有水小河满。仅仅算计着让我们营业部在一城一市的竞争中的得与赢，不能算赢。G省分行营业部要体现它赢的意义，就必须对总行、对其他兄弟行有价值突出的贡献。"对选派总行或者各地参加培训、交流工作的部门同事，冯某少不了要作这样的交代。冯某以身作则，作为总行特聘教师，他常年不辞劳苦地奔走各地。为了不耽误手中的工作，他总是尽可能地选择周末时间进行各种授课活动，课程结束后，只要条件许可，总要在第一时间赶回单位上班。

作为先进行，G省分行营业部每年都要接待不少兄弟行的交流活动，对这些工作，冯某也要经常过问，了解兄弟行同事的活动安排和详细日程，甚至一些细节也力求到位，争取把H市D行的各种先进经验，也包括正在努力解决的问题都真实地展现出来，以利于与兄弟行开展卓有成效的工作交流活动。

严于律己、宽厚待人的当家人

见过冯某的人，没有不被他儒雅博识的学者气质、指挥若定的大将风度所吸引的。而这些都是源自他充分的知识储备与丰富的工作经验。他作风严谨,从不满足于一知半解,浅尝辄止。作为一名出色的领导者,冯某有着出众的口才,但他同样善于聆听,不摆架子,乐于察纳雅言,听取并协调不同意见。他十分重视提高自身的金融理论研究水平,作为新时期一个已经具备较高理论水准的管理者,尽管已具有总行级特聘教师的资格,但他仍然时刻不忘加强理论修养。继完成某大学 EMBA 高级研修班学业之后,他还报名参加了另一所大学 MBA 的学习。

作为 G 省分行营业部个人金融业务部的当家人,冯某全面关心员工的成长之路。每一个曾经在他身边的工作人员都能在这方面列举出二三事。这不仅仅体现在个人工作方面,也体现在一些琐碎的日常生活细节上。比如得知个金部有员工的家庭有困难,冯某一定是第一个伸出援手的人,尽自己所能解决生活上的困难,排除员工的后顾之忧。

[案例十二] 释放青春的能量　梦想从 C 行起航
―― C 行 F 分行客户经理林某成长经历

三尺柜台　孕育牡丹花蕾

提到林某,在 F 分行营业部系统几乎无人不晓,个人营销存款时点数近 1 亿元,2007 年,截至 10 月末,其营销存款日均 6618 元,理财产品 900 万元,个人贷款 800 万元,办理个人网上银行开户 1415 户,灵通卡 3000 余张。最值得一提的是她代理销售的基金产品,金额达 1.5 亿元,在 F 分行营业部个人客户经理综合考评中排名第一,是 F 省远近闻名的银行业个人客户经理明星。

"作为一名银行员工,应该把国家、人民、集体的利益放在首位,把客户的需求牢记在心,甘于奉献,苦累无畏。"林某是这么说的,一直以来也是这么做的。1996 年,林某从学校毕业,走进 C 行大门。稍带羞涩的她第一次坐在柜台内,心里感到一丝紧张,虽然在未上柜前,她把文明服务用语默念一遍又一遍,但真正面对客户时,不免舌头打结。偏偏第一位客户办理存款 4 万多元人民币。一大叠钞票,她点了一遍,不对,差两张,再点一遍,又不对,多一张。瞅了一下柜台外的长长的队伍,听着相邻柜员清脆的键盘敲击

第十章

个人篇：榜样引领，提升绩效

声，她的心像小鹿一样紧张地怦怦直跳。柜台外的客户看出来，她是一个新手，不由得发起牢骚："喂，我等好久啦，怎么这么慢，可不要把我的钱点错啊！"林某脸上红一阵、白一阵，心里更加着急。好不容易送走第一位客户，她暗下决心，一定要掌握业务技能，把柜面业务做熟、做好。

从那以后，她苦练基本功，不仅在业务实践中，用心记，认真把好每一个流程，而且利用班后时间，苦练基本功，点钞，打算盘，装订凭证……"功夫不负有心人"，在第二年支行举行的"岗位练兵"竞赛中，她以优秀成绩通过全部测试。不仅如此，虚心好学、接受能力快的她，还成为班组中的"小老师"，在总行推广个人网上银行、代理销售保险、基金、速汇金等一系列产品业务过程中，她经常给同事答疑解惑，有时还手把手教，看着大家都掌握了新业务知识，林某的心里也乐开了花。

贴心服务　唱响文明赞歌

"不论什么时候，您只要是业务上有需要，可以随时联络我。"成为客户经理的林某，在向客户递上名片的时候，总会补上这么一句。因为她知道，要当好一名银行员工，就必须以客户为中心，想客户之所想，急客户之所急，心中时刻装着客户的需求。简单的一句服务承诺，看似不经意，但是履行起来的艰辛只有她自己知道。

作为侨乡，Q市不仅有许多华人、华裔在异国他乡代代传承，而且每年都有相当数量的人出国经商务工。林某的客户经常会临时需要办理大额资金存取、汇兑。由于时差的关系，他们和他们在境外的亲人或是生意场上的伙伴经常是在晚上联系，所以，林某经常在晚上十一二点接到客户的电话，预约第二天一早存取汇兑的现象也就不足为奇。碰到这种情况，她总是立即盘算、思考如何在次日一大早为客户联络营业网点，及时带着客户取款，生怕耽误了客户的事情，有时连个安稳觉都得贴上。她无法记得，多少次灯光伴着星光，但她清楚地记得，她使用手机以来除了更换电池就从未关闭过。

同事们看着林某疲累的神情，不解地问她："你这样工作累不累？这值得吗？"她总笑道："有时是挺累的，但当你的工作得到客户的肯定时，听到一句'把钱存在你们C行，我放心'的时候，所有的付出都是值得的，所有的辛苦都不值一提了。"在她的手中有一本厚厚的客户信息登记本，扉页上写着

"以真心换真情",里面记录着经常外来的客户的姓名、生日、工作、喜好、联系方式等信息,她随身携带这个登记本,视若珍宝。她用自己的人格魅力和辛勤汗水一丝不苟地践行着服务承诺,真心的付出获得了社会的一致认可和客户的由衷赞誉。

前沿理念　喜结营销硕果

信任来自于真诚,来自感情的点滴积累。林某认为作为客户经理,要将客户当成朋友,主动接近客户,拉近距离,这是营销的关键环节。

有个张姓客户,在 Q 市开了几家加油站。他每隔一段时间就集中资金,通过 C 行网点汇款购买石油。但是,他加油站和私人的款项都不存在 C 行,而且来网点办理业务的时间并不固定。怎样把这个客户成功营销过来呢?林某颇费一番心思。这个客户每次来网点,林某都主动引导帮助其办理业务,并乘着办理业务间隙时间与其聊天,这样一来二往,双方渐渐熟悉了,但她没有立即推介 C 行的产品,怕客户有逆反心理。有一次,该客户主动询问林某在营销任务上是否有需要帮忙的地方,林某看时机成熟,就建议该顾客直接将营业往来款存在 C 行,省却资金跨行提取的麻烦。该客户碍于他和其他商业银行网点过往建立起的交情,有点犹豫,林某就动之以情,晓之以理:"资金结算是我们 C 行的优势业务,资金的运营便捷有助于企业发展,如果想帮助其他银行的老朋友可以在他们需要的时候帮,这样就可以二者兼顾。"终于,该客户消除了顾虑,随即在 C 行开了一个账户,用于存放每天的营业额,同时,还将自己的私人存款移户 C 行。

还有一次,她经一个朋友介绍,认识了一个王姓客户和他的太太。交谈中,她了解到该客户的存款都在其他商业银行,并持有他行的贵宾卡,同时还了解到夫妇两人每天早上五点半到市区山上锻炼。林某没有早起的习惯,但在那段时间里,她天天早上五点半准时到山脚下等候客户,陪他们边爬山边聊天,慢慢地跟王太太成为好朋友。王太太比较胖,林某天天夸她瘦了,她听了嘴上不承认,心里可乐开了花。其实,一段时间下来客户的太太体重倒没怎么减轻,而林某却瘦了五六斤。正是这样,林某赢得了王太太的友谊和信任。王太太硬是劝丈夫把所有的存款都转到 C 行,C 支行营业厅的存款又新增了将近四百多万元。

第十章

个人篇：榜样引领，提升绩效

工作的实践使林某深深体会到，要用"心"、用"情"去营销。天冷了，她会给客户发个短信"添件衣服"；下雨时，她会给客户发个短信"路滑，注意行车安全"；在每个客户生日的那天，手机那端总会传来祝福的话语——"生日快乐"……只要是真心，即使小小的付出，也将得到丰厚的回报。

热爱生活　洋溢热情风采

"我终于看到，所有梦想都开花，追逐的年轻，歌声多嘹亮……"这是林某在 C 支行 VIP 客户联谊会上放歌的曲目——《隐形的翅膀》，博得场下阵阵掌声、喝彩声。

曾有客户问她："为什么你每天都像充满了电似的，精力旺盛，一点都不会累？"她说："因为我热爱这份工作，更热爱生活。"在生活中，林某是一个细心、热心肠的人，经常帮助周边邻里。住在林某隔壁的陈大妈年事已高，儿女都在国外工作，不在身边，林某经常嘘寒问暖，周末有空还陪陈大妈买菜、帮助打扫卫生，陈大妈一提到林某就竖起大拇指："这孩子是我看着长大的，自小就乖，听话，懂礼貌。"

在生活中，她也是一个热情、活泼的人。作为一名新时代的青年，林某喜欢唱歌、运动，也喜欢看书、读报，动静间杂，劳逸结合。她告诉我们，在繁忙的工作之余，最惬意的莫非倒上一杯咖啡，翻开书，细细品味着字里行间散发的味道。她笑称，这就是"小资产阶级生活"。作为 C 支行团支部上一届宣传委员，她还积极协助并参加支行团组织开展的各项活动。羽毛球、登山、郊游等活动中，她总是第一个报名参赛，虽然不一定取得优秀的活动成绩，但是她的汗水和笑容告诉我们，生活不仅仅只是连轴转的埋头工作，不仅仅只在事业上挥洒青春的风采，精彩更属于那些真正懂得生活的人。

青春梦想　自此扬帆启航

"有人说，青春是一道绚丽的风景，飞舞着浪漫的气息；也有人说，青春是一篇欢快的乐章，跳动着激情的音符。而我认为，青春是每一滴汗水、每一步足迹，青春是勤奋的探索和不倦的追求。"这是林某写在日记本中的一首小诗。

作为一名青年人，林某深知，现代社会已进入知识经济时代，学习是不懈提升自我的原动力,尤其是青年人走出校门后,更不能因为工作忙、无所谓等诸多借口而放弃继续深造的机会。她在繁忙的业务之余,挤出时间为自己"充电",通过网络大学远程教育形式,自学了法学专业本科课程,2007年6月还取得了"金融理财规划师(AFP)"资格。作为一名中共预备党员,她按时参加支部组织的集中学习,在学习、工作、生活中按照共产党员的标准严格要求自己。更可喜的是,她能将所学的理论知识和工作实践有机地结合起来,在客户经理岗位工作中形成了一整套先进的业务营销理念,为分行个人金融客户市场的拓展和业务产品营销作出了显著的贡献。

在各项工作任务攻城拔寨的同时,林某还积极参加单位组织的营销宣传活动,在"牡丹花开社区行"咨询活动和"C行网上银行,您家中的银行"宣传营销活动中,她表现突出,仅在活动中就营销了200多个"U盾"。骄人的业绩、精湛的技能、优质的服务为她获得了F分行"十佳青年"、"优秀青年"、"十佳标兵"、"优质文明服务先进个人"以及中共Q市委授予的"精神文明建设先进工作者"等一系列荣誉称号。

面对赞誉,她没有自满,"没有最好,只有更好",这是林某同志的座右铭,正是因为这种执着,她在拼搏奋斗、无私奉献中,从未停止前进的脚步。"我释放青春的能量,为我所在的C行,因为我的梦想注定从这里启航⋯⋯"

[案例十三] 求真务实 科学管理 改革创新 追求卓越
——E行S分行个人金融业务部总经理应某成长经历

有一种精神叫奉献,有一种态度叫敬业,有一种品质叫高尚,有一种人物叫榜样。如果说和平年代我们需要的不再是战争年代冲锋陷阵豪情壮志般的英雄人物,那我们需要的即是那种能用自己实实在在的行动去感染带动身边一批人的榜样,这种榜样的力量将会点亮一代又一代年轻人的成长心路,指引着青年人向着各自的理想努力奋斗。E行S分行个人金融业务部总经理应某就是这样一个人——一个优秀青年团队中的领头人、一个凭行动感染整个团队成员的人。

应某自2002年进入工行以来,一直兢兢业业地奋战在个人金融业务战线上。出色的工作表现,为他先后赢得了总行"优秀党务工作者"和"消费信贷管理先进个人"等荣誉称号，并连续3年被评为"中国工商银行S分行年度优秀员工"。

执着奋进　业绩斐然

"脚在路上，心向远方"一直以来都是应某对待工作的态度和宗旨。应某以他的智慧、胆识、责任感和拼搏精神带领全体个金业务线上的同志们，团结一致、开拓创新、求真务实，使得S分行个人业务在激烈市场竞争中持续、健康、快速发展。

在应某的带领下，S分行个人金融业务的各个板块在2007年都取得了跨越式的发展。个人贷款增长再创历史新高，截至12月末，全行个人贷款余额449.2亿元，较年初增长130.73亿元，累计投放299.28亿元，个人贷款余额规模排名同业市场第一，完成总行个人贷款余额增长任务的474.08%，个人贷款余额存量排名总行系统内第六、增量排名第四；个人金融资产增长继续保持同业领先水平，全行人民币个人金融资产余额达到708.38亿元，较年初增长92.67亿元，其中理财产品余额较年初增长98.64亿元，完成总行任务的107.22%；累计销售本外币理财产品224.98亿元，同比增长75.77%，完成总行任务的145.15%；个人中间业务收入大幅提升，全行累计实现个人中间业务收入5.36亿元，同业市场排名第一，完成总行任务的214.4%，其中代理个人基金业务收入首次超过2亿元大关，达到2.48亿元。自应某2006年年初主持个人金融业务部工作起，连续6个季度在总行个人金融业务总行考评中排名第一。

以上成绩的取得，正是他深刻理解、正确把握、坚决贯彻总行和分行各项方针政策的结果，正是他善于思考、勇于创新、敢于拼搏的市场开拓思路和精神的体现，正是他精于管理、勤于实践的团队建设的必然结果。

系统管理　改革创新

"营销与管理并重"是一名市场部门负责人所必需的水平和能力，应某除了具有高度的市场敏锐度，还坚持将制度整合、流程优化、改革创新放在首位。

从2005年起，在他的直接领导和组织下，S分行推出了二手楼交易资金委托代保管业务、赎楼贷款、直客式一手楼按揭贷款、同名转按、存贷连接理财产品等创新型个人业务产品,迅速占领和扩大了市场份额。同时,分行个人业务制度和流程也逐步完善和精细化,建立了分支行两级风险控制平台,制定了"移位换手不回流"的个人信贷业务处理流程,设立了消费信贷审批中心和集中抵押中心,将个人信贷业务的集约化、集中化程度进一步提高,先后开发投产"个人客户信用等级评定系统"、"个人客户不良信用警示系统"、"担保额度综合管理系统"、"个人信贷催收系统"和"个人贷款档案管理系统"等,为S分行个人业务的飞速发展提供了坚实的制度基础和流程保障。

2006年初,根据总行的统一部署,刚刚担任个人金融业务部总经理的应某肩负起了推进个金业务"专业化经营、系统化管理"改革的重任,在短短的3个季度顺利完成了"两化"改革,初步建立了个金部—区域客户部—客户经理的垂直化管理模式,制定了《个人理财客户经理等级管理暂行办法》、《个人理财客户经理销售行为规范》、《个人理财产品手册》、《区域客户部综合考评办法》、《营业网点个金业务综合考评办法》等办法和制度,强化了团队管理和建设,建立了以统一开放式计价和绩效合约双向考核为基础的绩效考核机制,为总行改革探索出了一条较为适合直属分行的两化改革模式,得到了总行的普遍认可。

以身作则,身先士卒

一直以来,应某高度重视思想政治工作,注重团队管理和工作艺术,以身作则,身先士卒,为所在部门员工树立了良好的典范。

他坚持正确的政治方向,时刻以党员的高标准严格要求自己,在工作、学习和生活中坚持和体现科学发展观,不断提升自身思想政治素质和职业道德能力。在他的组织和带领下,个人金融业务部党支部先进性教育、民主生活会等党支部活动开展得有声有色。2006年应某被评为总行优秀党务工作者,同时被S分行推荐参加总行党代会。

他注重发挥部门领导班子的战斗堡垒作用,坚持以"三个代表"、科学发展观为指导。在他的带领下,班子成员之间真诚团结、配合默契,建立了重大事项集体审议决策制度,形成了"领导就是责任、领导就是服务"的观念。

他坚持民主，经常深入支行了解服务需求，解决实际问题，同时虚心听取意见和建议，及时了解支行的困难，定时征集合理化建议。他经常提醒部门的其他同志："我们不仅是管理部门，更是服务部门，要时时处处为支行和客户着想，以方便支行和客户为工作原则。"

他重视人才培养和团队建设。在他任期结束时，S分行建立起了近400人的专职客户经理队伍，其中已经通过国际金融理财师（CFP）认证的25人，通过金融理财师（AFP）认证的100人，经过AFP专业培训的140人，专业培训基本覆盖了个人理财业务从业人员。他平时在指导、布置工作时，总会提出思路和要点，启发、引导和培养部门员工的创造性，发挥其主观能动性，使大家无论是理论水平还是业务素质都不同程度得到了提高，也为分行培养了一批个人金融业务方面的专才。

他勤于工作，经常不辞辛苦，放弃休假，加班加点，带病坚持工作。2005年，妻子生孩子，他都没有请假照料。2006年年中，应某的急性腰间盘突出已到无法长时间站立的状况，他仍坚持边治疗边工作。

他乐于学习，尽管已具有较高的学术造诣和较丰富的工作经验，但仍然时刻保持学习自觉性，经常利用节假日学习理论，钻研业务，不断学习境内外同业的先进经验和成功案例，及时掌握国内外的金融动态，并将这些与业务相结合，进而再将工作中成功经验和失败教训进行总结。他据此写出了多篇论述精辟、见解独到的文章，并在国内外核心期刊发表学术论文二十余篇，编著4本。

应某，就是这样：对待工作——踏踏实实，兢兢业业；对待同事——热情无私，团结协作；对待学习——一丝不苟，勤奋执着；对待生活——乐观向上，充实饱满。虽然没有振奋人心的口号，没有惊天动地的壮语，没有可歌可泣的事迹，没有光芒四射的奖章，但他始终怀着强烈的责任感和使命感认真履行自身职责，将工行的发展视为自我价值的体现，以扎实肯干的作风感染着身边的每一个人。

第十一章 组织篇:标准搭建,典型引领,借力软实力模型提升银行绩效

本章提要 软实力水平的提升既是客户经理个人的事,更是整个银行的事。因此,商业银行的一项重要挑战是如何提升全体个人客户经理的管理水平。本章从商业银行的视角对这一问题进行了探讨,分析了银行如何运用个人客户经理软实力模型提升软实力水平,促进银行业绩的提升。

软实力胜任标准的构建是开展人力资源管理活动的基础(见图11.1)。商业银行个人客户经理软实力模型构建好后,即可以此为基础,运用测评手段对个人客户经理候选人进行测评,从而为决策者提供相对科学和量化的参考,提高专业性。同时,该模型也可用于在岗个人客户经理的软实力评价,进而为个人客户经理的培训、绩效考核、薪酬管理以及职业生涯规划提供参

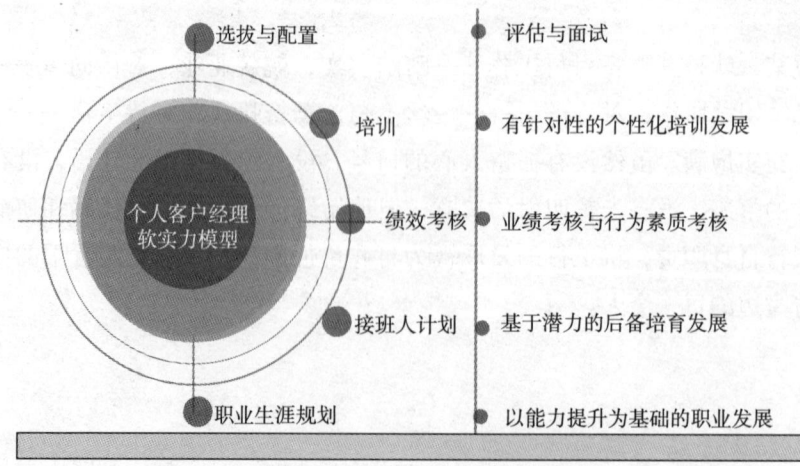

图11.1 商业银行个人客户经理软实力模型的应用

第十一章
组织篇：标准搭建，典型引领，借力软实力模型提升银行绩效

考依据，促进建立新型商业银行管理平台。

一、基于软实力模型的商业银行个人客户经理候选人选拔与配置

传统的个人客户经理招聘与选拔多停留在以教育背景、知识水平、技能水平和以往的经验而非软实力来作出聘用的决定，但往往知识丰富、技术能力较强的人不一定就是绩效优秀者。因此，这种选拔方式可能并不能很好地选拔出高潜力者。而基于软实力的个人客户经理和管理人员选拔，挑选的是具备软实力和能够取得优异绩效的人，而不仅仅是能做这些工作的人。因此，人职匹配不仅体现在知识、技能的匹配上，还必须重视内隐特征的匹配。这样做的理由是，处于软实力结构表层的知识和技能，相对易于改进和发展，而处于软实力结构底层的核心动机、人格特质等，则难以评估和改进，但对软实力却有着重要的贡献。只有具有与商业银行企业使命一致的人格特质和动机的人，才可能与银行建立以劳动契约和心理契约双重纽带为基础的战略合作伙伴关系，才可能被充分激励而具有持久的奋斗精神，才能将企业的核心价值观、共同愿景落实到自己日常的行为过程中从而造就卓越的组织。

以商业银行个人客户经理软实力模型为基础，可以构建基于软实力的个人客户经理选拔与配置机制。对个人客户经理候选人的能力、技能和素质进行评估的最实际、最有效的方法之一是基于行为事件的面试方法。这一面试方法的假设前提是过去的绩效能最好地预测未来的绩效。优秀的决策者根据个人客户经理软实力模型，对个人客户经理候选人价值观，以及在过去行为中所表现出来的能力高低进行判断，并与岗位软实力标准对照，预测个人客户经理候选人在该应聘岗位的未来表现，作出是否录用的决策。

对商业银行个人客户经理的选任除了采用传统技术外，还可以运用心理测验、管理游戏、评价中心技术以及结构化面试等测评技术等。

（一）心理测验

心理测验主要包括人格测验和智力测验。人格测验涉及人的心理状态、情感或行为的非智力方面的人格因素，通常包括对性格、情绪状态、人际关

系、动机、兴趣和态度的测量。决策者依据测评结果,作为决定候选人是否符合岗位要求的参考。考察方法是纸笔测试或上机测试,由每人单独完成问卷,可以进行集体施测。其特点在于能快速地测出个人的职业倾向。

(二) 管理游戏

决策者可将应聘者分为几个小组,每个小组完成同样的任务,如进行模拟销售或市场占领。各小组自助分配,在2~3个小时协作完成。决策者可以在客观的环境下,有效地观察应试者的领导特征、能力特征、指挥特征和关系特征等。可多人分多组集体施测,并可以突破实际工作情景时间和空间的限制,模拟内容真实性强,富有竞争性和趣味性。

(三) 结构化面试

结构化面试是指依据预先确定的内容、程序、分值结构进行的面试形式。面试过程中,主试人必须根据事先拟定好的面试提纲逐项对被试人测试,不能随意变动面试提纲,被试人也必须针对问题进行回答,面试各个要素的评判也必须按分值结构合成。也就是说在结构化面试中,面试的程序、内容以及评分方式等标准化程度都比较高,使面试结构严密,层次性强,评分模式固定。

在面试中,主试人根据面试提纲逐项向被试人提出问题,被试人必须针对问题进行回答。多个被试人都会面对同样的一系列问题,面试的内容具有可比性。这样,对所有面试者来说比较公平。由于被试人对同样问题进行回答,主试人根据统一的评分标准进行评价,操作起来比较方便而且也容易作出公正的评判。

目前,结构化面试因其直观、灵活、深入、具有较高的信度和效度而不断为许多用人单位接纳和使用,它作为现代人员素质测评中一种非常重要的方法也日益受到人们的重视。

(四) 评价中心技术

评价中心技术,又称评鉴中心技术,是一种用于甄别应聘者和工作候选人未来潜能的评价过程。它通过把候选人置于相对隔离的一系列模拟工作情

第十一章
组织篇：标准搭建，典型引领，借力软实力模型提升银行绩效

景中，以独立作业或者团队作业的方式，并采用多种测评技术和方法，观察和分析候选人在模拟的各种情景压力下的心理、行为、表现以及工作绩效，以测评候选人的管理技术、管理能力和潜能等素质。

（五）无领导小组讨论

无领导小组讨论就是采用情景模拟的方法对应试者进行集体面试。就其操作方式而言，无领导小组讨论就是通过给一组应试者（一般是5~7人）一个与工作或社会实际相关的问题（所讨论问题的内容根据招聘的职位特点而定），让应试者进行一定时间（一般是1小时左右）的自由讨论；就其形式而言，是应试者围绕圆桌而坐，就一个问题进行发言、辩论。在整个无领导小组讨论过程中都不指定谁是领导，即"无领导"，他们在讨论问题时的地位是平等的。当然也不指定每个应试者应该坐在哪个位置，而是让所有应试者自行安排、自行组织发言次序并展开讨论。在应试者进行讨论的过程中，主考官并不参与，只是在讨论之前向应试者介绍一下讨论的问题，规定应试者所要达到的目标以及时间限制等。评价者通过应试者在讨论中的言谈举止，观察每位应试者的表现，从而作出准确评价。

二、基于软实力模型的商业银行个人客户经理培训设计

基于软实力模型设计的培训，是对员工进行特定职位的关键软实力的培养，培训的目的是增强员工取得高绩效的能力、适应未来环境的能力和软实力发展潜能。与传统的培训相比，基于软实力的个人客户经理培训系统更富有针对性。通过个人客户经理软实力模型，个人客户经理可以发现自己的"短板"，从而有针对性地实施培训计划。这种培训设计重视管理软实力的培训。

以商业银行个人客户经理软实力模型为基础，商业银行基于软实力的培训与开发基本程序一般分为培训需求分析、培训与开发计划的制定和实施、培训与开发效果评价。各个阶段不是孤立的，而是相互影响的，商业银行应该依据培训与开发的效果，不断调整各个阶段内容，提高培训与开发的效果。

（一）基于软实力的培训需求分析

培训需求分析是指在培训活动之前，由培训部门、主管人员、工作人员

等采取各种方法和技术，对各种组织及其成员的绩效、软实力水平及职业发展愿望等方面进行系统的鉴别与分析，以确定是否需要进行培训及培训内容的一种活动或过程。在基于软实力的培训与开发体系中，软实力模型为培训需求分析提供了可参照的标准。

基于软实力的培训需求分析模型见图11.2。在模型中逻辑关系分为横向和纵向的关系。横向逻辑为员工的实际情况和银行要求之间的差距，在这个比较过程中，以软实力模型作为参照标准，通过员工当前状况和理想状况的对比，能够比较准确并有针对性地提出培训需求；在纵向上是软实力和行为、绩效的逻辑关系。软实力特质往往通过一定的行为方式表现出来，一定的行为导致相应的绩效水平，这也是行为事件访谈法的理论基础。培训发展需求的确定不仅仅要考虑员工软实力水平与银行要求的差距，也要充分考虑银行的内外环境，比如组织结构、成本承受能力等。只有考虑员工软实力发展需求和银行内外部环境，这样的培训发展需求才能真正符合组织和个人的要求，并能够有实施的基础和条件。否则，培训和发展计划就没有办法制定和执行，也就没有实践意义。

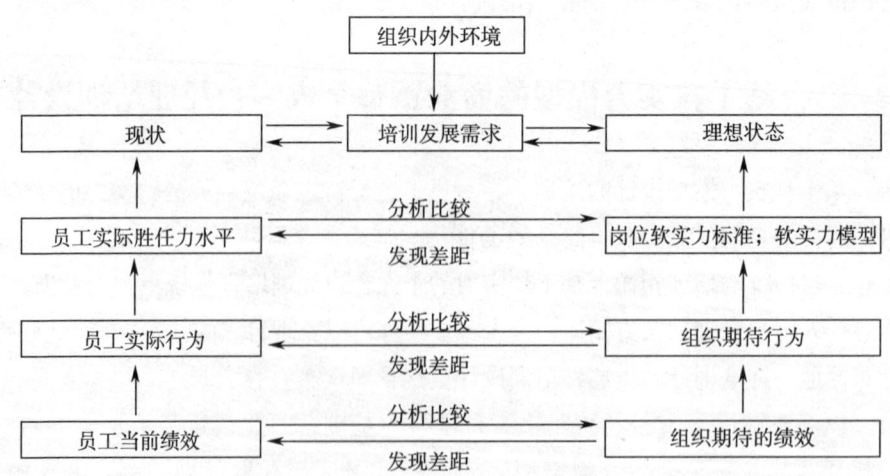

图11.2　基于软实力的培训需求分析模型

基于软实力模型的个人客户经理培训主要取决于两方面：（1）个人客户经理或准个人客户经理当前软实力水平与岗位软实力要求是否有差距；（2）个人客户经理或准个人客户经理当前软实力水平是否能达到新的职位所提出

的新的要求。我们可以对照员工的行为方式和绩效水平与组织期待的行为方式及绩效水平来判断员工软实力水平是否符合当前岗位软实力要求。如果不能满足，应该通过分析比较，找出差距，并以此来确定培训需求。因此，基于软实力的培训需求分析是兼顾了组织和个人两者的共同需求，是双赢模式。

（二）制定和实施基于软实力的培训与开发计划

在对培训需求进行比较充分的分析后，一旦确定培训与开发的必要性和可能性，就进入培训与开发计划的制定和实施阶段。培训与开发计划主要包括以下几个方面的内容：

1. 确定培训与开发目标

培训与开发目标是根据需求分析结果来确定的期望达到的效果，并且这些效果必须是可以测量的。基于软实力的个人客户经理培训与开发的目标主要是通过培训与开发实践提高个人客户经理或准个人客户经理的总体软实力水平，塑造个人及组织核心竞争力，为实现组织战略目标和个人职业发展规划提供动力支持。

2. 确定培训与开发内容

培训与开发内容主要是银行或准个人客户经理在知识、技能、态度和价值观等软实力要素上的水平与当前及未来要从事的职位软实力要求之间的差距。基于软实力的培训体系是个性化的培训发展方式，通过对员工软实力的分类分层的剖析后，参照职位软实力模型，比较容易发现软实力的差距，从而确定培训与开发内容。

3. 设计培训与开发方式

根据培训目标和培训内容，在条件许可的范围内，确定可行的培训与开发方式，其中包括讲授、研讨、案例研究、行为示范、工作轮换、角色扮演、管理游戏和现场观摩等。因为软实力的培训与开发强调软实力冰山结构图中水下深层的软实力特质，比如动机、价值观、行为方式等，所以更常用的是行为示范、角色扮演等。

4. 培训成本分析

软实力结构冰山图中的水上冰山部分（如知识、技能等），相对易于改进和发展，培训是最经济有效的方式。但基准性软实力只是对胜任者基础素质的要求，它不能把表现优异者与表现平平者区别开来。软实力结构冰山图中水下冰山部分（社会角色、自我概念、人格特质和动机/需要），则相对难以改进和发展，且越往水下，难度越大，培训与开发需要的时间和花费的成本越大。但深层软实力又是区别表现优异者与表现平平者的关键因素。这时就要进行权衡分析，当进行软实力培训所花费的成本超过选拔招聘所需的成本时，则直接进行招聘则是更为经济有效的方法。正如哈佛大学教授 McClelland 所说："你可以教会一只火鸡爬树，但更简单的是找来一只松鼠。"培训与开发计划一旦制定，就必须按照计划去落实。没有落实的计划，最后只能是一纸空文，没有任何实际意义。

（三）对基于软实力的培训效果进行评估

培训与开发评估是完整的培训与开发流程的最后环节，它既是对整个培训与开发活动实施成效的评价和总结，也能够为下一次培训需求分析提供重要信息。管理者可以通过不同的测量工具评价培训与开发目标的达成情况，并据此判断培训与开发的有效性。它是一个系统地收集有关人力资源开发项目描述性和评判性信息的过程，目的是便于商业银行在选择和调整培训活动时作出更理性的决策，而不至于凭经验和感觉作模糊判断。

作为一个完整的系统的培训开发活动，应该使评估贯穿于整个过程，并且坚持结果评估和过程评估相结合的原则。但是，每个阶段的评估重点应该有所不同，比如在培训与开发需求分析阶段，主要是评估培训与开发需求是否全面、准确等。

三、基于软实力模型的商业银行个人客户经理绩效考核设计

绩效 = 结果 + 过程，引进平衡计分卡和关键业绩指标能清楚地界定绩效在结果方面的指标，而引进软实力模型之后则能非常容易地界定绩效在过程方面的指标，从而极大程度地简化绩效评价过程，并能鼓励员工不断提高自己的软实力水平。

在以往绩效评估时，评估人员经常会发现很难收集被评估对象工作绩效

第十一章

组织篇：标准搭建，典型引领，借力软实力模型提升银行绩效

的充足数据，或者只强调绩效目标，而不管员工是如何取得绩效等。在对个人客户经理考核过程中，由于缺乏足够科学的考核方法，大多数考核只能看到被评估个人客户经理显在的业绩，而不能科学地预测被评价者的潜在业绩。而基于胜任特征分析的考核评估，就为商业银行个人客户经理的绩效考核提供了新的思路和技术基础。基于软实力模型的绩效考核在绩效标准的设计上既要设定任务绩效目标，又要设定胜任力发展目标。绩效标准的设计还要对个人客户经理的贡献和胜任力发展、目前的价值和对组织长远发展需要的重要性、短期绩效和长期目标作出适当的平衡。这样，经过科学论证并且系统化的考核体系，也正体现了绩效考核的精髓，真实地反映了员工的综合工作表现。基于胜任力的考核指标体系，是一组能科学确定区分优秀与普通组的指标集。在绩效评估时，应从目标任务的完成、关联绩效的提高、胜任力的发展等方面来进行。

首先，建立绩效测评指标体系。个人客户经理的绩效目标不仅包含任务绩效，还包含关联绩效。尤其是在目前竞争激烈的商业银行，要求个人客户经理不仅要很好地完成自己分管或承担的工作任务，还要与团队其他成员密切配合，更多更好地创造周边绩效和适应性绩效，以不断促进整个银行业绩的提升。因此，在考核商业银行个人客户经理时，要在原有考核指标体系的基础上，增加帮助他人、承担本职外工作等的考核内容。由于前面已经建立了测量商业银行个人客户经理绩效的量表，因此，具体实践中，可以将此量表设计成测评问卷内容的一部分添加到对个人客户经理的测评表中。

其次，选用正确的评价方法。在很多企业里面，都是直接上级对下级进行业绩评价以及能力评价。这样做有它的正确性，因为直接上级对被评价者起到绩效目标设定、过程监督以及结果评价的作用，有很多的机会对被评价者进行观察和了解。但是，上级并不是时时刻刻都在观察被评价者，被评价者在工作过程中也不是仅仅与上级打交道，被评价者的业绩与能力也不仅仅可以被上级评价，并且被评价者也不仅仅对上级负责。因此，仅仅由上级来评价会受到一定的局限，从而不能全面地考察被评价者的业绩和能力素质。而360度评价法则可以弥补上述方法的局限，它选择被评价者的上级、同级、下级或客户以及被评价者自己进行评价，从而能够得到全面的信息和材料，使我们能够更加准确地了解被评价者的情况。基于个人客户经理软实力模型，

我们对在职的个人客户经理以及个人客户经理的备用人员进行评价时都可以采用360度评价法来考察其能力素质。

将软实力模型应用于绩效管理，需要建立公正的、具有发展导向和战略性的绩效管理体系。这样一个绩效管理体系应包括四方面的内容：（1）绩效目标建立在认同和信任的基础上，员工参与绩效目标的制定，并通过管理沟通形成绩效承诺；（2）在整个绩效管理过程中，管理者应针对下属软实力的特点，给予相应的指导、支持和授权，不断提高下属的工作自主权，推动员工与企业共同成长；（3）绩效考核应做到公平、公正，绩效沟通应着眼于软实力发展与绩效提高；（4）绩效管理不能仅仅局限于员工个人的绩效，应注意软实力中人际技能和团队协作能力的培养与发挥，合理设计工作群体，努力提高群体绩效。

四、基于软实力模型的现代商业银行后备个人客户经理选拔和培育

企业接班人计划是现代企业应对各种危机管理所不得不采用的一种策略。运用软实力模型，商业银行能够选拔出有潜质的企业接班人（后备人才），从而为组织的发展提供合适的领袖人才，进而实现企业的长远发展。

接班人才的选拔和培养机制对于组织来说是一把"双刃剑"，如果使用得当就能够吸引、留住和激励人才，使用不当则可能导致优秀人才流失，甚至给组织带来难以预测的危机。对于竞争激烈的商业银行来说，建立全新的、科学的、系统的个人客户经理后备人才选拔培育系统，对于银行在知识经济时代获得生存和竞争优势具有重要意义。鉴于此，改革和完善后备人才选拔培养机制，以个人客户经理软实力模型为基础，建立个人客户经理后备人才选拔评价体系，以行为事件访谈法、评价中心法为手段，完善基于业绩和能力的人才测评体系，是当前许多银行所面临的一项紧迫任务。

五、基于软实力模型的商业银行个人客户经理职业生涯规划设计

运用软实力模型这一有效工具，商业银行可以对在岗个人客户经理软实

第十一章
组织篇：标准搭建，典型引领，借力软实力模型提升银行绩效

力现状进行评估。在此基础上，结合个人客户经理本人的工作特点和行为特质，为其设计符合个人需要与企业需要的职业生涯规划，从而实现"双赢"。

成长与发展是人的一项基本而重要的需求，提高岗位胜任力和就业能力是员工职业发展的重要方面，同时员工的发展又促进了组织竞争力的提升和组织发展。通过开发软实力模型，对员工的胜任力潜能进行评价，帮助员工了解个人特质与工作行为特点及发展需要，指导员工设计符合个人特征的职业发展规划，并在实施发展计划过程中对员工提供支持和辅导。这样不仅能帮助员工实现自身的发展目标及职业潜能，也能促使员工努力开发提高组织绩效的关键技能和行为，实现个人目标与组织经营战略之间的协同，达到员工和组织共同成长和发展。

软实力模型在理论上具有相当的优越性，在国内外许多优秀企业实践中也取得了良好的效果。然而，由于文化适应性和银行业的特殊性、银行人员素质以及基础管理的限制，基于软实力模型的管理实践活动必须循序渐进，先从理念的引入，再到实践运用，并最终在管理实践中发挥重要作用，进而重新塑造新型管理体系，全面促进银行业务的发展。

第十二章　商业银行个人客户经理软实力测评系统的研发及应用

本章提要　软实力模型是行之有效的管理工具。本章分析了以软实力模型为基础的个人客户经理软实力测评系统的研发过程，重点介绍了商业银行个人客户经理软实力测评系统的构建过程及功能。某商业银行广东省分行的运营实践表明，个人客户经理软实力测评系统具有相当科学的信效度，能够帮助选拔与培育优秀的岗位任职者。

一、什么是商业银行个人客户经理软实力测评系统量表

为将软实力模型真正应用于管理实务，指导人才选拔与开发，课题组以个人客户经理软实力模型为基础，修改和完善了商业银行个人客户经理软实力测验量表。通过对500多名在岗任职者进行量表调查，结果表明，该测评量表的信效度指标较好，测验工具性能良好，可以推广应用。该测评量表可以为商业银行个人客户经理的选拔、绩效考核以及培训提供专业化的参考支持，促进商业银行提升经营管理业绩。

二、商业银行个人客户经理软实力测评系统的构建及功能简介

为了提高测评效率，借助信息化手段，课题组将银行个人客户经理软实力测评量表嵌入系统，构筑了基于网络的人机对话形式的在线测评系统——个人客户经理软实力测评系统。该系统是以现代人才测评技术为基础的首度创新性尝试，它以经济学、银行经营管理学、人力资源管理学、人才测评学等学科为理论依托，借助网络手段，通过系统提供多方面的人才测评。

第十二章 商业银行个人客户经理软实力测评系统的研发及应用

个人客户经理软实力测评系统包括四个模块,分别是软实力素质测评模块、职业能力测评模块、心理健康测评和行为风格测评模块。软实力素质测评模块是一个能够反映被测评者软实力潜力特征的量表。职业能力测评模块测重于考察候选人对语言文字的综合分析和理解概括能力、对定义的推理、把握能力以及对文字、图形、表格等数据的综合分析能力。心理健康测评模块则重在测评候选人的情感症状、抑郁和焦虑的心理障碍。行为风格测评模块用来了解候选人的个性特点、行为特点以及在日常工作中通常是如何与同事沟通相处的,帮助全方位了解候选人的管理风格。

个人客户经理软实力测评系统通过人机对话的网络测评,由电脑自动生成量化的测评报告,报告能给决策者提供一个更加全面的信息,降低管理者用人决策的风险,减少用人失察,提高人岗匹配程度,促进业务发展。

个人客户经理软实力测评系统具有诸多的特点:它基于个人客户经理软实力模型,具备相当的科学性和可行度;采用人机对话方式,操作简便快捷,支持多用户同时在线测评;测评内容涵盖软实力素质测评、心理健康和职业能力多个方面,测评模块较为全面;系统自动记录各个测评者的基本信息及测评结果,支持批量数据处理,方便使用者对测评结果统计分析;系统扩展性强,为以后的升级和测评模块的增加留有多个扩展接口。测评结果直观清晰,便于使用(见图12.1和图12.2的测评结果示例图)。

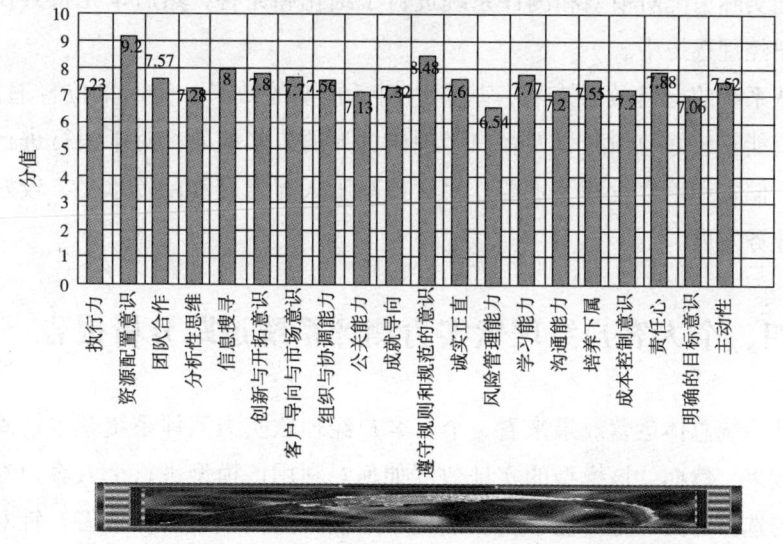

图 12.1 软实力素质测评模块测评报告示例图

下篇　商业银行个人客户经理软实力标准的应用

测评用户基本信息			软实力素质测评结果										职业能力测评结果					心理健康测评结果		行为风格测评结果
姓名	单位及职位	测评时间	团队合作	客户导向	分析性思维	信息搜集	创新与开拓意识	公关能力	成就导向	职业操守	风险意识	……	言语能力	数理能力	推理能力	信息分析能力	综合能力	抑郁等级	焦虑等级	
朱××	××经理		★	●	●	★	●	▲	●	●	●		●	●	●	●	●	●	●	

注：1. 各符号所代表的胜任力水平：★代表该项胜任素质处于较高水平（强项）；▲代表该项胜任素质处于中间位置（中等）；●显示该项胜任素质表现欠佳（较差），需要着力提升。

2. 行为风格测评结果用小动物来代表被测评人的管理风格：老虎代表支配型；孔雀代表表达型；考拉代表耐心型；猫头鹰代表精确型；变色龙代表整合型。

（老虎）　　　　（孔雀）　　　　（考拉）　　　　（猫头鹰）　　　　（变色龙）

图 12.2　个人客户经理软实力测评系统综合测评结果报告示例图

三、个人客户经理软实力测评系统运行报告

个人客户经理软实力测评系统投产后，率先在某大型商业银行广东省分行进行了探索式应用。为解决该行个人客户经理选拔的管理困境，我们根据该行的实际情况对模型和测评系统进行了细化和完善，然后率先将其投入个人客户经理选拔中。

从系统的运营效果来看，基本达到了预期的效果。使用单位普遍反映，该系统能够较好地预测个人客户经理候选人的未来绩效，对于银行进行人才选拔、储备和培育发挥了重要作用，提高了人才管理和配置水平，较好地促进了业务发展。

四、个人客户经理软实力测评系统追踪分析报告

从系统总体运营效果来看，个人客户经理软实力测评系统基本达到了预期的效果。然而，该模型的实证效度如何？利用该模型进行个人客户经理任职者的选拔与测评是否能够真正选出未来能产生高绩效的任职者？针对这些

问题，为进一步验证所构建的个人客户经理软实力测评系统的有效性，我们采用追踪分析法跟进分析任职者的实际工作表现，通过实践来证明系统的真实有效性。

按照方便取样的原则，课题组在某商业银行广东省分行辖内选取 30 名通过测评并且顺利走上个人客户经理岗位的被试者，跟踪其 3 年的绩效，以了解这批人选在实际工作中的表现，进而检验个人客户经理软实力测评系统的有效性。

结果表明，通过个人客户经理软实力测评系统的候选人基本取得了较好的绩效，未完全通过测评系统的候选人的绩效表现欠佳。这说明个人客户经理软实力测评系统的匹配吻合度较高（调查样本的匹配吻合度在 80% 以上），可以进一步推广使用。

五、个人客户经理软实力测评系统能够做什么

个人客户经理软实力测评系统在某商业银行广东省分行的实践表明，软实力模型是行之有效的管理工具，课题组所构建的商业银行个人客户经理软实力模型具备科学性。以该模型为基础生成的个人客户经理软实力测评系统能够较好地预测候选人的绩效，能够为商业银行行长的绩效考核、培训、薪酬管理以及职业生涯规划提供参考依据，促进建立基于领导力的现代商业银行新型管理体系，可以进一步推广使用。

1. 个人客户经理软实力测评系统在个人客户经理选拔与配置中的应用

基于软实力模型的人员选拔依据的是优异的绩效以及能取得此优异绩效的人所具备的胜任特征和行为。这就要求选拔出的分支行个人客户经理及管理人员不仅要具备该岗位绩优者的胜任特征，还应当具有与组织匹配的胜任特征。鉴于此，我们根据个人客户经理软实力模型所构建的软实力标准，重点考察候选人内隐特征，以及在过去所表现的能力，预测候选人的未来表现，以此作出是否选用的决策。

个人客户经理软实力测评系统可以在个人客户经理选拔与配置中发挥重要作用，如图 12.3 所示。通过该系统重点对个人客户经理候选者的价值观（包括性格、态度、行为方式等）、能力和技能进行评估。在评价时采用的方

法也会与以前的不完全一样，行为事件访谈法、工作样本、情景模拟等技术将被更广泛地采用，这将选拔出富有潜力并且未来能够产生高绩效的个人客户经理，进而促进银行业务的发展。

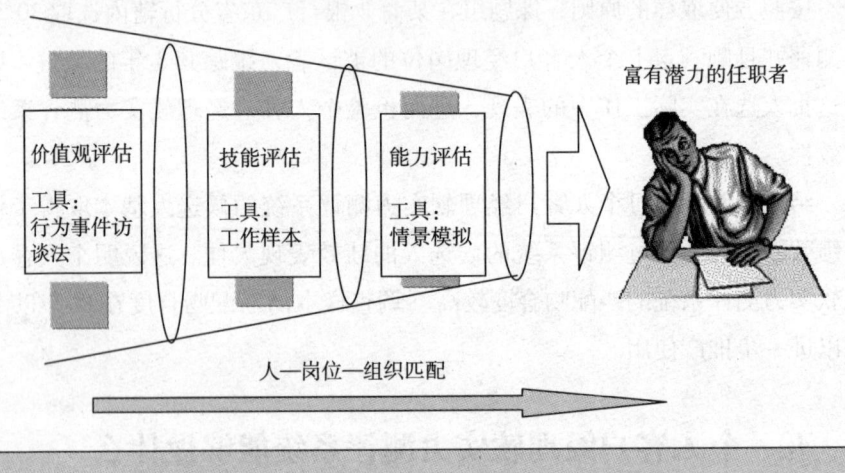

图12.3　核心岗位软实力测评系统在选拔与配置中的应用

2. 个人客户经理软实力测评系统在个人客户经理绩效考核体系中的应用

绩效＝结果＋过程，基于软实力模型的绩效管理除了以结果为导向，关注短期绩效外，还关注当前与未来的绩效。因此，个人客户经理软实力测评系统可应用于商业银行个人客户经理的绩效考核体系中（见图12.4），构建业绩指标与过程考核相结合的绩效考核体系。在年度考核中，引入领导力测评，从而较好地界定个人客户经理在完成绩效过程中的素质展现情况，鼓励在岗个人客户经理不断提高自己的领导力水平，进而提升银行绩效。

3. 个人客户经理软实力测评系统在个人客户经理培训与开发中的应用

基于软实力模型，使用个人客户经理软实力测评系统结果，可进一步设计更有针对性的个人客户经理培训方案，对个人客户经理进行特定职位的关键领导力的培养，提高其任职绩效（见图12.5）。改变传统的面向适应岗位要求的技能培训方式，建立基于软实力模型的个人客户经理培训体系，通过培训增强任职者取得高绩效的能力、适应未来环境的能力和领导力发展潜能。

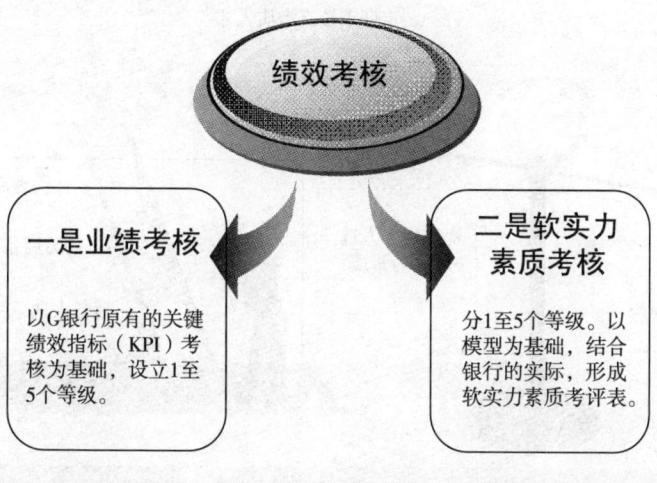

图12.4 核心岗位软实力测评系统在绩效考核体系中的应用

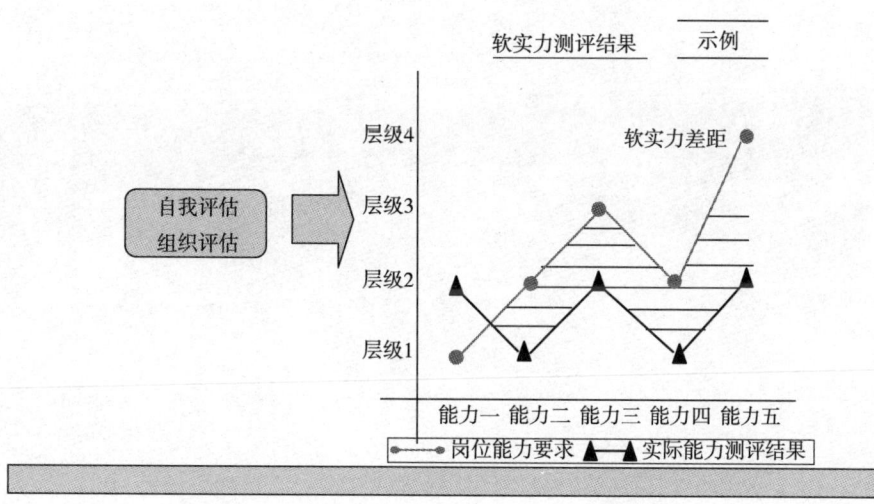

图12.5 核心岗位软实力测评系统在培训中的应用

4. 个人客户经理软实力测评系统在后备个人客户经理选拔中的应用

后备干部的选拔是保障银行业务可持续性发展的战略举措。采用个人客户经理软实力测评系统,可加大系统在后备个人客户经理管理中的使用范围,通过客观评价候选人能否胜任拟提拔的岗位,定期审核高潜质人才,从而确定能够迎接未来挑战的精英,为银行创造最大价值(见图12.6)。

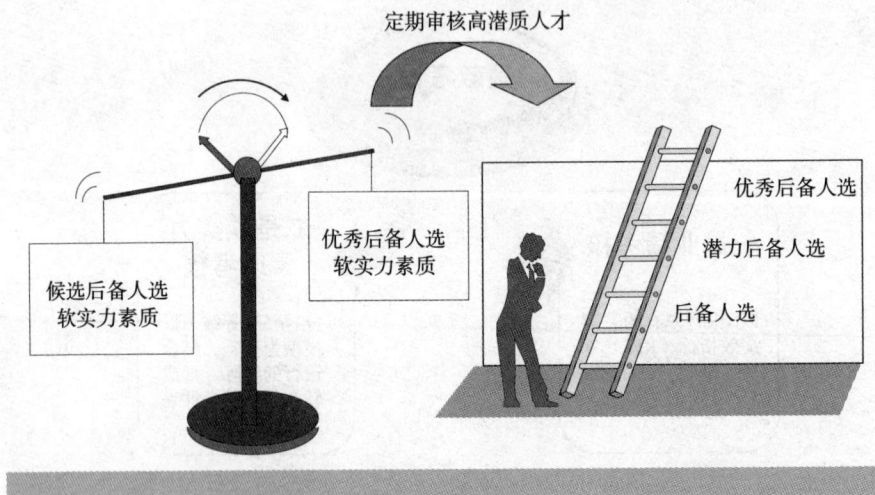

图12.6 核心岗位软实力测评系统在后备人才选拔中的应用

第十三章 自我管理,走向卓越

本章提要 个人客户经理软实力模型为个人客户经理的成功指明了软实力标准。然而,个人客户经理要真正走向成功,加强自我管理是成功的第一要素!本章用简明的语言和图帮助客户经理走向卓越!①

一、自我管理的意义

(一)什么是自我管理

自我管理就是指个体对自己本身,对自己的目标、思想、心理和行为等表现进行管理,自己管理自己,自己约束自己,自己激励自己,最终完成自己奋斗目标的一个过程。

一个有能力管好别人的人不一定是一个好的管理者,只有那些有能力管好自己的人才能成为好的管理者。

(二)自我管理的意义

自我管理的意义包括提高客户经理销售的成功率;提前达到考核标准,快速晋升;快速积累客户量,保持收入稳定增长;提升自我管理能力,打开成长上升空间。

---

① 本章相关资料来自泰康人寿银行客户经理相关培训资料,http://www.taikang.com/。

二、自我管理的要素

(一)自我管理成败的三要素之一——心态

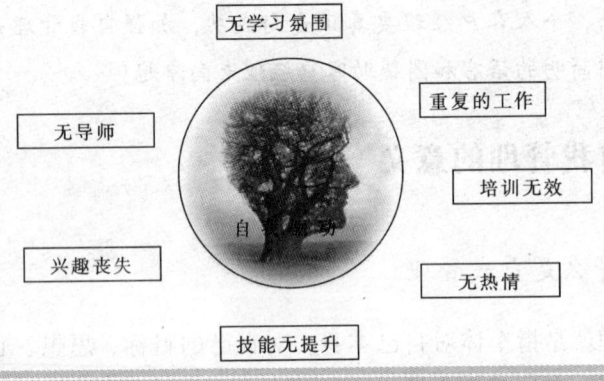

(二)自我管理成败的三要素之二——持之以恒

各位同行,今天非常残酷,明天更残酷,后天很美好,但是绝大部分人死在明天晚上。

——阿里巴巴董事局主席马云

☐ 坚持和专注缺一不可
☐ 量变必然带来质变
☐ 放弃等于失败

第十三章 自我管理，走向卓越

（三）自我管理成败的三要素之三——习惯

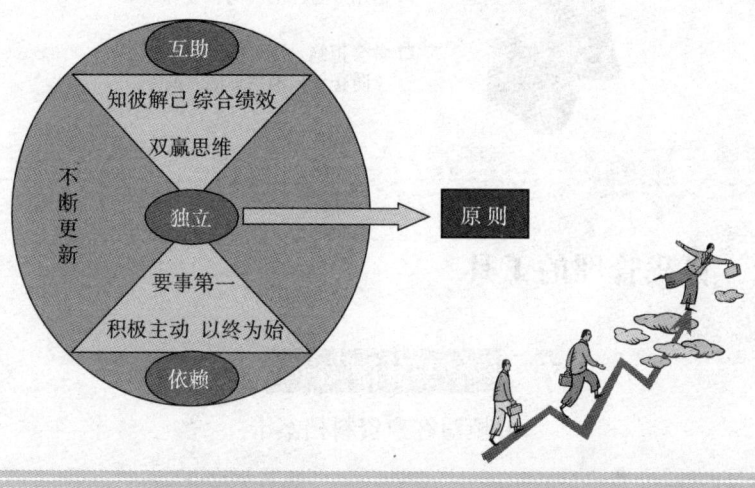

（四）自我管理的方法和步骤

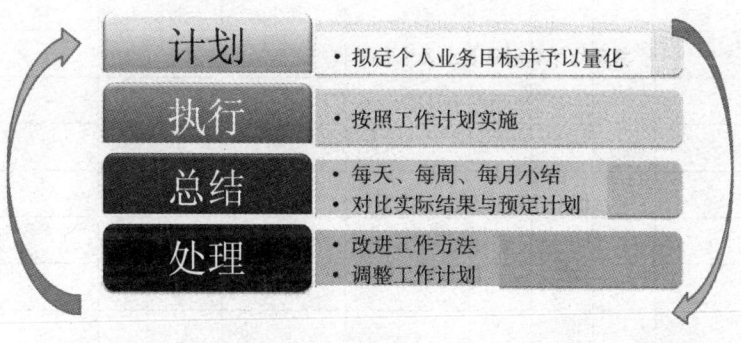

实践是最好的老师，但是如果不能从中总结、学习，再多的实践也没有用。

（五）在自我管理中时间的运用

时间就像海绵里的水，只要愿挤总还是有的！

——鲁迅

下篇
商业银行个人客户经理软实力标准的应用

☐ 优先做重要紧急的事情

☐ 运用好自己的时间，提升效率

☐ 学会拒绝
　（防止他人浪费你的时间）

三、自我管理的工具

客户资料档案卡

要填写客户资料档案卡

客户资料档案卡

姓名	身份证号	电话	住址	份数	签单日期	出单日期	银行签收日期	回执交会日期

第十三章
自我管理，走向卓越

工作日志

目标和过程

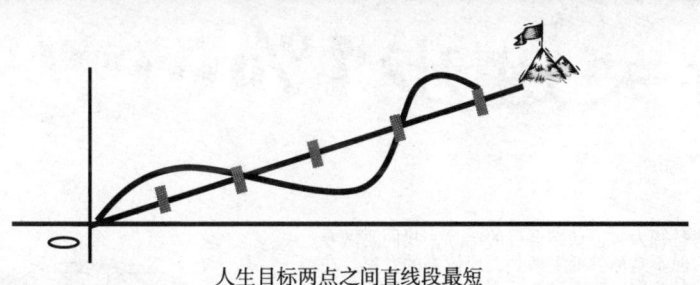

人生目标两点之间直线段最短

- 每月任务计划和总结
- 每周工作计划和小结
- 每日活动计划和自检

活动管理最终是为实现目标而服务的

活动管理可以帮助你……

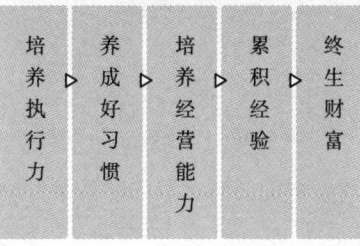

培养执行力 ▷ 养成好习惯 ▷ 培养经营能力 ▷ 累积经验 ▷ 终生财富

工作应有的心态

- 老板的心态——为自己打工
- 经营市场的观念——自负盈亏
- 做大做多的意愿——扩大业务

每天进步1%……

销售是智力与行动结合后的结晶,我们要做专家,但不是那种纸上谈兵、死读书的专家。在各行各业中,能够灵活运用所学、不断完善技术、时刻保有对市场的预见性、聪明、勤劳的专家才是最后的赢家。

参考文献

[1] 安德鲁·杜伯林. 领导艺术 [M]. 贺平等译. 沈阳: 辽宁教育出版社, 1999.

[2] 安鸿章. 成功企业的人力资源管理系统 [J]. 中国人力资源开发, 2000 (4): 17~19.

[3] 安娜蓓尔·碧莱尔. 领导与战略规划 [M]. 赵伟译. 北京: 机械工业出版社, 2000.

[4] 柴卫平, 沈志红. 完善基层商业银行激励机制的建议 [J]. 新金融, 2002 (3): 23~25.

[5] 陈春霞. 行为经济学和行为决策分析: 一个综述 [J]. 经济问题探索, 2008 (1).

[6] 陈国权, 刘春红. 团队组织模型: 构建中国企业高效团队 [M]. 上海: 上海远东出版社, 2003.

[7] 陈洪. 胜任特征模型在供电企业人力资源管理中的应用研究 [D]. 北京: 华北电力大学, 2005.

[8] 陈慧. 有效领导行为实证研究 [J]. 北京邮电大学学报: 社会科学版, 2006 (10).

[9] 陈云川, 雷轶. 胜任素质研究与应用综述及发展趋向 [J]. 科研管理, 2004, 25 (6): 141~144.

[10] 崔毅, 殷明. 企业人力资源管理评估体系探析 [J]. 经济师, 2001 (8): 24~26.

[11] 大卫·A. 惠顿, 金·S. 卡梅伦. 管理技能开发 (第七版) [M]. 北京: 清华大学出版社, 2008 (4): 140~141.

[12] 戴维·D. 杜波依斯，威廉·罗思韦尔等. 基于胜任力的人力资源管理 [M]. 于广涛等译. 北京：中国人民大学出版社，2006.

[13] 方庆来. 漫议领导风格 [J]. 领导艺术，2007（7）.

[14] 方永瑞. 基于胜任力的人力资源管理模式研究 [D]. 长春：东北大学，2005.

[15] 冯庆，金涌，王奋强. 创业激情燃烧在每个招行人心中 [J]. 深圳特区报（纪念改革开放30周年特别报道），2008（2）：A5.

[16] 谷靖. 广东省银行职员工作——个体匹配对工作倦怠的影响研究 [D]. 广州：华南师范大学，2006.

[17] 韩建立. 实施基于胜任力的企业员工培训 [J]. 今日科技，2003（3）：42~43.

[18] 亨利·明茨伯格等. 领导 [M]. 思铭译. 北京：中国人民大学出版社，2000.

[19] 侯杰泰，温忠麟，成子娟. 结构方程模型及其应用 [M]. 北京：教育科学出版社，2004.

[20] 胡显勇. GT在作文评分误差控制中的初步应用 [J]. 心理科学，1994，17（2）：85~87.

[21] 胡晔，黄勋敬. 国内上市银行薪酬制度对国有商业银行的启示 [J]. 广东金融学院学报，2006（8）：35~39.

[22] 黄庆宇. 国有商业银行员工职业生涯管理的研究 [D]. 厦门：厦门大学，2002.

[23] 黄勋敬. 赢在胜任力——基于胜任力的新型人力资源管理体系 [M]. 北京：北京邮电大学出版社，2007.

[24] 黄勋敬. 领导力模型与领导力开发 [M]. 北京：北京邮电大学出版社，2008.

[25] 黄勋敬，李光远，张敏强. 商业银行行长胜任力模型研究 [J]. 金融论坛，2007（7）：3~12.

[26] 黄勋敬，张敏强. 商业银行行长胜任力模型追踪研究 [J]. 金融论坛，2008（7）：16~22.

[27] 黄勋敬. 商业银行行长胜任力测评量表的编制及应用研究 [J].

金融论坛，2009（5）：12~16.

［28］黄勋敬，张敏强．基于胜任力模型的现代商业银行人力资源管理体系分析［J］．管理现代化，2007（1）：7~10.

［29］黄勋敬，胡晔．国有商业银行员工工作倦怠现状及对策实证研究［J］．金融论坛，2007（1）：11~17.

［30］黄勋敬，欧文周．商业银行推行岗位绩效工资制的实践与探索［J］．中国人力资源开发，2006（7）：46~48.

［31］黄勋敬．E时代：人力资源管理的战略革命［J］．IT经理世界，2001（6）：42~44.

［32］江海燕．岗位胜任力评价研究［D］．南京：河海大学，2005.

［33］蒋奖，张西超，许燕．银行职员的工作倦怠与身心健康、工作满意度的探讨［J］．中国心理卫生杂志，2004，18（3）：197~199.

［34］蒋敏．航天系统科研人员胜任力模型探讨——以航天A所科研人员为例［D］．北京：首都经济贸易大学，2004.

［35］焦璨，金悦，吴雷，张敏强，张文怡．中国IT业从业人员非技能胜任素质测评系统的研发报告［J］．心理科学，2008，31（1）：222~226.

［36］库泽斯，波斯纳．领导力［M］．李丽林，杨振东译．北京：电子工业出版社，2004.

［37］李超平，时勘．优势分析在组织行为学研究中的应用［J］．数理统计与管理，2005，24（6）：44~48.

［38］李春，许娜．行为金融学理论的形成发展及研究困难［J］．时代金融，2007（11）.

［39］李莉．胜任能力体系的发展与应用研究［D］．武汉：武汉大学，2003.

［40］李敏．人力资源管理与企业绩效的关系［J］．广东社会科学，1999（5）：54~58.

［41］李明斐，卢小君．胜任素质与胜任素质模型构建方法研究［J］．大连理工大学学报：社会科学版，2004（2）：28~32.

［42］李焱．勇于为中国的金融改革探路［J］．深圳特区报（纪念改革开放30周年特别报道），2008（2）：A5.

[43] 李之卢. 胜任力建模研究 [J]. 北京理工大学学报：社会科学版, 2005 (3)：34~35.

[44] 梁建春, 时勘. 组织的核心胜任素质理论及其人力资源管理 [J]. 重庆大学学报：社会科学版, 2005, 11 (4)：15~17.

[45] 梁开广, 邓婷, 许玉林, 付亚和. 评价中心法在评价中心管理潜能中的应用及其结构效度检验 [J]. 应用心理学, 1992, 7 (4)：50~57.

[46] 梁楠. 国有商业银行员工职业生涯管理研究 [D]. 重庆：重庆大学, 2005.

[47] 刘延喜. 关于青年干部提高组织协调能力的思考 [J]. 河南税务, 2000 (4)：10~12.

[48] 陆红军. 情景模拟测评法在我国管理干部选拔中的应用研究 [J]. 心理科学通讯, 1986 (2)：43~48.

[49] 卢纹岱. SPSS for Windows 统计分析 [M]. 北京：电子工业出版社, 2002.

[50] 罗伯特·H. 罗森, （美）保罗·B. 布朗. 领导的艺术 [M]. 天津编译中心组译. 北京：国际文化出版公司, 2000.

[51] 罗明忠. 商业银行的特点及其人力资源管理的特殊性 [J]. 华南金融研究, 2003 (3)：36~40.

[52] 罗明忠. 商业银行人力资源供给与需求及其均衡研究 [D]. 广州：暨南大学, 2004.

[53] 吕国荣. 小故事大管理 [M]. 北京：中国经济出版社, 2005.

[54] 彭逼眉. 胜任力模型及其在人才选拔中的应用 [D]. 武汉：武汉大学, 2004.

[55] 彭剑锋. 人力资源管理概论 [M]. 上海：复旦大学出版社, 2005.

[56] 濮雪镭. 基于技能与能力的薪酬设计研究 [D]. 成都：西南财经大学, 2006.

[57] 任长江. 美国企业的领导力开发实践 [J]. 人才资源开发, 2004 (12).

[58] 史蒂芬·柯维. 高效能人士的七个习惯 [M]. 北京：中国青年出版社, 2002.

[59] 时勘. 基于胜任特征模型的人力资源开发 [J]. 心理科学进展, 2006, 14 (4): 586~595.

[60] 时勘, 侯彤妹. 关键事件访谈的方法 [J]. 中外管理导报, 2002 (3): 34~55.

[61] 时勘, 李超平. 领导者胜任素质评价的理论与方法 [J]. 人力资源开发, 2001 (5): 33~35.

[62] 时勘, 王继承, 李超平. 企业高层管理者胜任特征模型评价的研究 [J]. 心理学报, 2002, 34 (2): 193~199.

[63] 石真语. 软实力——塑造一流企业必须打造的另一只翅膀 [M]. 北京: 中国电力出版社, 2010.

[64] 史美毅. 评价中心——人事选用的新技术 [J]. 应用心理学, 1986, 3 (2): 15~17.

[65] 舒荨. 商业银行客户经理胜任力的研究 [D]. 重庆: 重庆大学, 2007.

[66] 孙伯灿, 朱鹰, 宋浩, 宋安平. 商业银行人力资源管理中的忠诚问题研究 [J]. 金融研究, 2001 (11): 19~22.

[67] 唐京. 基于胜任力的培训需求分析模式研究 [D]. 杭州: 浙江大学, 2001.

[68] 唐宁玉. 三种心理测量理论的信度观 [J]. 心理科学, 1994, 17 (1): 33~38.

[69] 王重鸣. 管理与人事心理学研究与理论体系的新进展 [J]. 应用心理学, 1988, 3 (4): 1~6.

[70] 王重鸣, 陈民科. 管理胜任素质特征分析: 结构方程模型检验 [J]. 心理科学, 2002, 25 (5): 513~516.

[71] 王继承. 谁能胜任——胜任模型及使用 [M]. 北京: 中国财政经济出版社, 2004.

[72] 王进. 基于胜任力的企业员工培训研究 [D]. 南京: 河海大学, 2006.

[73] 王峻松. IBM如何打造领导力 [J]. 通信企业管理, 2004 (5).

[74] 王瑞闯. 基于胜任特征的战略人力资源管理研究 [D]. 济南: 山

东大学，2006.

[75] 王旭丹．国有商业银行人力资源管理制度存在的问题及对策[J]．财经问题研究，2002（6）：28～29.

[76] 王银娣．人才测评在选拔培养建设银行领导人员后备人才中的应用[D]．南京：南京理工大学，2006.

[77] 王永丽，时勘．上级反馈对员工行为的影响[J]．心理学报，2003，35（2）：255～260.

[78] 温忠麟，邢最智．现代教育与心理统计技术[M]．南京：江苏教育出版社，2001.

[79] 温忠麟，侯杰泰，张雷．调节效应与中介效应的比较和应用[J]．心理学报，2005，37（2）：268～274.

[80] 伍顿，詹姆森．全力以赴：让每一个人激情飞扬[M]．姚颖，黄沛译．北京：人民邮电出版社，2006.

[81] 吴凉凉．企业管理干部职务分析[J]．应用心理学，2003（3）：12～16.

[82] 武龙，黄勋敬．商业银行核心员工的留用策略[J]．南方金融，2006（11）：25～27.

[83] 吴孟捷．职业营销经理胜任特征模型研究[D]．北京：首都经济贸易大学，2003.

[84] 吴明隆．SPSS统计应用实务[M]．北京：中国铁道出版社，2000.

[85] 吴能全，许峰．胜任能力模型设计与应用[M]．广州：广东经济出版社，2006.

[86] 夏济宏．新时期工商银行人力资源管理及激励机制变革[J]．金融论坛，2001（2）：43～46.

[87] 小罗伯特·G. 海格士多姆．沃伦·巴菲特之路[M]．北京：清华大学出版社，2007.

[88] 谢勇．三联集团济南家电商场员工职业生涯管理研究[D]．济南：山东大学，2003.

[89] 徐长江：工作倦怠．一个不断扩展的研究领域[J]．心理科学进展，2003，11（6）：680～685.

［90］徐建平. 教师胜任力模型与测评研究［D］. 北京：北京师范大学，2004.

［91］徐鹏，陈梅春. 试论国有商业银行人力资源管理体制的再造［J］. 西部论丛，2001（11）：10～13.

［92］严正，翟胜涛，宋争. 管理者胜任素质［M］. 北京：机械工业出版社，2008.

［93］杨帆. 高层管理者胜任力建模案例研究［J］. 人类工效学，2005（3）：54～56.

［94］杨国安. 动荡环境中的企业转型和领导力开发［DB/OL］. 中华管理精粹，http：//www.sba.com.cn/.

［95］杨涛杰. 保险行业营销员胜任特征模型构建［D］. 开封：河南大学，2007.

［96］杨壮. 中国企业家的领导风格特征分析［J］. 商务周刊，2007（5）.

［97］余世维. 领导商数［M］. 北京：北京大学出版社，2005.

［98］约瑟夫·奈. 美国霸权的困惑：为什么美国不能独断专行［M］. 北京：世界知识出版社，2002.

［99］岳振英. 试论商业银行客户导向营销［J］. 现代商业，2007（20）：142～144.

［100］曾庆怀. 某企业构建宽带薪酬体系案例分析［J］. 人才资源开发，2006（6）：39～40.

［101］张崇强，罗平. 胜任素质模型的运用分析［J］. 商业时代，2004（21）：23～24.

［102］章国华. 职业银行家的胜任力要素［J］. 浙江金融，2004（1）：31～32.

［103］张蕾. 胜任特征模型在人力资源管理中的实践探讨［D］. 北京：对外经济贸易大学，2006.

［104］张敏强. 教育与心理统计学［M］. 北京：人民教育出版社，2002.

［105］张衢. 掀起银行的盖头［M］. 吉林：吉林科学技术出版

社，2008.

［106］张旭，张爱琴．企业组织发展与员工职业生涯管理［J］．中国人力资源开发，2005（3）：65~67.

［107］张月玲．宽带薪酬制度设计及其应用［J］．现代财经，2006（7）：41~44.

［108］赵海霞，闫景明．企业人力资源管理评价体系及其概念模型［J］．经济师，2003（6）：34~37.

［109］赵辉．中国地方党政领导干部胜任力模型与绩效关系研究［D］．成都：西南交通大学，2007.

［110］赵曙明．我国管理者职业化胜任素质研究［M］．北京：北京大学出版社，2008.

［111］仲理峰，时勘．胜任特征研究的新进展［J］．南开管理评论，2003（2）：26~33.

［112］仲理峰，时勘．家族企业高层管理者胜任特征模型的评价研究［J］．心理学报，2004，36（1）：110~115.

［113］钟尧君．基于胜任力的企业高级管理人员培训体系的构建［J］．嘉兴学院学报，2006（6）：92~95.

［114］邹燕，郭菊娥．行为金融学理论研究体系及展望［J］．宁夏大学学报：人文社会科学版，2007（11）．

［115］常桦．软实力［M］．吉林：吉林出版集团有限责任公司，2011.

［116］约瑟夫·S.奈．硬实力与软实力［M］．北京：北京大学出版社，2005.

［117］彼得·德鲁克．德鲁克管理经典著作集［M］．王永贵译．北京：机械工业出版社，2005.

［118］彼得·德鲁克．创新与创业家精神［M］．蔡文燕译．北京：机械工业出版社，2007.

［119］赵曙明．我国管理者职业化胜任素质研究［M］．北京：北京大学出版社，2008.

［120］庞礴，匡玉梅．论商业银行个人客户经理职业素质的提高［M］．北京：机械工业出版社，2006.

[121] 万仁礼, 陆恩达, 张力克. 现代商业银行客户管理 [M]. 北京: 中国金融出版社, 2004.

[122] 姚军. 对商业银行客户经理培养模式的探讨 [J]. 经营管理者, 2011 (5).

[123] 吴宗辉, 张济华, 黄保成, 陈越峰, 盛明. 商业银行客户经理制度建设研究 [J]. 金融纵横, 2010 (5).

[124] 赵长青. 对加强商业银行客户经理制度的建议 [J]. 内蒙古科技与经济, 2010 (13).

[125] 田建涛. 国外商业银行客户经理绩效考核成功经验借鉴 [J]. 商业文化: 学术版, 2008 (11).

[126] 杨晏忠, 王彦红. 商业银行客户经理全面营销意识的培养 [J]. 中国信用卡, 2008 (8).

[127] 甄立. 我国商业银行客户经理制存在的问题及对策 [J]. 职业时空, 2006 (18).

[128] 许学军. 完善我国商业银行客户经理制的几点思考 [J]. 金融发展研究, 2009 (5).

[129] 刘义清, 郑红, 陈建西. 城市商业银行客户经理绩效管理探讨 [J]. 科学决策, 2008 (10).

[130] 魏琼. 商业银行客户经理薪酬激励研究 [J]. 科技信息, 2009 (9).

[131] 曾宇平. 银行客户经理综合素质评价模型 [J]. 科技创业月刊, 2009 (2).

[132] 严琳. 商业银行的"客户经理制" [J]. 经营与管理, 2009 (1).

[133] 宋万君. 商业银行实施客户经理制及队伍建设初探 [J]. 中小企业管理与科技（下旬刊）, 2010 (1).

[134] 章浪潮. 借鉴境外商业银行市场营销模式, 推行个人客户经理制 [J]. 中国信用卡, 2005 (2).

[135] 谢颖. 银行客户经理制的缺陷及其完善 [J]. 上海金融, 2005 (6).

参考文献

[136] 孙永健,周顺. 中国商业银行客户经理制组织架构的理论分析[J]. 理论月刊,2006（2）.

[137] 陈岱. 我国商业银行推行客户经理制中存在的问题与建议[J]. 引进与咨询,2005（2）.

[138] 朱国庆. 完善营销体系 提高整体素质——农业银行镇江市京江支行加强客户经理队伍建设情况调查[J]. 现代金融,2008（1）.

[139] 肖华,李志远. 国有商业银行客户经理制度存在问题及对策——谈建设银行湖南省分行客户经理制度的完善[J]. 现代商业,2009（18）.

[140] 乔蕾. 论商业银行客户经理制度现状及对策[J]. 华章,2010（24）.

[141] 陈舜. 我国商业银行客户经理制的思考[J]. 经济问题探索,2006（3）.

[142] 李镇,郑成雄. 我们这样搭建个人客户经理机制[J]. 金融博览,2009（9）.

[143] 潘春华. 如何完善个人客户经理制[J]. 现代金融,2009（2）.

[144] 薛春芳. 商业银行客户经理制度研究[J]. 经济论坛,2007（8）.

[145] 许学军. 完善我国商业银行客户经理制的几点思考[J]. 金融发展研究,2009（5）.

[146] 刘益群. 我国商业银行客户经理制运行模式研究[D]. 长沙：湖南大学,2007.

[147] 陈晓峰. 论我国商业银行的客户经理制[D]. 天津：天津财经大学,2007.

[148] 汪阔朋. 我国商业银行客户经理及其管理研究[D]. 青岛：中国海洋大学,2005.

[149] 舒荨. 商业银行客户经理胜任力的研究[D]. 重庆：重庆大学,2004.

[150] 王爱寿. 培养高素质队伍 提升企业软实力[J]. 供电企业管理,2011（1）.

[151] 王会生. 着力提升企业软实力[J]. 企业文明,2009（12）.

［152］唐双宁．提升中国金融"软实力"问题［J］．银行家，2009（4）．

［153］孙琰，孙连仲．强化"软实力"建设，为建设中国特色社会主义而努力［J］．宝鸡社会科学，2007（4）．

［154］刘再起．加强中国软实力建设与发展战略研究［J］．武汉学刊，2007（5）．

［155］张洁云．打造中国文化软实力［J］．江海纵横，2008（1）．

［156］张曙明．大力提高国家文化软实力［J］．江东论坛，2008（1）．

［157］翁贵年．对提高国家文化软实力的几点认识［J］．江东论坛，2008（1）．

［158］付文茂．浅谈文化软实力建设［J］．江西蓝天学院学报，2008（2）．

［159］陆继鹏．软实力与中国对东南亚外交［J］．东南亚之窗，2007（2）．

［160］黄振平．创建国家级文化品牌 提升文化软实力［J］．江海纵横，2008（4）．

［161］艺衡．文化主权学说与当前国家文化软实力发展战略的理论构建［J］．南方论丛，2009（2）．

［162］霍桂桓．关于软实力的几点哲学思考［J］．南方论丛，2010（1）．

［163］彭立勋，乌兰察夫．提升文化软实力，增强城市核心竞争力［J］．南方论丛，2008（1）．

［164］吕建云，秦燕燕，略论我国国家软实力的提升空间［J］．重庆科技学院学报：社会科学版，2011（18）．

［165］王沪宁．作为国家实力的文化：软权力［J］．复旦学报：社会科学版，1993（3）．

［166］庞中英．中国软力量的内涵［J］．瞭望新闻周刊，2005（45）．

［167］阮宗泽．软实力与硬实力［N］．人民日报，2004-02-13．

［168］王利文，宫玉涛．中国软实力的资源、效用与局限性分析［J］．哈尔滨市委党校学报，2008（6）．

［169］胡南．国家软实力的指标体系研究［J］．长春工业大学学报：社

会科学版,2010(1).

[170] 张勇,王树林.软实力与硬实力:一个新的分析框架[J].重庆工商大学学报:社会科学版,2009(4).

[171] 朱洪良.中国传统文化与构建文化软实力研究[D].天津:天津大学,2010.

[172] 沈壮海.文化如何成为软实力[J].中国人才,2011(15).

[173] 曹园园,陈兴丽,杨绍安.提升国家文化软实力论析[J].科教导刊(中旬刊),2011(8).

[174] 陈欢.中国软实力研究分析:兴起、视角与趋势[D].广州:暨南大学,2010.

[175] 李效东.软实力与硬道理[J].北京交通大学学报:社会科学版,2009(3).

[176] 任晓东.全面提高国家文化软实力[J].沧桑,2009(1).

[177] 陈爱文,郑爱花.提高文化软实力的意义及路径[J].重庆科技学院学报:社会科学版,2008(12).

[178] 黄意武.提升我国文化软实力建设初探[J].重庆社会主义学院学报,2010(1).

[179] 何事忠.提升软实力发展战略研究纲要[J].重庆社会科学,2008(3).

[180] 李彬.论提升软实力的价值意蕴[J].重庆工商大学学报:社会科学版,2008(1).

[181] 刘斌.提升文化"软实力"是银行发展"硬道理"[J].长三角,2010(4).

[182] 刘光宇.创意提升软实力[J].共产党人,2011(11).

[183] 赖红卫.传统文化与提升国家软实力的思考[J].科技信息,2011(19).

[184] 宋洋洋.文化软实力研究综述[J].魅力中国,2010(14).

[185] 侯迎欣.提升中国文化软实力的一些思考[J].理论与当代,2010(4).

[186] 朱兆香."文化软实力"界说[J].世纪桥,2010(1).

［187］约瑟夫·奈，陆斌．"软实力"与国家的强大［J］．书摘，2003（8）．

［188］唐双宁．加强金融文化建设——实现由金融硬实力平面扩张的金融大国向金融软实力立体提升的金融强国转变（上篇）［J］．中国金融家，2011（9）．

［189］齐建晖．科学发展是"硬实力"与"软实力"的统一论——由中国GDP排名世界第二引起的思考［J］．经济研究导刊，2011（22）．

［190］李政．刍谈文化软实力和生产硬实力［J］．科技创业月刊，2011（2）．

［191］谢素芳．文化是软实力也是硬实力［J］．中国人大．2010（9）．

［192］董漫远．改革开放与中国硬软实力的构建［J］．国际问题研究，2008（6）．

［193］武铁传．论软实力与硬实力的辩证关系及意义［J］．理论导刊，2009（5）．

［194］张勇，王树林．软实力与硬实力：竞争力评价的一个新理论框架［J］．黑龙江社会科学，2009（4）．

［195］胡军．文化：软实力、硬实力及其相互关系［J］．南阳理工学院学报，2009（1）．

［196］李文儒．"软实力"与"硬实力"［J］．紫禁城，2008（3）．

［197］任远远．"软实力"与"硬实力"关系研究［J］．现代商贸工业，2009（22）．

［198］郑硕农．"硬实力"和"软实力"［J］．国际公关，2005（2）．

［199］张颐武．硬实力·软实力·巧实力［J］．新湘评论，2009（4）．

［200］刘淑敏．软硬实力要协调发展［J］．通信企业管理，2007（4）．

［201］萧树阳．软文化与硬实力应有机结合［J］．中国电力企业管理，2008（22）．

［202］王小东．中国的问题是软实力与硬实力不对称［J］．绿叶，2008（1）．

［203］聂震宁．文化软实力与文化硬实力［J］．大学出版，2008（4）．

［204］张亚勤．创新要兼顾软硬实力［J］．经理人，2008（11）．

[205] 邢建海. 企业软实力是硬实力增长的重要支撑 [J]. 华北电业, 2007 (6).

[206] 柳献初. 企业的硬实力与软实力刍议 [J]. 汽车工业研究, 2007 (10).

[207] 梁环忠. 商业银行实行客户经理制的再思考 [J]. 河北金融, 2010 (3).

[208] 高敬. 我国商业银行客户经理制存在的问题与对策思考 [J]. 经济师, 2008 (2).

[209] 毛捷. 商业银行客户经理制的有效性分析及对策研究 [D]. 杭州：浙江大学, 2003.

[210] 邢哲. 我国商业银行客户经理制的实例分析与对策 [D]. 广州：暨南大学, 2001.

[211] 郑锐. 完善××商业银行客户经理制的对策研究 [D]. 南京：南京理工大学, 2008.

[212] 梁谷. 商业银行客户经理绩效考核方案评析与设计 [D]. 厦门：厦门大学, 2007.

[213] 方舟. 中国商业银行客户经理制现状及对策分析 [D]. 郑州：郑州大学, 2007.

[214] 任菲菲. 杭州NH银行个人客户关系管理的问题与对策 [D]. 杭州：浙江大学, 2008.

[215] 谢瑞连. 建设银行衡阳分行客户经理薪酬方案研究 [D]. 合肥：合肥工业大学, 2008.

[216] 刘益群. 我国商业银行客户经理制运行模式研究 [D]. 长沙：湖南大学, 2007.

[217] 温志昕. 我国商业银行客户经理制发展研究 [D]. 郑州：郑州大学, 2007.

[218] 徐红. 商业银行主客户营销管理模式研究 [D]. 上海：复旦大学, 2004.

[219] 段红涛. 我国商业银行风险防范问题研究 [D]. 武汉：武汉理工大学, 2002.

[220] 高俪珊. 商业银行客户经理行为风格与岗位匹配度研究 [J]. 全国商情（理论研究），2011（13）.

[221] 陆桂琴，丁爱华. 理论探讨 [J]. 2011（5）.

[222] 杨志进，许学军. 商业银行客户经理绩效考核存在问题及对策研究 [J]. 浙江金融，2009（12）.

[223] 陈方. 客户经理制推行中面临的问题及对策 [J]. 现代金融. 2011（10）.

[224] 刘丽芳. 人才脱颖 时不我待——提升客户经理队伍素质之我见 [J]. 金融管理与研究，2011（9）.

[225] 陈玉珍. 基层银行推行客户经理制的思考 [J]. 港澳经济，1997（12）.

[226] 李建设，李婷，李文峰. 中美商业银行客户经理激励机制比较研究 [J]. 西部经济管理论坛，2011（3）.

[227] 张远东. 贫困地区农信社信贷人员向客户经理转型难在何处[J]. 中国农村金融，2011（14）.

[228] 麦吉刚，马燕萍. 大客户经理制的实践与应用 [J]. 科技风，2010（23）.

[229] 关萍. 银行客户经理制营销是提升我行持久性竞争优势的战略选择 [J]. 黑龙江交通科技，2011（9）.

[230] 姚军. 对商业银行客户经理培养模式的探讨 [J]. 经营管理者，2011（5）.

[231] 朱国庆，管冰. 农业银行镇江市润州支行个人客户经理队伍建设情况调查 [J]. 现代金融，2009（7）.

[232] 牛立涛. 商业银行客户经理制浅探 [J]. 河北金融，2009（10）.

[233] 田建涛. 国外商业银行客户经理绩效考核成功经验借鉴 [J]. 商业文化：学术版，2008（11）.

[234] 杨晏忠，王彦红. 商业银行客户经理全面营销意识的培养 [J]. 中国信用卡，2008（8）.

[235] 甄立. 我国商业银行客户经理制存在的问题及对策 [J]. 职业时空，2006（18）.

[236] 佟哲, 张英. 提高客户经理营销效能的思考 [J]. 财经界: 学术版, 2011 (5).

[237] 中国农业银行扬州分行课题组, 葛志强, 步腾, 王志军. 商业银行对公客户经理组织效能研究——以江苏省扬州地区为例 [J]. 农村金融研究, 2010 (8).

[238] 林建华. 我国商业银行客户经理绩效的综合评价系统 [J]. 城市金融论坛, 2000 (12).

[239] 沈军. 客户经理自我管理研究 [J]. 中国农业银行武汉培训学院学报, 2011 (4).

[240] 王禹程. 银行客户经理绩效考核系统设计 [J]. 中国新技术新产品, 2011 (18).

[241] 关萍. 银行客户经理制营销是提升我行持久性竞争优势的战略选择 [J]. 黑龙江交通科技, 2011 (9).

[242] 于刚. 浅谈国有商业银行客户经理队伍建设 [J]. 科技风, 2011 (4).

[243] 王健, 刘秀清. 从客户经理制角度分析我国商业银行客户经理流失问题 [J]. 经济研究导刊, 2009 (29).

[244] 曾宇平. 银行客户经理综合素质评价模型 [J]. 科技创业月刊, 2009 (2).

[245] 高敬. 我国商业银行客户经理制存在的问题与对策思考 [J]. 经济师, 2008 (2).

[246] Ballou R, Bowers D, Boyatzis R E and Kolb D A. Fellowship in lifelong learning. An executive development program for advanced professionals [J]. Journal of Management Education, 2000, 23 (4): 338~354.

[247] Barrett G V, Depinek R L. A reconsideration of testing for competence rather than for intelligence [J]. American Psychologist, 2000, 46 (2): 1012~1024.

[248] Barrett G V. Empirical data say it all [J]. American Psychologist, 1994, 49 (1): 69~71.

[249] Boyatizis R E. Rendering unto competence the things that are competent [J]. American Psychologist, 1994, 49 (1): 64~66.

[250] Cowan J. Barrett and Depinet versus McClelland [J]. American Psychologist, 1994, 49 (1): 32~34.

[251] David C McClelland. Testing for competence rather than for intelligence [J]. American Psychologist, 1973 (28): 1~14.

[252] Dierendonck D, Schaufeli WB, Buunk BP. The evaluation of an individual burnout intervention program: the role of inequity and social support [J]. Journal of Applied Psychology, 1998, 5 (3): 392~407.

[253] Flanagan J C. The critical incident technique [J]. Psychological Bulletin, 1953, 51 (4): 327~358.

[254] Hay Management Consultants. Hay Realizing Strategy Through People, Guidance Book [M]. Boston: Haygroup, 1998.

[255] Gerald V B, Robert L D. A reconsideration of testing for competence rather than for intelligence [J]. American Psychologist, 1991 (6): 1012~1024.

[256] Jacohs. From Generic Competencies to Specific Organic Competencies [J]. Human Resource Planning, 1996, 24 (4): 56~62.

[257] Jeffery S Shippmann, Ronald A Ash, Linda Carr, Beryl Hesketh. The practice of competency modeling [J]. Personnel Psychology, 2000, 53 (3): 703~740.

[258] Mansfield. Intellectual Property Protection and U. S. Foreign Direct Investment [J]. Review of Economics and Statistics, 1996, 78 (3): 181~186.

[259] McClelland Dc. Identifying competencies with Behavioral Event Interviews [J]. Psychological Science, 1998, 7 (1): 84~93.

[260] McClelland Dc. competence vs competency [J]. Psychological Science, 2001, 54 (1): 55~58.

[261] Michael P Leiter. Christina Maslach: The impact of interpersonal environment on burnout and organizational commitment [J]. Journal of Organizational Behavior, 1988, 9 (4): 297~308.

[262] Nordhaug. Competence specificities in Organizations [J]. Journal of Occupational and Organizational Psychology, 1998, 22 (28): 8~29.

[263] Nygren D J, Ukeritis M D. The future of religious orders in the United

States: Transformation and commitment [J]. International Journal of Conflict Management, 2004, 15 (1): 6~28.

[264] Pfefferj, Veigajf. Putting people fist for organizational success [J]. Academy of Management Executive, 1999, 15 (1): 6~28.

[265] Richard Boyatzis. The Competent Manager [J]. Journal of Social and Clinical Psychology, 2001, 20 (1): 82~98.

[266] Ron Sanchez. Understanding competence – based management Identifying and managing five modes of competency [J]. Journal of Business Research, 2004 (57): 518~532.

[267] Rumelt, R DanSchendel, David Teece. Fundamental Issues in Strategy [J]. Harvard Business Review, 1994, 22 (3): 79~98.

[268] Sandberg J. Understanding Human Competence at Work: An Interpretative Approach [J]. Academy of Management Journal, 2000, 2 (43): 9~25.

[269] Shi K. Organizational behavior research in transitional time of China [J]. Journal of Management, 2005, 12 (1): 1~16.

[270] Shi K, Wang X C. A Research of Psycho – simulation Training on Modern Operators. In: Proceedings of the Second Afro – Asian Psychological Congress [M]. Beijing: Peking University Press, 1993.

[271] Shi K, Lu J F, Fan H X, Jia J M, Song Z L, Li W D, Gao J, Chen X F, Hu W P. The Rationality of 17 Cities'Public Perception of SARS and Predictive Model of Psychological Behaviors [J]. Chinese Science Bulletin, 2003, 48 (13): 12~14.

[272] Siu V. Managing by competencies – study on the managerial competencies of hotel middle managers in Hong Kong Hospital management [J]. Journal of Employment Counseling, 2004, 41 (1): 29~37.

[273] Spencer L M & Spencer S M. Competence at work [M]. John Wiley&Sons, Inc, 1993.

[274] Street stories. Interview with Trading Psychologist Van K. Tharp [EB/OL], 2005 [2005 – 10 – 11], http://www.streetstories.com/.

[275] Walumbwa F O, Wang P, Lawler J, Shi K. The role of collective effi-

cacy in the relations between transformational leadership and work outcomes [J]. Journal of Occupational and Organizational Psychology, 2004 (77): 515~530.

[276] Walumbwa F O, Lawler J, Avolio B J, Wang P, Shi K. Transformational leadership and work-related attitudes: The moderating effects of collective and self-efficacy across culture [J]. Journal of Leadership and Organizational Studies, 2005, 11 (3): 21~22.

[277] William D Spangler. Validity of Questionnaire and TAT Measures of Need for Achievement: Two Meta-Analyses [J]. Psychology Bulletin, 1992, 112 (1): 140~154.

[278] Wang P, Lawler J, Walumbwa F O, Shi K. Work-family conflict and job withdrawal intentions: the moderating effect of cultural differences [J]. International Journal of Stress Management, 2004 (11): 392~412.

[279] Winter D G, McClelland D C. Thematic analysis: An empirically derived measure of the effects of liberal arts education [J]. Journal of Educational Psychology, 1978, 70 (1): 8~16.

[280] Winter D G. Manual for scoring motive imagery in running text [J]. International Journal of Conflict Management, 2002, 11 (3): 255~265.